2nd ed.

E-Learning in the 21st Century

21세기의 이러닝

연구와 실행을 위한 프레임워크

D. Randy Garrison 저
권성연 · 최형신 · 김혜정 공역

학지사

E-Learning in the 21st Century:
A Framework for Research and Practice, 2nd ed.
by D. Randy Garrison

역자 서문

테크놀로지의 발전이 계속되면서 이러닝은 다양한 교육기관에서 보편적인 교육환경으로 자리 잡고 있다. 이러닝이 가지는 장점과 가능성은 이러한 이러닝 확산에 중요한 역할을 해왔을 테지만 실제 구현되고 있는 이러닝의 모습을 보면 기대만큼 혁신적이지 않고 본래의 장점을 충분히 살리지 못하고 있다. 즉, 이러닝은 여전히 전통적인 강의 기반 수업의 패러다임에 의존하고 있으며 지식 전달을 위한 효율적인 수단에 머물고 있다는 점에서 역자들은 공통적인 문제의식을 갖게 되었다. 또한 역자들은 이러닝의 활성화와 더불어 관련 연구들이 양산되고 있는 상황에서 우리가 추구해야 할 이러닝의 실제를 반영한 보다 견고한 이론적 프레임워크가 필요하다고 생각하였다.

*E-Learning in the 21st century*는 바로 이러한 문제의식과 학문적 필요성에 부합되는 책이었으며, 특히 고등교육에서 이러닝의 가능성을 확장시킬 수 있는 탐구공동체(Community of Inquiry)로서의 이러닝을 성공적으로 실현시키는 이론적, 실제적 틀을 제공해 주었다. 이 책의 1판이 2003년 Garrison과 Anderson에 의해 출간된 이래로 그들이 제시한 탐구공동체의 개념적 프레임워크는 수많은 연구에서 인용되었으며, 2011년 Garrison이 새로운 장을 추가하고 보완하여 2판을 출간함으로써 탐구공동체의 이론

적 프레임워크가 이 분야에서 생명력 있는 연구 기반으로 지속적으로 기능하고 있다는 것을 나타내었다.

이 책에서 이러닝은 기존의 이러닝과는 다른 혁신이어야 하며 성찰적 담화가 활성화되고 깊이 있는 학습 성과를 창출하는 탐구공동체로서의 학습 환경이다. 이는 이 책 전반을 관통하는 협력적 구성주의 철학을 반영한 것으로 특히 고등교육에서 우리가 지향해야 하는 이러닝이 무엇인지에 대한 명료한 관점을 제시해 주고 있다.

또한 탐구공동체는 사회적 실재감, 인지적 실재감, 교수 실재감이라는 요소가 역동적으로 상호작용해야 함을 전제로 각 요소들의 개념과 특성, 세부 지표까지 기술하여 단순한 개념적 틀을 넘어 실증적 연구 기반을 제공하였다. 특히 '연구와 실행을 위한 프레임워크' 라는 이 책의 부제에도 나타난 바와 같이 이러닝의 이론적 프레임워크와 더불어 이를 실천하기 위한 구체적인 가이드라인을 제시하고 있다는 점에서 보다 많은 유용성을 가진다. 아울러 1판 이후 2판에서 추가된 블렌디드 러닝은 대학에서 이러닝이 정착될 수 있는 효과적인 전략이 무엇인지에 함의하는 바가 크며, 모바일 학습, 웹 2.0, 소셜 미디어 등 새로운 테크놀로지에 대한 내용은 이 분야의 끊임없는 기술 혁신이 교육학적 혁신으로 이어져야 한다는 점을 강조하고 있다.

앞서 언급한 대로 이 책의 주요 개념은 수년간 많은 학자에 의해 참조되고 활용되었고 그 학문적 가치를 반영하듯 국내에서도 이러닝 환경에서 실재감에 대한 많은 연구가 최근 진행되고 있다. 이에 역자들은 *E-Learning in the 21st century*를 번역하는 것이

국내의 연구자들에게 유용할 것이라고 판단하고 이 책의 한국어판 출간을 결정하였다. 그 외에도 이 책은 우리나라의 이러닝을 한 단계 업그레이드하고자 하는 실천가들에게도 도움이 될 것이며 학부 및 대학원에서 이러닝에 대한 종합적인 시각을 견지하고 미래 지향적인 이러닝에 기반을 둔 개념적 근거, 이론적 근거와 구체적인 실천 방안을 공부하는 학생들에게도 적합한 교재가 될 것으로 기대한다.
이러닝에 대한 역자들의 공통된 관심과 연구 기반에도 책을 번역하는 과정에는 많은 어려움이 있었다. 그러나 이 책의 이슈에 대하여 활발한 토론을 나누고 관련된 연구를 추가적으로 참고하면서 진행된 공동 작업은 매우 가치 있고 즐거운 과정이었다.

역자들은 원저자가 전달하고자 하는 메시지의 의미를 최대한 살리면서도 우리나라 독자들이 쉽게 이해할 수 있는 용어나 문장 표현을 찾기 위해 노력하였으며 수차례의 검토와 수정 작업을 진행하였다. 물론 그럼에도 자연스럽지 못한 문장이나 이해가 쉽지 않은 용어와 표현이 여전히 남아 있을 것으로 생각된다. 이러한 부분에 대한 독자들의 질책을 겸허히 수용하여 앞으로 더 나은 역서를 만들기 위해 노력할 것이다.

마지막으로 이 책의 출간을 허락해 주신 학지사의 김진환 사장님과 번역이 진행되는 전 과정에 적극적인 지원을 아끼지 않은 유명원 차장님, 이하나 대리님 등 관계자 여러분께 깊은 감사를 드린다.

권성연, 최형신, 김혜정

2판 저자 서문

E-Learning in the 21st Century 2판의 목적은 탐구공동체 프레임워크(Garrison, Anderson, & Archer, 2000) 첫 번째 출간 이후에 진행된 10년간의 연구결과를 제공하는 것이다. 1판은 주요 연구자들의 원래 논문들을 묶어서 출판하였다. 2판에서는 1장, 4장, 12장이 완전히 다시 작성되었고, 8장은 새로 추가되었으며 나머지 장들은 1판 출간 이후 이러닝 탐구공동체에 대한 상당한 양의 연구들을 반영하기 위하여 많이 수정되었다. 수정본은 이론적이고 실제적인 안내로서 탐구공동체 프레임워크에 대해 이해하는 데 새로운 관점을 제공한다.

이 책은 고등교육에서 이러닝에 대한 탐구다. 탐구란 Dewey (1938, p. 117)의 말을 달리 표현하자면 '미결정된 상황'을 통합되고 일관된 상황으로 변화시키는 과정을 의미한다. 이러한 탐구의 주요 산출물은 이론적 탐구공동체 프레임워크가 되었다. 이 프레임워크는 이러닝으로의 후속 탐구에 대한 안내를 제공한다. 이것이 폐쇄된 순환고리같이 들릴 수 있지만 진정한 탐구는 새로운 증거와 통찰에 개방되어 있으며, 그동안 몇 년간에 걸쳐 만들어진 통찰이 2판에서 탐색될 것이다.

초기 논문들이 출간된 이후 CoI(Community of Inquiry, 탐구공동체)의 발전을 믿고 헌신한 모든 분들에게 감사를 표하고 싶다. 생산적인 공동체를 형성하고, 중요한 통찰을 제공하고 CoI 프레임워크를 이러닝의 신뢰할 수 있는 이론으로 만드는 데 헌신한 핵심 연구자들이 있다. 이러한 이유로 나는 Zehra Akyol, Ben Arbaugh, Marti Cleveland-Innes, Sebastian Diaz, Phil Ice, Jennifer Richardson, Peter Shea, Karen Swan, 그리고 Norm Vaughan에게 그들의 지원, 아이디어, 믿음을 인정하고 진심으로 감사를 표하고자 한다. 특히 나의 박사과정 학생이었던 Norm Vaughan과 Zehra Akyol에게 그들의 우정과 내가 탐구공동체와 관련된 연구에 몰입할 수 있게 해 준 데 대해 감사한다. 물론, 동료 Terry Anderson과 Walter Archer의 초기 CoI 프레임워크에 대한 창의적인 헌신에 큰 빚을 졌다. 끝으로, 탐구공동체의 개발과 고등교육에서 온라인과 블렌디드 러닝의 수용에 있어 많은 다른 연구자들과 대학원 학생들의 헌신을 인정해야만 한다.

그동안의 연구과정은 흥분되고 보람 있는 여정이었으며 이 연구의 향후 10년에는 더 도전적인 연구들이 진행되기를 희망한다. 이러닝과 CoI 이론적 프레임워크가 고등교육의 주류로 들어서면서 우리는 이제 막 비상하기 시작했다고 느낀다.

D. Randy Garrison

1판 저자 서문

*E-Learning in the 21st Century*의 목적은 고등교육에서 이러닝의 적용을 이해하기 위한 프레임워크를 제공하는 것이다. 우리는 이러닝을 네크워크 테크놀로지를 통해 온라인에서 촉진되는 학습으로 본다. 이것은 면대면 교육경험의 요소들을 포함하여 다른 테크놀로지나 접근들을 배제하려는 것이 아니다. 그러나 우리는 우리의 토론을 전자적 방법인 온라인을 통해 수행되는 학습활동들에 국한시킬 것이다.

여러 저자들이 이러닝의 성장을 폭발적, 전례 없는, 놀라운, 그리고 위협적인 것으로 묘사하였다. 사실, 우리가 고등교육에서 혁명을 경험하고 있다고 주장하는 이들이 있다(Report of a University of Illinois Faculty Seminar, 1999). 다른 이들은 이러닝 테크놀로지가 독특하다고 주장하고(Harasim, 1989) 원격교육의 새로운 시대를 제시한다고 말한다(Garrison, 1997a). 미사여구와 상관없이, 변화한 것은 "커뮤니케이션의 속도와 힘 그리고 정보를 보내고 받고 사용하는 확장된 능력"(Ikenberry, 1999, p. 57)이며, 교육적 목적을 위해 시간과 공간을 연결하는 능력이다.

평생교육이 필수적인 것이 되면서 커뮤니케이션 테크놀로지는 고등교육을 변화시키고 있지만, 대부분의 경우에서 "어떤 명확한 비전이나 마스터 플랜 없이 혁명이 진행되고 있다"(Ikenberry,

1999, p. 58). 이러닝의 방대한 수용을 고려할 때 놀라우면서도 염려스러운 것은 학습을 촉진하는 이 매체의 사용에 대해 우리가 너무 모른다는 것이다(Gilbert, 2000). 지금까지 출판된 논문과 수많은 사례연구로 구성된 안내서와 개인적 설명과 처방들이 나왔지만 고등교육에서 이러닝을 심도 있게 이해하도록 철저하고 연구를 기반으로 하는 산물을 제공하는 것은 거의 없다.

어디에나 존재하는 이러닝과 그것이 보여 주는 고등교육에서의 많은 기회와 위험들을 생각할 때 이런 현상을 연구하고 이해하기 위한 파편화된 접근 그 이상이 요구된다. 이러닝은 단순히 근본적으로 부족한 기존의 실천(예, 강의법)을 개선하기 위한 것인가? 그렇지 않으면 이 테크놀로지는 탐구공동체라는 이상으로 향하는 교육적 교류를 변화시키기 위한 잠재력을 가지는가? 이러한 질문들은 오직 이 책에 제시된 것과 같은 실증적 기반의 연구 프레임워크를 통해 다뤄지고 탐색될 수 있다.

이 책이 나오기까지

저자들은 교육자들에게 이러닝의 특성에 대한 깊은 이해를 제공할 것이다. 이러한 심도 있는 이해는 네트워크로 이루어지는 학습 맥락에서 전자적 테크놀로지를 사용하여 비판적 담화와 고차원적 학습을 촉진하고자 하는 교육자들에게 지침과 안내를 제공할 것이다. 현재 모든 대학에는 캠퍼스 기반과 원격교육 프로그램을 개선하기 위해 이러닝을 사용하는 많은 교수가 있다. 가장 혁신적인 기술적 이러닝 접근은 성과를 개선하고 경쟁적인 이점을 유지하기 위해 구축되고 있다.

내용의 개요

1장은 맥락을 설명하고 이러닝의 잠재력을 탐색하고 이해하는 도전에 대한 개요를 서술한다. 요점은 이러닝이 단지 또 하나의 학습 테크놀로지가 아니라는 것이다. 이러닝이 교수와 학습을 변화시킬 것이라는 것은 확실하다.

2장은 우리의 이러닝에 대한 이해의 윤곽을 보여 주는 철학적 관점과 이론적 개념들을 설명한다. 또한 이러닝에 대한 깊이 있고 의미 있는 접근을 안내하는 몇 가지 원리들을 제시한다.

3장은 이러닝의 잠재력을 실현하기 위한 개념들을 소개한다. 탐구공동체 모델은 이러닝의 세 가지 구성요소—사회적 실재감, 인지적 실재감, 교수 실재감—를 정의하는 개념적 프레임워크다. 이 개념적 모델은 우리를 고등교육의 근원과 핵심가치로 돌아가게 한다. 그런 뒤 우리는 이 학습 커뮤니티에서 테크놀로지의 위치를 논의한다.

4장은 테크놀로지에 대한 개요와 테크놀로지의 발전에 대한 내용을 제공한다. 인터넷의 영향과 이러닝에서 상호작용의 역할과 특성이 논의된다.

5장에서는 이러닝 환경에서 고차원적 학습 분위기를 만들어 내는 도전들을 탐색한다. 사회적 실재감을 구축하는 데 실제적인 가치를 가지는 범주, 지표, 제안사항들이 제공된다.

6장은 비판적 사고의 분석과 모델, 인지적 실재감을 위한 실제적 탐구를 제공한다. 여기서부터 실제적 탐구의 각 단계를 위한 기술어(descriptor)와 지표들이 설명된다. 이것은 이러닝의 인지적 차원에 대한 통찰을 제공한다.

7장은 교수 실재감과 그것의 이러닝에서의 중요한 기능을 논의함으로써 탐구공동체 모델에 대한 설명을 완료한다. 교수 실재감의 범주와 지표들을 요약하고 구조화, 촉진, 지시하기의 실제적 함의를 논의한다.

8장은 이러닝을 구현하는 실제적인 이슈로 전환한다. 다양한 학습활동의 목적과 강점들을 논의하는 것으로 시작한다. 이 장의 나머지는 교수 실재감과 이의 차원들에 대한 관점에서 이러닝에 접근하지만 사회적 실재감과 인지적 실재감의 문제에 초점을 둔다. 실천을 위한 가이드라인과 구체적인 제안들을 제공한다.

9장은 논쟁의 여지는 있지만 모든 교육경험에서 가장 영향력 있는 요소인 사정(assessment)과 평가(evaluation)를 다룬다. 이러닝의 개발과 전달을 사정하는 것은 학생 성과를 판단하는 것 이상이다. 이러닝의 개발과 전달의 사정은 의미 있고 가치 있는 학습에 대한 우리의 이해를 진보시키는 데 또한 필요하다.

10장은 교실을 벗어나 21세기 이러닝을 준비하기 위한 제도적 문제들을 고려한다. 이 장은 변화의 역동성과 고등교육의 제도권에서 혁신과 이러닝의 전략적 통합에 관련하여 리더십, 정책 그리고 인프라의 필요를 탐색한다.

마지막 장은 이러닝에 대한 미래를 조망하는 무궁무진한 관점을 제공한다. 또한 이러닝의 고유한 유일한 특성들이 설명되고 그 미래를 조망한다.

공 헌

앞의 장들은 이러닝이 학생들이 '언제' '어디서나' 접근할 수 있으면서도 협력적인 학습 커뮤니티의 개발을 지원할 가능성을 가진 비동시적 탐구공동체를 생성할 수 있다는 것을 제시하였다. 우리는 그런 테크놀로지가 효과적인 교수법과 성찰적인 교수와 통합되었을 때 고등교육을 변화시킬 수 있다고 믿는다. 이 책의 후반부 장에서는 교육자들이 이러닝의 가능성을 완전히 실현하도록 하는 데 사용되는 위한 실제적 가이드라인을 제공한다.

이 책은 의미 있는 프레임워크와 이러닝의 근본을 이해하기 위한 접근에 공헌하고 있으며, 왜 이러닝이 급속하게 발전하는 학습사회를 통해 확산되어 가는지를 설명한다. 이것은 고등교육과 사회에서 이러닝에 대한 우리의 이해를 안내하기 위한 첫 번째 포괄적이고 일관된 프레임워크다.

지금까지 커뮤니케이션 테크놀로지는 이러닝의 전례 없는 성장을 이끌어 왔다. 이 책은 이러닝에 사용되는 끊임없이 진화하는 테크놀로지의 세부 사항에 초점을 두기보다는 교육적 관점에서 이들 테크놀로지의 심도 있는 이해를 위한 탐색에 초점을 두었다. 이 책은 이러닝의 영역을 제시한 뒤 고등교육을 위한 방향성 있는 선택과 가치 있는 목적지에 도달하기 위한 구체적인 가이드라인을 제공하는 데 공헌한다.

이 책은 테크놀로지 디바이스에 의해 큰 인상을 받지는 않지만 이러닝이 제시하는 교수와 학습의 패러다임 전환에 참여할 만한 뚜렷한 이유를 기다리던 이들에게 특히 적절하다. 이 책은 이러닝에 관심이 있는 이들의 많은 눈길을 끌 것이다. 그러나 주요 독자는 이 특별하고 급속하게 확산되는 테크놀로지를 기관에 수용하는 것을 안내해야 하는 고등교육의 연구자들, 실천가들 그리고 상임행정가들이다.

이 책은 이러닝의 특성을 연구하고 이해하며 최적의 교육적 적용을 탐색하기 위한 기본 연구 프레임워크와 도구로 사용될 수 있다. 이 책은 교수적 테크놀로지와 원격교육 과목뿐만 아니라, 성인학습 및 훈련의 교재로서도 유용할 것이다. 끝으로, 이 책은 고등교육의 고위 의사결정자들을 위한 귀중한 참고자료와 안내서가 될 것이다.

감사의 말

이 책의 연구는 고등 사고 학습을 촉진하는 이러닝의 능력에 대한 참고문헌들과 이러닝의 특성과 질에 대해 저자가 연구할 수 있도록 한 주요한 연구기금으로부터 비롯된 것이다. 이것은 또한 서로 다르지만 보완적 관점의 광범위한 프로젝트를 수행해 온 독창적 연구자들과, 그들의 교수와 학습경험 그리고 독창적인 연구를 통해 얻어진 전문성에 의한 이 분야에서의 수년간의 경험 축적을 나타낸다.

차 례

PART 2 CoI 이론적 프레임워크의 적용

Chapter 01

도 입

1. 이러닝에 대한 서술
2. 새로운 현실
3. 결 론

Chapter 01

도 입

교수적 혁신과 테크놀로지의 혁신이 고등교육을 재정의하고 있다. 이러한 교육과 테크놀로지 융합의 연계에 이러닝이 존재한다. 품질은 보상하면서 동시에 비용을 줄여야 한다는 압력이 고등교육의 변화를 위한 조건을 만들고 있다. 정보에 접근하고 학습자들을 연결시키는 데 사용된 편재적이고 비용 효과적인 테크놀로지들은 고등교육에 대한 생각을 상당히 많이 변화시켰다. 이러한 사고 전환의 핵심에는 학생들이 지속가능한 탐구공동체에 적극적으로 참여해야 한다는 아이디어가 있다. 학습 커뮤니티에 적극적으로 참여하는 것은 성찰적 담화와 깊이 있는 학습 성과와 관련이 있다고 제시되어 왔다(Akyol & Garrison, 2011a; Brown, 2001; Chapman, Ramondt, & Smiley, 2005; Rovai, 2002). 핵심은 만일 이러닝 접근이 "학생들의 학습경험을 깊이 있게 하지 못한다면, 그러한 접근은 그다지 가치 있지 못하다"(Weigel, 2002, p. 1)는 것이다. 새롭고, 편재하며, 강력한 커뮤니케이션 테크놀로지의 어포던스와 학습자 커뮤니티를 창출하고 지속시키는 능력은 이러닝을 조용히 고등교육의 주류로 만들어 놓았다.

고등교육에서 이러닝 혁신을 이끌어 낸 것은 테크놀로지와 교수법적 발전의 융합이며 이 책 *E-Learning in the 21st Century* 의 핵심이기도 하다. 이 책은 이러닝에 대한 일관된 이해를 제공하고 어떻게 이러닝의 가능성이 교수 · 학습에 대한 접근을 변화시키고 있는지 말해 줄 것이다. 여기에서 이러닝은 교육적 관점과 학습자 커뮤니티를 창출하고 지속시키는 협력적 가능성으로 기술되었다. 빠르게 변화하는 지식 사회에서, 적극적이고 협력적인 직장생활에 모델이 되고 학생들을 준비시키기 위한 방식으로 학습경험이 진화되는 것은 매우 중요하다. 가장 큰 오류는 새로운 커뮤니케이션 테크놀로지를 수동적인 교육적 접근에 통합시키려고 하는 것이다. 이러닝은 현재의 교육적 설계에 단지 추가시키거나 재포장하는 수준에 머문다면 실패하게 될 것이다. 우리는 현재 주류가 되고 있는 접근에 대해 재고할 준비가 되어 있어야 하며 어떤 유형의 학습경험을 설계하기 원하는지에 대해 명확히 할 필요가 있다. 이것은 고등교육에서 이러닝 연구와 적용을 안내하기 위한 이론적 프레임워크와 모델을 요구하게 될 것이다. 그러나 그와 같은 프레임워크를 탐색하기 전에 이러닝이 무엇을 의미하는지를 명확히 할 필요가 있다.

1. 이러닝에 대한 서술

이러닝이라는 용어는 1990년대 중반 월드 와이드 웹의 발전과 비실시간 토론 그룹에 대한 관심과 함께 사용되기 시작했다. 여기서 설명하는 이러닝의 목적은 정보통신 기술을 사용해서 시간과 장소에 구애받지 않고 탐구공동체를 창출하는 것이다. 교육적 탐구공동체란 목적을 가지고 비판적 담화에 참여하고, 개인적인 의미를 구성하기 위한 성찰과 상호 이해를 확인하는 활동에 협력적으로 참여하는 개인들의 집합을 말한다. 물론 이러한 관점은 협력적 구성주의에 기반하여 학습 커뮤니티를 만들어 내는 최신 테크놀로지의 가능성을 활용하는 특정한 교육적 접근을 반영한 것이다.

이러닝은 공식적으로 지식을 구성하고 명확히 하기 위해 전자적으로 매개된 비실시간 또는 실시간 커뮤니케이션으로 정의된다. 이러닝의 기술적 토대는 인터넷과 관련 커뮤니케이션 테크놀로지들이다. 이러한 일반적인 이러닝에 대한 설명을 넘어서서 이러닝을 구성하는 두 가지 중요한 적용방식은 온라인 학습과 블렌디드 러닝(blended learning)이다. 온라인으로 이루어지는 학습은 원격교육의 주류에 기원을 둔 원격교육의 한 형태다. 그러나 온라인 학습의 상호작용적인 특성 때문에 내용 전달과 독립학습에 중점을 두었던 전통적인 원격교육과는 매우 다르다. 한편, 블렌디드 러닝은 전통적인 고등교육기관에서 가장 널리 퍼져 있는 이러닝의 형태다. 다소 직관에 반하기는 하지만, 현실은 많은 "이러닝 혁신이 캠퍼스에서 일어나고 있다"(*E-Learning in Tertiary Education*, 2005, p. 69)는 것이다. 블렌디드 러닝의 맥락에서 이러닝은 고등교육 교육자들의 생각을 변혁적인 코스와 프로그램 재설계 면에서 변화시켜 왔다.

앞서 시사한 대로, 이러닝은 원격교육의 산업화된 형태가 아니다. 고등교육에서 이러닝은 다른 무엇보다도 질 좋은 교육적 경험을 제공한다. 이러닝이 원격교육의 한 요소를 가지고 있으나 그것과는 다른 이론과 실제의 분야로부터 진화되어 왔다. 거리(distance)라는 것은 질적으로 우수하고 상호작용성이 높은 학습경험을 제공하는 데 상대적으로 사소한 구조적 제약이 되었다. 이러닝은 원격교육 측면에서 진정한 패러다임의 전환을 나타낸다. 그것은 원격교육의 주류적 특성인 자율성의 이상(理想)과 패키지된 학습 자료의 산업적 생산으로부터의 전환을 나타낸다. 이러닝은 그 기원을 컴퓨터 컨퍼런싱에 두고 있으며 학습에 대한 협력적 구성주의 접근을 갖는 뚜렷이 다른 교육적 분지라고 할 수 있다.

이러닝의 이론과 실제를 반영하는 이러한 교수적 가정과 접근의 변화는 원격교육의 새로운 시대를 반영한다. 온라인 학습 형태의 이러닝은 특정 맥락의 협력적 교육경험을 설계하는 것으로 후기 산업시대의 원격교육을 대변하는 맞춤형 모델(craft model)로의 회귀를 의미한다(Garrison & Cleveland-Innes, 2010). 온라인 학습은 고등교육의 가치를 모방하는 방식으로 독립성(비실시간 온라인 커뮤니케이션)을 시간과 공간의 제약을 극복한 상호작용(연결성)과 통합한다. 특히, 온라인 학습은 정보에 접근하기 위한 테크놀로지와 도구의 수준을 뛰어넘는다. 핵심은 시간의 흐름에도 지속가능한 학습자 가상 커뮤니티의 형태로 교육적 교류(transaction)를 변화시키는 것이다(Garrison, 2009a).

동시에 이러닝이 고등교육의 주류에 완전히 통합되기 위해서는 면대면 교육경험의 가치를 과소평가하거나 손상시켜서는 안 될 것이다. 이러닝이 면대면 교육경험을 대체하는 것으로 봐서는 안 된다. 하지만 정보에 접근하고 교육적 담화를 유지할 수 있는 이러닝 테크놀로지의 명백한 장점을 무시하거나 거부해서도 안 된다. 이러닝 테크놀로지의 통합은 승자와 패자의 관점으로 보아서는 안 된다. 온라인과 면대면 경험을 혼합하는 것의 강점은 면대면 학습 커뮤니티가 가진 명백한 장점과 선호를 존중하면서, 지속적이고 철저한 담화를 제공하는 온라인 학습의 강력한 장점을 인정하고 통합한다는 점이다.

시간의 제약 없이 말과 글로 표현된 담화를 활용하는 이러닝의 잠재성은 교육자들로 하여금 캠퍼스 기반의 학생들이 면대면과 온라인 환경에 참여하는 가능성들을 다시 생각하게 하였다. 명확한 교육적 목적을 충족시키기 위해 상호보완적으로 면대면과 온라인 접근을 신중히 혼합한 것을 '블렌디드 러닝'이라고 부르고 있다(Garrison & Vaughan, 2008).

이러한 블렌디드 러닝 형태의 이러닝은 온라인과 면대면 교육에서 가장 좋은 특징들을 통합한 것이다. 그러나 블렌디드 러닝이 쉬운 일은 아니다. 그것은 본질적으로 현재의 교수·학습 접근에 대한 근본적인 재고와 의문을 촉발시킬 것이다. 강의 방식과 같은 접근들은 학생들을 비판적 담화에 참여하게 하는 능력 면에서 엄격히 검토될 것이다.

지금까지 이러닝은 온라인 학습과 블렌디드 러닝으로 설명되었다. 그리고 이러닝은 원격교육과 동의어가 아니라는 것이 논의되었다. 인터넷 테크놀로지의 확산과 함께 거리는 상대적으로 의미가 없어졌다. 이러닝 시나리오에서 학습자 커뮤니티들은 시간과 공간에 구애받지 않고 그들 자신을 생산적으로 유지하고 인터넷을 통해 매우 풍부해질 수 있다. 그러나 이러한 것이 단지 이러닝 테크놀로지를 사용한다고 해서 일어나는 일은 아니다. 이러닝의 비전과 핵심 개념을 이끌어 내는 아이디어는 탐구공동체다. 탐구공동체는 이러닝을 고등교육에서 실행 가능한 현실로 만드는 원리와 가이드라인을 제공하는 비전과 이론적 프레임워크다.

2. 새로운 현실

이러닝은 교육적 경험에 영향력이 거의 없는 또 다른 형태의 테크놀로지 혁신이 아니다. 월드 와이드 웹의 영향력과 더불어 교수·학습의 교류는 거대한 정보에 노출되었다. 이러닝은 정보에의 접근과 커뮤니케이션을 역동적이고 지적으로 도전적인 학습 커뮤니티로 혼합하는 개방적 시스템이다. 이러닝은 효율적인 전달이나 오락적 가치 이상의 확장된 방식으로 교육을 변화시킨다. 정보에의 접근은 주요한 쟁점이 아니며 다른 사람들과의 연결이 전형적인 면대면 교육이나 원격교육과 이러닝을 차별화시키는 점이다. 도서관을 배회하는 것이 교육이 아닌 것처럼 인터넷 서핑은 교육적 경험이 아니며 그것을 비형식적 학습 이상의 어떤 것이라고 인정하는 것은 솔직하지 못한 것이다.

얼마 전까지는 공간과 시간에 있어 학습자들에게 더 많은 독립성을 부여하는 것이 그에 상응하는 협력의 손실과 소외감의 증가를 의미했다. 교육적 맥락에서 독립성과 상호작용은 본질적으로 대조적인, 즉 하나가 많아지면 다른 하나는 줄어들게 되는 것이다. 이러닝의 변혁적인 힘은 이 이슈의 핵심을 찌르고 있다. 이러닝은 개인적 자유의 이점과 연결성(목적이 있는 학습자 그룹에 소속되는)을 완벽하게 통합하는 능력을 가지고 있다. 교육적 견지에서 이러닝의 'e'는 단순히 '전자의'라는 의미 이상을 나타낸다. 그것은 학습경험의 확장(extending)과 향상(enhancing)을 나타낸다. 가장 관심을 두어야 할 것은 어떻게 이러닝의 교육적 특성이 가진 장점과 잠재력을 잘 살리느냐다. 이와 같은 내용은 협력적 구성주의 학습과 비판적 성찰, 그리고 담화와 관련된 이후의 장에서 보다 자세히 탐구될 것이다.

개방되었지만 응집된 시스템으로서 이러닝의 잠재력을 실현하기 위해서 교수법에 대해 다시 생각해 봐야 한다. 교육은 아이디어에 관한 것이며, 단절된 정보들에 관한 것이 아니다. 고등교육은 거대한 강의실과 표준화되고 객관화된 시험으로 산업화된 특성을 견지하였다. 고등교육기관은 질에 대한 고민 없이 교실의 규모를 증가시키는 것으로 재정적 도전에 대처하고 있다. 이러닝의 변혁적 힘과 교육적 가치를 높이는 능력은 매우 많은 정보에 접근하는 더 나은 방식에 기반을 두고 있다. 현재 고등교육의 수동적 정보 전달 접근은 상호작용적이고 구성주의적인 이러닝의 잠재력과 대조를 이룬다.

이러닝이 강의와 같은 현재의 실행을 지원할 수 있고 다소 향상시킬 수도 있으나, 이러닝의 실질적인 영향력은 협력적 잠재력을 인식하고 실현하는 새로운 접근을 촉발하는 것이다. 실제로 우리가 탐구공동체에서 발견되는 교육적 경험으로 돌아갈 때 이것은 '백 투 더 퓨처(Back to the future)' 시나리오가 될 것이다. 탐구공동체는 개인적 경험과 아이디어들이 사회적 지식, 규범, 가치의 측면에서 인정되고 토의되는 곳이다. 이러닝 탐구공동체의 자율성과 협력은 모순되는 아이디어가 아니다. 이 두 특성은 고등교육이 통합되고 질적으로 전환되는 데 필수 요소다.

1980년대 중반에, 개인용 컴퓨터가 점점 더 많은 대중에게 보급되었다. 오늘날 이것은 교수 · 학습을 변화시키는 인터넷과 월드 와이드 웹의 인터페이스다. 우리는 이제 이러한 테크놀로지들이 학습에 대한 기대와 접근방식을 어느 정도 변화시킬 것인지를 이해하기 시작했다. 이러한 테크놀로지들은 과거와는 다른 수준이다. 언제 어디서나 가능한 커뮤니케이션 테크놀로지와 그것의 다양한 형태(텍스트, 시각자료, 음성)를 가지고 진정한 교육적 혁신의 초기 단계에 와 있다. 교육에 가장 지대한 영향력을 가진 적용방식이 이러닝이다.

비록 이러닝이 많은 관심을 끌고 있지만 대체로 교육적 관점에서의 테크놀로지에 대한 이해가 부족한 상태로 적용되고 있다. 이러닝의 가치는 정보에의 빠른 접근이나 정보 그 자체가 아니다. 그것의 가치는 의미를 구성하고 지식을 확고히 하기 위한 탐구에 있어 커뮤니케이션과 사고를 지원하는 것이다. 생각해 보면, 교육적 목적으로 테크놀로지를 사용하는 것에 대한 대부분의 연구에서 전통적 교육과 기술적으로 진보된 매체를 활용한 교육 간의 학습 성과에 유의미한 차이가 없다는 것은 놀라운 일이 아니다. 단지 커뮤니케이션 매체에 변화가 있는 것을 제외하고는 늘 하던 방식대로 한다면 어떻게 유의미한 차이를 기대할 수 있겠는가?

고등교육기관은 테크놀로지에 대한 열병을 넘어 적절하고 질 좋은 교육적 경험을 제공하는 실제적인 도전을 시작했다. 이것은 고등교육을 변혁시키는 학습 커뮤니티들을 창출하고 유지시키는 이러닝의 가능성에 대한 인식이라고 할 수 있다.

3. 결 론

이러닝은 이전 것과 동일한 것이 아니다. 커뮤니케이션 테크놀로지, 다양한 미디어(텍스트, 시각자료, 음성) 그리고 시간과 거리를 넘어서 상호작용을 확장시키는 능력은 교수와 학습을 변화시키고 있다. 지난 십년간 이러닝의 사용은 어떻게 하면 비용 효과적인 방식으로 교육적인 경험을 증진시킬 수 있을까에 대해 더 많이 이해하도록 진행되었다. 이 책은 이러닝이 좀 더 가치 있는 교육적 경험으로 향상되기 위해서 이해와 인식을 높이는 것에 초점을 두었다.

그러나 이것은 매우 도전적인 일이며 효과적인 이러닝 경험을 설계하고 전달하기 위한 단순한 규칙이나 방안은 없다. 복잡한 맥락과 탐구공동체를 지원하기 위한 뚜렷이 구별되는 커뮤니케이션의 특성은 쉽고 단순한 해결책을 제공하지 못하게 하고 있다. 모든 교육적 경험은 교육 맥락과 상황에 따라 원리와 가이드라인을 전환할 수 있는 교사의 경험과 통찰력을 요구한다. 이것은 탐구적 태도와 고등교육의 목적, 그리고 탐구과정에의 헌신을 요구한다.

이 책은 이러닝의 복잡성을 현실적으로 다루면서, 교육자들에게 일반화 가능성과 가치를 지닌 원리와 가이드라인과 함께 개념적 체계를 제공하고자 하는 의도를 가지고 있다. 그러므로 독자들이 해야 할 일은 여기에 제시된 아이디어를 해석하고 그것들이 가진 독특한 교육적 맥락에 맞게 적용함으로써 이해하는 것이다. 또한 이 책은 이러닝에 대해 다르게 접근하는 것에 관한 것이다. 우리는 이러닝이 전에 하지 못했던 무엇을 할 수 있게 하는가를 질문하면서 시작할 필요가 있다. 이것은 더 많은 부적절하고 이해할 수 없는 정보에 접근하는 방식으로 이러닝을 사용함으로써 강의와 같이 결함이 있는 면대면 접근을 답습하려는 것이 아니다. 또한 같은 결함이 있는 교육적 접근을 다른 매체를 통해 학생들이 경험하게 하는 것에 대한 것도 아니다.

우리는 위에서 언급한 현상유지로 정의되고 방어적 전략으로 강화된 퇴행적 활동들 때문에 더 이상 앞으로 나가지 못하고 있음을 발견한다. Marshall McLuhan(1995)은 새로운 매체가 다루는 내용은 시초에는 항상 그 이전에 사용된 매체라고 주장했다. 그래서 영화의 처음 사용은 연극을 녹화한 것이었고 인터넷의 처음 사용은 메일이었다. 이와 비슷하게 인터넷의 첫 교육적 적용은 강의를 전파하는 것이고 종이로 된 강의계획서를 대체하는 것이었다. 그러나 이제 우리는 이러한 초기 수용방식을 넘어서서 지속적인 탐구공동체를 지원하는 이러닝의 가능성을 개척하는 교육적 접근으로 발전시켜야 하는 도전을 받고 있다.

고등교육은 학습에의 협력적 접근과 관련된 가치와 실행에 점점 더 많이 초점을 맞춤으로써 그 근원으로 되돌아가고 있다. 이것은 지난 수십 년간 재정적인 이유에서 발달되어 온 개인적이고 고립된 학습 접근에 대한 뚜렷한 대응이라고 할 수 있다. 아마도 기존의 교육방식을 재편하고 일방적 전달방식과는 다른 이러닝 테크놀로지를 이용해야 하는 시점인 것이다. 미래의 학습도전을 감당할 적극적인 비판적 평가와 의미 있는 지식 구조화를 구성할 기회 없이 정보를 전달하기만 한다면 교육은 환상에 불과하다. 여기에서의 목적은 단지 이러닝 사용을 옹호하고 촉진시키려는 것이 아니다. 실제적인 도전과 혜택은 이러닝의 특성과 잠재력을 이해하는 것이다. 그리고 협력적이고 구성주의적인 교육적 경험을 위한 이러닝의 영향력을 이해하는 것이다.

PART 1

개념적 프레임워크

Chapter 02

이론적 기초

1. 철학적 관점
2. 교류적 관점
3. 이론적 개념
4. 텍스트 기반 커뮤니케이션
5. 결 론

Chapter 02

이론적 기초

교수 · 학습을 위한 이론적 기초는 교육적 경험에 대한 근본적인 가치와 신념을 반영할 것이다. 이것은 실제에 심오한 영향을 미치게 될 교육적 이상(理想)을 밝히는 이론적 요소를 명확히 하는 것이다. 교수 · 학습의 교류(transaction)를 근본적으로 대체하기 위하여 잠재력 있는 새로운 커뮤니케이션 테크놀로지를 적용하고자 할 때 우리의 교육적 이상을 반드시 고려해야 한다. 이러닝은 고등교육의 변화를 추진하는 주역이다. 그러나 그 같은 변화를 추구하는 과정에는 분명한 목적과 방향이 필요하다.

이 장의 목적은 고등교육에 적합한 이러닝의 이론적 프레임워크를 지지하는 가설, 주제, 개념, 원리들의 개요를 소개하는 것이다. 여기에서 다루고 있는 주요한 질문들은 가치 있는 고등교육 경험의 특성과 상당한 관련이 있다.

1. 철학적 관점

이러닝이 교수 · 학습에 대해 새로운 접근을 지원하는 주요한 방법이라는 것은 거의 확실하지만 의미 있고 가치 있는 학습 성과를 실현하고자 한다면 건전한 교육원리가 이러한 혁신의 기초를 필연적으로 제공해야 한다. 그러나 구체적인 개념과 원리를 탐색하기에 앞서 이후의 장들에서 설명할 프레임워크를 형성하는 교육적 가정들을 간략히 설명할 필요가 있다.

이 책의 근본적인 관점은 교수 · 학습에 대한 '협력적 구성주의' 시각(collaborative constructivist perspective)을 반영한다. 이것은 교육적 교류를 형성하는 데 있어서 개인적인 의미형성과 사회적 영향이 상호 불가분의 관계라는 것을 인정하는 것이다(Garrison & Archer, 2000). 이 통합된 프로세스는 개인적인 의미와 사회적으로 보완되는 지식 간의 상호작용을 인정한다. 보다 구체적으로 살펴보면, 교육적 경험에 있어서 협력과 구성주의는 각각 교수와 학습의 책임감에 상응한다. 교수 · 학습의 교류는 협력과 구성주의적 교육경험이 갖는 역동성을 일관되게 표상하고 해석한 것이다. 이와 같은 두 가지(협력과 구성주의)에 대한 인식은 교육적 목적을 위해 이러닝을 이해하고 적용할 수 있는 이론적 프레임워크를 형성하는 데 중요하다.

철학적으로, 협력적 구성주의 관점은 John Dewey의 연구와 관련이 있다. Dewey(1938)는 즉각적인 시간 안에 주체(개인)와 객체(사회)를 통합하는 '상호작용'의 원리를 규명하였다. 이와 같은 상호작용을 통하여 외부세계를 조망하는 아이디어를 생성하게 된다. 즉, 의미가 구성되고 공유되는 것이다. 상호작용을 통해서 아이디어가 소통되고 지식이 구성되고 확인된다. Dewey는 개인과 사회에 대한 모든 이원적인 사고를 거부하였다. Dewey에 따르면 사회와 개인은 분리되어 존재하지 않을 뿐만 아니라 개인과 사회가 서로 종속될 수도 없다고 하였다(Dewey & Childs, 1981). 교육을 이해하는 것은 개인적 관심과 경험 그리고 사회적 가치, 규범, 지식의 상호작용을 이해하는 것이다. 이러한 상호작용은 교사와 학생 간의 교류에서 명백하게 나타난다.

Dewey의 활동 기반 학습(activity based learning)의 개념은 교육적 경험을 "개인과 개인의 환경을 구성하고 있는 것 사이에서 발생하는 교류"(1938, p. 43)로서 설명한다. Dewey에 따르면 교류적 커뮤니케이션이란 학생들이 다른 사람들로부터 전달되는 불활성 정보(inert information)를 변환하여 개인적인 적용과 가치 있는 지식으로 구성할 때 그 교육적 경험을 규정하는 요소다(Dewey, 1916). 이와 같은 Dewey의 설명은 이러닝을 정의하는 시간과 공간의 복잡한 변화에 부합하고, 다양한 참여자들과 환경을 구성하는 테크놀로지를 통한 의사소통의 중요성을 더욱 강조한다.

2. 교류적 관점

지식은 사회적 산물이지만 교육적 맥락에 있어서 그 의미를 획득하거나 향상된 이해를 제공해야 하는 것은 개인 학습자다. 사회적으로 그리고 개인적으로 가치 있는 결과를 촉진하는 유목적적인 프로세스는 교수 · 학습 교류의 핵심이다. 이러한 교류는 이러닝을 포함한 모든 교육적 경험에서 공통적으로 나타난다.

따라서 교육적 경험은 두 가지 목적을 갖는다. 첫째는 개인적 관점으로부터의 의미구성(경험의 재구성)이며, 둘째는 학습자 커뮤니티 내에서 이러한 의미를 협력적으로 수정하고 확인하는 것이다. 처음에는 이러한 이중적 목적이 각각 교사와 학생의 독특한 관점을 반영하는 것으로 보인다. 그러나 교류에 대해 보다 면밀히 살펴보면 교수와 학습의 역할을 분리할 수 없고, 통합된 교류로서 교육적 과정을 보는 것이 중요하다는 것을 알게 된다. 우리는 동일한 과정을 2개의 다른 관점으로 보고 있는 것이다. 교사는 학습자이며, 학습자는 교사다. 이러한 두 관점은 학습에 대한 책임과 학습과정 통제에 대한 이슈와 관련하여 근본적인 의문을 갖게 한다.

책임과 통제

교육적 교류에 있어서 책임과 통제의 이슈는 교수와 학습 모두에 적용된다. 교사의 책임은 그들이 진화하는 학습 환경을 창출하고 형성한다는 점에서 매우 복잡하다. 이러한 도전은 강력한 테크놀로지가 소개되면서 더욱 어려운 일이 되었다. 교육자들은 학습자들이 유의미한 방법으로 학습에 접근하도록 하고 이를 촉진할 수 있는 인지적이고 사회적인 조건을 창출해야 한다. 이것은 교육자들에게 내용 전문성을 요구하며, 교사들이 교육적인 측면에서 학생들로 하여금 학습에 대한 책임의 수준을 결정하도록 하는 것이다. 학습자가 자신의 학습에 책임을 갖도록 하는 것은 구체적인 지식구조와 고차원적 지속학습에 필요한 메타인지능력을 개발하는 모든 측면에서 성공적인 교육결과를 실현하는 중요한 단계다.

통제의 이슈 또한 교수와 학습 모두에 적용된다. Dewey의 제안에 따르면 교육은 근본적으로 상호작용적 또는 교류적 과정이다. 통제의 이슈를 둘러싼 도전과 혼란은 교수자의 규범적인 역할과 교수자에게 허용된 책임을 다룬다. 불행히도 전통적인 교육 맥락에서 교육과정을 설계할 때 협력을 위한 기회는 거의 없다. 그것은 학생이 초기 교육과정을 설계하거나 교육경험을 통해 기대되는 결과를 결정할 때 참여하거나 영향력을 거의 가지지 않는다는 것을 의미한다. 이것은 학생이 교육과정 설계에 투입되지 않으면서 그들이 아무런 통제를 할 수 없는 학습활동과 학습결과에 책임을 지도록 기대하는 모순된 상황을 만든다. 이것은 "학생 자신의 학업적 수행에 대한 지각된 통제감은 학업성취를 강력하게 예측한다"(Yeh, 2009, p. 229)는 것을 고려하면서 다루어야 하는 이슈다. 이와 같이 학습자의 학습에 대한 통제권은 노력과 몰입을 강화시킨다.

교류적 관점이 갖는 고유한 해결책은 기대되는 학습결과, 학습활동, 평가방법 등에 대해 학생들에게 대화의 기회를 제공하는 것이다. 교육적 교류에 대한 몇몇의 관점은 타협의 여지가 없으나 학생들이 이러한 이해를 공유하는 것은 중요하다. 보다 큰 과정에 포함되거나 적절한 선택의 기회를 제공함으로써 학생들은 통제감을 갖게 되고 이에 따라 교육결과의 질에 대한 책임을 갖게 된다. 이것은 학생들이 그들의 학습에 대해 책임을 갖도록 돕는 협력적인 노력이라 할 수 있다.

교수와 학습에 대한 교류적 관점은 교육의 목적과 학생의 능력에 적합한 책임과 통제의 역동적 균형이 이루어져야 한다는 것을 의미한다. 이러닝이 갖는 유연성과 자유는 근본적인 책임과 통제에 관한 이슈로 관심을 모으고 있다. 이러닝 테크놀로지가 교육적 교류에 대해 가질 수 있는 영향을 완전히 이해하려면 보다 많은 연구가 필요하다.

3. 이론적 개념

교육적 실천을 이해하기 위한 핵심은 바람직한 학습결과에서부터 다시 시작하는 것이다. 고등교육에 있어서 이러한 학습결과들은 비판적이고 창의적인 학습자를 양성하는 고차원적 학습과 관련된다. 최근 자기주도성 또는 메타인지와 같은 성향과 능력을 습득하도록 하는 것이 기존 교육에 추가되고 있다. 이는 학생들이 자신의 학습에 책임감을 갖도록 하는 것이 쉽지 않기 때문이다. 지식 기반의 창의적 사회 및 경제 분야에서 요구되는 것과 같이 학생들이 자신의 학습에 대한 책임감을 증진시키고자 한다면 이러한 성향과 능력이 개발되어야 한다.

최신 지식을 습득해야 하는 개인적 도전과 지식의 비영속성 때문에 비판적 사고 능력과 학습 모니터링 및 관리에 대해 자기주도성을 갖출 필요가 있다. 내용을 선택하고 조직하며, 발생할 수 있는 오개념을 진단하기 위해 교사에게는 비판적 성찰과 담화가 요구된다. 비판적 사고(critical thinking)는 성찰적이고 공유된 활동

모두를 통합하는 포괄적 활동이다. 이에 더하여, Lipman(2003)은 "'탐구공동체'의 교수법은 비판적 사고를 가르치는 방법론이 되어야 한다."고 진술하였다. 비판적 사고와 담화는 탐구공동체의 이론적 프레임워크의 중심이다.

비판적 사고와 담화는 서로 분리할 수 없으며 상호보완적이다. 비판적 사고와 담화가 고등교육의 핵심으로 다루어지는 것과 같이 이러닝 환경에서 비판적 사고를 촉진하는 비판적 담화가 중요함에도 불구하고 그간 이에 대한 실제적인 증거는 발견하기 어려웠다(Rourke & Kanuka, 2007). 이러한 이유로 비판적 담화가 의미하는 바에 대해 올바로 이해하는 것은 중요하다. 담화는 일상의 가벼운 대화와 달리 고차원적 사고의 외적 표현으로서 고등교육의 이상적 과정의 핵심이라고 할 수 있다. 그러나 담화는 복잡하고 다차원적인 과정이다. Burbules(1993)는 대화(예, 담화)를 다른 지향성과 목적에 따라 4개의 유형으로 설명하였다. 4개의 유형은 대화(conversation), 탐구(inquiry), 토론(debate), 가르침(instruction)이며 이와 같은 대화들은 교육적 경험에서 서로 중첩되거나 조합되어 사용될 수 있다. Burbules(1993)의 진술과 같이 "대화적 접근에 있어서 적당한 융통성과 다원성은 필수다"(p. 129). 탐구공동체 내에서 각 유형의 대화나 담화가 이루어지기 위해서는 각각의 적절한 장소와 시기가 요구된다. 예를 들어 (신뢰, 존경, 염려를 나타내는) 대화는 사회적 실재감을 창출하는 요구와 직접적으로 관련된다. 반면에 탐구와 토론은 인지적 실재감과 실천적 탐구 모델의 탐색적이고 확증적인 국면과 관계가 있다. 마지막으로, 가르침으로서의 대화는 이 책에서 주요하게 다루고 있는 탐구공동체 프레임워크의 중심인 교수 실재감과 명확히 연결된다. 다음 장에서 살펴보겠지만 우리가 직면하고 있는 도전은 비동시적 담화의 잠재력을 완전히 실현하고 다양한 유형을 기능적으로 통합하는 이러닝 환경에서 교육적 경험을 어떻게 설계하고 전달할 것인가다.

비판적 사고는 자연스럽게 내부에서 시작하여 바깥을 바라보는 모델이다. 이 모델은 개인들의 사적인 세계와 공유된 세계 사이를 반복하는 비판적 사고의 다양한 단계를 반영한다. 비판적 사고(실제적 탐구)의 단계는 사고 촉발 이벤트, 탐색, 통합 그리고 해결이다. 이와 같은 탐구의 단계를 진행하는 개인들에게 메타인지적 인식이 요구된다. 반면에 자기주도적 학습은 외부의 관점에서 취하고 내부를 바라보도록 상호 보완하는 사회적 모델이다. 자기주도적 학습은 이해에 대한 모니터링, 과제관리, 동기유지에 관한 이슈를 다룬다. 자기주도적 학습과 메타인지적 인식은 인지적 실재감이라는 동전의 양면이다. 메타인지와 자기주도성의 관계는 비판적 사고 및 탐구공동체 내의 담화에 견줄 만하다. 그들은 테크놀로지에 의해서 부상된 이슈를 이해하기 위한 중요한 개념으로 등장하였고 (학습에 대한) 막대한 책임과 통제를 학습자에게 이양하는 가능성을 갖고 있다.

메타인지와 자기주도적 학습의 개념은 유의미하고 가치 있는 교육적 실제를 설계하고 실행하기 위한 이론적 기제를 제공한다. 즉, 그것들은 고차원적 학습이 발생하도록 하는 과정을 설명하기 때문이다. 고차원적 학습을 묘사하는 개념의 다음 수준으로 접근 방법을 설명하고자 한다.

접근방법

교육적 경험을 이해하는 데 있어서 가장 유망한 연구와 지식 기반은 사실적 정보를 회상하는 것이 아니라 심층적 수준의 이해를 촉진하는 상태를 보여 준다. Marton(1988; Marton & Saljo, 1976)에 의해 이 작업이 시도되었고, 이후 여러 연구자(Biggs, 1987) 가운데 Entwistle(Entwistle & Ramsden, 1983)에 의해 확인되었다. 가장 단순한 유형으로, 이 연구는 정보처리 또는 이해의 두 가지 다른 수준을 설명한다. 피상적 수준의 처리는 학생들이 학습한 개념을 재생하거나 기계적으로 암기하고 이에 상응하는 학습전략을 갖는다. 한편, 심층적 수준의 처리는 기존의 지식과 새로운 지식을 통합하면서 정보를 이해하고 그 중요성에 따라 순서화하는 것을 의도한다.

학습에 대한 이러한 접근과 의도는 교육적 환경에 의해 상당한 영향을 받는 것이 분명하다. 학생들은 교수자의 즉각적인 영향 아래서 기대와 학습 맥락의 특성에 적응한다. 그 기제는 맥락이 학생들의 학습과제를 인식하는 데 영향을 미치며 이에 따라 학습에 접근할 때 선택하는 전략들에도 크게 영향을 준다는 것이다(Ramsden, 2003).

학습에 대한 심층적 또는 피상적 접근은 성공적인 학습결과를 보장하기 위한 학생들의 맥락적 요구에 대한 합리적 수용이다. Ramsden(1988)은 학습에 대한 인식과 그에 따르는 접근에 영향을 미치는 세 가지 영역으로 평가(assessment), 교육과정(curriculum), 교수(teaching)를 주장하였다. 물론 이들 영역 간에는 중복되는 부분이 존재한다.

평가(즉, 시험과 등급)는 학생들의 개념 형성과 학생이 어떻게 교육적 경험에 도달할 것인가에 대해 미묘하지만 상당한 영향력을 갖는다. 사실 이것은 "학습전략에서 가장 결정적인 상황적 영향력"(Ramsden, 1988, p. 164)이 될 수 있다. 학생이 어떻게 평가되는가는 학습에 있어서 무엇이 중요하고 어떻게 학습에 접근해야 하는지에 대해 매우 강력한 신호를 보낸다. 만약 시험 시스템이 정보를 회상하는 것이라면 당연히 학생들은 "이해의 보다 깊은 수준에 도달하기보다는 사실적 정보를 회상"(Marton & Saljo, 1976, p. 125)하기 위해 준비할 것이다. 분명히 많은 학생의 최대 관심은 시험을 통과하는 것이다. 따라서 시험은 결과적으로 어떻게 학생들이 학습에 접근하는지, 그럼으로써 그들이 무엇을 학습할지를 결정하는 것이다. 그러므로 평가는 의도된 학습결과와 일치해야 한다.

두 번째 영역은 교육과정과 관련이 있다. 특히 학습부담 또는 정해진 시간 내에 완성할 수 있는 학습자료의 양에 관한 것이다. 학생들의 고유한 선호도나 지능과 무관하게 이루어지는 과도한 교육과정은 학습에 대해 피상적인 접근을 하도록 강요한다. 최근 협력적 환경에서 내용 적용범위에 대한 관점은 "적게 가르치는 것이 더 많이 배운다는 수많은 증거가 있다"(Lombardi, 2008, p. 4)고 제안한다. 이와 같은 영향을 발견하는 것은 어렵지 않으며 학생들이 통제할 수 있는 것 이상의 과도한 내용을 학습할 것이라는 기대는 학습에 대한 심층적 접근에 부정적인 영향을 미친다. 학생과 교사가 직면하고 있는 도전은 "지식의 세계는 광대한 대양이며 끝이 없고, 깊이를 알 수 없이 깊은 곳으로 빠져드는 것과 같이 압도적이라는 것이다"(Achenbach, 1999, p. A23). 교육학이 이러한 도전을 해결하는 필수적인 것이라면 이러닝은 학습에 대한 심층적이고 유의미한 접근이 가능한 적합한 환경을 창출하는 필수적인 도구다.

세 번째 영역은 교수 실재감으로 학습에 대한 접근에 중요한 영향을 미침으로써 이러한 도전을 직접적으로 다룬다. 교사는 학습환경과 학습결과를 형성하는 데 가장 큰 영향력을 갖는다. 많은 부분에서 교사는 학습의 목표와 내용 그리고 평가방식을 결정한다. 정보의 급증과 정보접근의 편리성으로 인해 교사의 주요 책무는 이러한 혼돈 속에서 새로운 계획을 제시하고 질서를 부여하고 학습에 심층적으로 접근하도록 격려하는 조건을 창출하는 것이다. 학생들의 관점에 따르면 이것은 비판적이며 창의적 사고를 포함하는 고차원적 인지과정을 요구한다.

효과적인 교수를 위한 교류적 관점은 단순한 제시방법 이상의 것을 의미한다. 수업에 대한 전달(transmission)이나 제시적 접근은 상당히 관행적이며, 그간 대형 강의 또는 전통적 원격교육, 대량생산 체제의 학습패키지 등을 통해 소개되었다. 제시적 접근은 본질적으로 정보의 일방향 전달이다. 효과적인 제시는 조직화, 명료화 그리고 열정에 달려 있다. 이러한 것들은 교수를 수행하기 위한 중요한 특성이지만 그 특성을 충분히 보여 주지 못하고 있으며 학습을 격려하거나 심층적 접근을 촉진하지 못하였다.

용어에서 볼 수 있는 것과 같이 제시적 접근에서 누락된 요소는 교류적 관점의 핵심인 상호작용과 비판적 담화다. 교수에 대한 교류적 접근은 학습자 커뮤니티의 이상 및 고차원적 학습활동과 학습결과에 적합한 교육과정에 기초한다. 교류적 접근은 제시적 교수의 특성을 포함하지만 융통성, 지지하는 분위기, 비판적 담화와 균형을 유지한다. 협력적 구성주의 접근방식인 교류적 특성은 학생들이 학습목표를 정하고, 학습내용과 평가방법을 결정하는 데 참여하는 것을 허용한다. 이것은 상당히 전문적인 판단을 요구하며 특히 이러닝에 의해 제공된 자유와 자율성이 여기에 해당된다.

원리

이와 같은 복잡성을 극복하고 새로운 테크놀로지를 수용하려면 교사들은 일련의 도움을 주는 원리를 가질 필요가 있다. 이에 앞서 우리는 양질의 학습결과를 위해 요구되는 평가, 과제부담 그리고 선택 등의 요소를 확인하였다. 다음의 원리들은 학습에 대한 교류적 관점과 심층적 접근을 반영한다. 이러한 원리들은 여기에 묘사된 이러닝 프레임워크의 핵심인 지원적이고 비판적인 탐구공동체를 창출하는 것을 의도한다. 우리는 교육적 탐구공동체를 유목적적인 비판적 담화와 개인적 의미를 구성하고 상호적 이해를 확인하는 개인들의 그룹으로 정의하였다. 이러한 관점에서 CoI의 이론적 프레임워크는 심층적이고 유의미한 학습경험(협력적 구성주의)을 창출하는 과정을 나타내며 이는 사회적 실재감, 인지적 실재감, 교수 실재감과 같은 세 가지 상호 의존적 요소의 개발을 통하여 이루어진다.

이 원리들은 탐구공동체 프레임워크를 예시하고 교수 실재감의 하위 요소(설계, 촉진, 지침)로 조직된다. 이러한 각각의 요소들은 결과적으로 사회적 실재감 및 인지적 실재감의 이슈를 반영한다. 일곱 가지 원리는 다음과 같다.

1. 개방적 커뮤니케이션과 신뢰 형성을 위한 계획
2. 비판적 성찰과 담화를 위한 계획
3. 커뮤니티와 응집성 구축
4. 탐구적 역동성 구축
5. 존중감과 책무성 유지
6. 해결안을 창출하도록 탐구 유지
7. 의도된 과정과 결과에 일치하는 평가

교육적 탐구공동체를 성공적으로 창출하기 위해서는 준비, 실재감의 유지, 상당한 교육적·내용적 전문성이 요구된다. 앞으로 살펴볼 것과 같이, 커뮤니케이션이 면대면이든 매체에 의해 중재되든 교수 실재감 없이는 학생들의 완전한 참여와 학습에 대한 심층적 접근을 보장할 수 없다. 그러나 이러닝 맥락에서는 우리가 탐구공동체를 창출하고 유지하고자 한다면 이러한 원리와 관련되어 고려해야 하는 외적인 기술적 변수가 있다. 특정 커뮤니케이션 테크놀로지는 탐구공동체를 창출하고 유지하는 데 직접적·간접적으로 실제적인 제약이 있음을 이해해야 한다.

4. 텍스트 기반 커뮤니케이션

언어학자와 언어를 다루는 전문가들이 '말하기'를 인간 언어의 중요한 형태로 간주한 것은 단지 최근 수십여 년에 불과하다. 글쓰기는 말하기에 의해 전달된 정보를 시각적 매체로 전달하는 것으로 보인다. 이 등가의 가정은 특히 교육적인 목적으로 텍스트 기반의 컴퓨터 매개 커뮤니케이션을 사용하는 다수의 문헌에서 보다 밀접하게 고려되기 시작했다(Feenberg, 1999; Garrison, 1997a; Garrison, Anderson, & Archer, 2000; Peters, 2000).

일반적으로 말로 하는 것과 글로 쓰여진 커뮤니케이션 간의 특성 차이가 컴퓨터 매개 커뮤니케이션에 대한 이해, 특히 이러닝과 탐구공동체에서의 효과적인 사용을 이해하기 위한 핵심이라고 주장한다(Archer, Garrison, & Anderson, 1999). 이러닝이 강력한 커뮤니케이션 도구임에도 불구하고 보다 익숙한 환경인 말하기 중심의 커뮤니케이션과 비교했을 때 텍스트 기반 커뮤니케이션은 고차원적 교수 · 학습의 '흐름과 구조'를 변화시킬 수 있는 수준이 가능한지에 대해 진지한 질문들이 지속적으로 제기되고 있다. 텍스트 기반 커뮤니케이션의 특성에 대한 모든 논의를 여기에서 다루지는 않는다. 그러나 우리는 글쓰기가 비판적 담화와 성찰에 참여했을 때 말하기 이상으로 본질적이고 명백한 장점이 있다는 것을 제안하는 충분한 증거가 있음을 확인하였다. 한 가지 분명한 장점은 교사들과 연구자들에게 영구적으로 기록을 제공한다는 것이다. 물론 이것은 면대면 교실 환경에서 이루어지는 토론의 일회적인 특성과는 대조적이다. 또한 면대면 대화는 덜 조직적인 반면,

보다 탐색적이며, 다른 사람의 관점에 주의를 덜 기울인다.

글쓰기는 오랫동안 강력한 비판적 사고의 과정과 결과 모두를 위하여 사용되어 왔다. 쓰여진 단어는 회상과 성찰을 이끄는 데 최상의 방법을 제공한다. 반면, 말해진 단어는 활동을 중재하는 데 가장 효과적이다(Wells, 1999). Ong(1982)은 '말하기'는 모든 인간이 태어나면서부터 갖는 것이고 개인적인 인식을 발전시키는 데 중요하지만 "글쓰기는 자신에 대한 인식을 강화시키고 사람 사이보다 인식적인 상호작용을 촉진한다"(p. 179)고 주장하였다. 말과 비교하여 쓰여진 언어의 특성은 이러닝과 같은 텍스트 기반 매체를 통해 고차원적 학습을 촉진하는 데 전자(자신에 대한 인식 강화)의 가치에 영향을 미칠 것으로 보인다.

고차원적 학습에 있어서 글의 분명한 장점은 질문하기와 인지적 기능의 연구에서 지지되고 있다. "온라인 맥락에서의 상호작용은 면대면에서 발견되는 것보다 더 지적인 것이 요구된다"(Blanchette, 2001, p. 48)는 것이 확인되었다. 글을 통한 질의와 응답은 면대면 언어적 맥락보다 고차원적인 인지적 수준에 있기 때문이다. 이에 대한 가능한 설명은 글로 쓰여진 커뮤니케이션의 비동시적 특성으로 학생들이 보다 많은 성찰의 시간을 갖고 내용과 이슈를 보다 명확히 하고 순서를 정하기 때문에 교사들은 높은 수준의 질문을 할 수 있는 것으로 보인다. 마지막으로, 온라인 맥락에서 행정적인 질문과 이슈는 학술적 담화와는 별개다. 즉, 학생들은 고차원적인 인지적 질문과 그들의 대답에 집중하고 성찰할 수 있다.

텍스트 기반 커뮤니케이션은 지식을 축적하고 공유하는 데 선호하는 수단이 되어 왔다. 이러한 커뮤니케이션의 형태는 이러닝의 핵심이고 이것의 활용은 온라인 담화와 성찰을 유지함으로써 교육적 경험을 강화할 수 있다. 요약하면 텍스트 기반 커뮤니케이션은 비평적 담화와 성찰을 촉진하는 데 상당한 잠재성을 가지고 있다. 이러닝 맥락에 있어서 텍스트 기반 커뮤니케이션이 학습에 대한 협력적 구성주의 접근을 지지하는 데 이점이 있다는 것은 확실하다. 텍스트 기반 커뮤니케이션의 중요성은 이러닝을 통해서 그리고 고등교육에서 교육적 경험을 고양하는 결과로서 지속적으로 주장될 것이다. 그러나 교육적 목적을 위한 텍스트 기반 커뮤니케이션의 특성을 보다 잘 이해하려면 우리는 학습자 커뮤니티의 환경을 보다 깊이 탐구해야 할 것이다.

5. 결 론

정보화 시대 그리고 네트워크화된 세계는 교육자들로 하여금 교육적 경험에 대해 다시 생각하도록 하였다. 지식 기반 사회 그리고 창의 기반 사회에서 부가가치는 독립적이고 협력적으로 사고하며 학습 능력을 개발하고 북돋우는 학습 환경이라는 것이 매우 명확하게 되었다. 고등교육에 대한 기대는 높아지고 있고 고차원적 학습경험을 인식하기 위해 요구되는 근본적인 요소들에 대한 윤곽이 뚜렷해졌다. 이것은 교육적 교류의 재발명이 아니다. 그러나 이것은 전통적인 고등교육의 이상을 재조명하고 헌신할 것을 요청한다. 이러한 이상들은 기술적 발전을 통해 가능하게 되었다.

교육자들은 이러닝과 같은 테크놀로지가 기존의 교육 환경에 포함됨에 따라 특별한 도전에 직면하게 되었다. 실상은 "디지털 테크놀로지가 급진적으로 교수법의 새롭고 다른 개념들을 요구한다는 것이다"(Privateer, 1999, p. 70). 이러한 관점에서 이러닝은 교수와 학습의 교류적 특성을 대체할 상당한 잠재성을 갖고 있는 것으로 고려되고 있다. 사실 이것은 대학의 부족한 점을 보완하는 가능한 해결책이나 방법을 제공하면서 현재 고등교육의 몇 가지 문제점을 직시하도록 하였다. 교육적 해결책의 일부로서 이러닝은 이전에 설명한 교육적 교류의 이상을 시험하고 인식하는 기회가 되었다. 이러닝의 완전한 장점의 실현 여부는 이러닝이 도입될 맥락에 대한 이해에 달려 있다.

이러닝은 고등교육에서 학습이 어떻게 접근되는지에 대해 현재 주요한 영향을 미치는 혁신적인(disruptive) 테크놀로지다. 고등교육은 학습 테크놀로지의 혁신적 특성을 인식하는 것을 피할 수 없게 되었고 이러닝은 그 선두에 서 있다. 테크놀로지의 강력한 영향은 우리의 아이디어와 인지와 교육에의 접근을 변화시킬 것이다. Pivateer(1999)가 언급한 바와 같이 "학계가 학습의 전통적인 방식을 고수하는 것은 이해하기 힘든 일이다. 그 전통적인 방식은 새로운 학습 커뮤니티 안에서 인간이 학습하고 서로 상호작용하는 방식을 현저히 바꾸고 있는 테크놀로지와 대단히 상충되는 것이다"(p. 77).

우리가 관심을 전환하여 학습 커뮤니티를 지원하고 유지하는 것은 이러닝의 잠재성 때문이다. 도전은 새롭게 등장한 교육 환경을 이해하는 것이며 또한 어떻게 우리가 고차원적 학습의 발전을 촉진할 탐구공동체를 창출하고 유지하는가다. 여기에서 채택한 교수와 학습의 교류적 관점은 성찰과 담화가 개인적으로 의미 있고 사회적으로 타당한 지식 구성을 촉진하는 데 사용되는 비판적 탐구공동체 안에 내재되어 있다. 이것은 우리가 다음에서 관심을 두고자 하는 탐구공동체의 이론적 프레임워크다.

Chapter 03

탐구공동체

1. 학습 커뮤니티
2. 이론적 프레임워크
3. 이론적 발전
4. 이론?
5. 결 론

Chapter 03

탐구공동체

이러닝의 잠재성을 확실히 인식하는 것이 전통적인 교육의 가치와 실천이 시대에 뒤처진 일이 될 것이라고 선언하는 것을 의미하지는 않는다. 사실 역동적이고 적응적인 교육적 맥락에서 이러닝의 비동시적이고 협력적인 커뮤니케이션을 지원하는 독특한 능력으로 인하여 오히려 우리는 전통적인 교육적 이상이 부활하는 것을 보게 될 것이다. 학습자 커뮤니티가 갖는 전통적 이상의 가치를 재평가하는 것이 이러닝으로의 변화의 핵심이다. 여기서 우리가 설명하는 프레임워크는 고차원적 학습이 기대하는 학습결과일 때 학습자 커뮤니티가 학습경험의 필수적이고 핵심적인 요소라는 (연구와 경험이 지지하는) 전제에 기반을 두고 있다. 우리가 의미하는 고차원적 학습이란 "개념적으로 풍부하고, 일관되게 조직화되어 있고 지속적으로 탐구하는"(Lipman, 1991, p. 19) 고차원적 사고다. 이러한 설명은 고등교육에서 탐구공동체의 이상과 일치한다.

진화하는 지식사회의 요구는 개인들이 독립적인 사고자가 되는 동시에 상호 의존적인 협력적 학습자가 되는 기대를 낳았다. 이것이 핵심적인 가치이고 가치 있는 교육적 경험의 조건이다. 교육적 맥락에서 지식의 창출은 학습자 커뮤니티에 의해 만들어지는 성찰적이고 협력적인 과정이다. 비판적 학습자 커뮤니티로서 교육을 보는 이상적인 관점은 더 이상 이상에 그치지 않고 창의성과 지식 구축에 기반을 두는 사회에서 실제적으로 필요하게 되었다. 이러닝의 잠재성의 완전한 실현은 그와 같은 학습자 커뮤니티 안에서 가능하다.

이러닝의 테크놀로지는 개인적 성찰과 공적인 담화를 촉진하는 능력을 가지고 있다. 그 힘은 사람들을 사적인 또는 공적인 방법들로 연결하는 능력이다. 이러한 유래가 없었던 능력은 교수·학습에 대한 접근들을 근본적으로 변화시키고 있다. 그러나 이러한 기술적 능력과 함께 성찰과 담화 간의 균형을 유지하고 유목적적이면서도 창의적인 학습경험들을 만들어 내는 지혜가 요구된다. 이 균형은 개방적이고 비판적인 탐구공동체 분위기 안에서 교수와 학습 교류를 통하여 발견된다.

1. 학습 커뮤니티

이론적이고 실증적인 관점에서, 고차원적 학습결과를 달성하는데 협력의 타당성과 효과성은 의심의 여지가 없다. 점점 더 증가하고 있는 보편적이고 수용되는 입장은 이러닝에 의해 더욱 실행

가능하게 된, “고차원적 개념의 교수는 반드시 상당한 양의 담화를 수반한다는 것이다”(Bereiter, 1992, p. 352). 면대면과 테크놀로지에 의해 매개된 교육맥락의 연구는 협력학습이 고차원적 학습에 이득을 준다는 점을 확인하고 있다(Cecez-Kecmanovic & Webb, 2000; Garrison & Archer, 2000; Johnson & Johnson, 2009). 이러닝 테크놀로지의 발전과 고등교육에서 학습에 대한 협력적 접근의 채택을 통해 우리는 협력학습 과정에 대해 깊이 이해하게 되었다.

비판적 학습자 커뮤니티는 교육적 관점에서 보면 이해의 촉진, 구성, 타당화 그리고 심화된 학습으로 이끄는 능력의 개발과 같은 구체적 목적을 가진 교사와 학생의 상호작용으로 구성된다. 이와 같은 커뮤니티는 인지적 독립성과 사회적 상호 의존성을 동시에 촉진한다. 이 2개의 관점은 상당히 상반된 관계처럼 보이지만 개인적인 가치와 사회적 결점을 보완하는 진정한 학습경험을 촉발하는 기점이 된다. 다양한 관점에서 교육은 개인이 사회적 지식과 교육적 경험에 의미를 부여하는 유목적적이고 안내된 활동이다. 학습 커뮤니티는 개인적(주관적) 세계와 공유된(객관적) 세계의 융합이다. 형식적 교육 관점에서의 이러닝은 교사와 학생들 사이의 교류라는 특성으로 이해해야 한다. 교수와 학습을 양극에 위치하는 것으로 분류하는 것은 심각한 잘못이다. 본질적으로, 전통적 면대면 학습이 교수 중심적이 아닌 것과 마찬가지로 이러닝이 보다 더 학습자 중심적인 것은 아니다. 다른 교육적 경험과 같이, 성공적인 이러닝은 학생들이 의미 있고 가치 있는 학습활동을 하도록 동기를 부여하고 촉진하는 학습 환경을 만드는 교육자의 능력에 달려 있다. 교사와 학생의 역할과 책임을 인위적으로 양극화하여 사용하는 것은 아무런 도움이 되지 않는다. 역할의 변화와 통제권의 균형은 형식적 교육경험의 도처에서 변화하고 있다.

그러나 탐구공동체를 위한 개념적 프레임워크를 설명하기 전에 이러닝-컴퓨터 컨퍼런싱의 기원에 대해 간단하게 먼저 소개하고자 한다. 컴퓨터 컨퍼런싱이 개발된 초기에는 그것이 전통적인 면대면 교실 학습의 동일한 복제물이 아닌 것이 분명했다. 결과적으로, 비동시적인 텍스트 기반 성격의 커뮤니케이션이었기 때문에 많은 연구자는 컴퓨터 컨퍼런싱이 질적으로 다르게 학습에 접근하는 것을 제시하고 있다는 것을 깨달았다(Harasim, 1987; Kaye, 1987). 핵심은 이러닝이 컴퓨터 컨퍼런싱에 기원을 두며(Cleveland-Innes & Garrison, 2010) 전통적인 원격교육에 기원을 두고 있지 않다는 것이다. 그렇기 때문에 이러닝을 원격교육과 동일한 것으로 보아서는 안 된다. 역사적으로, 원격교육은 지역적인 거리를 연결하는 것을 목적으로 하였고 산업화 모델로 비용 효과적 접근에 초점을 두는 기관에 설치되었다. 협력학습 경험을 지원하는 이러닝의 능력은 원격교육을 학습에 대한 독립적이고 자기교수적인 접근으로 보는 지배적 관점에 크게 도전하였다. 또한 "대부분의 미국 고등교육의 이러닝은 원격교육의 목적으로 사용되지 않는다" (Guri-Rosenblit, 2009, p. 94). 따라서 원격교육과 일부 중첩되는 것이 있지만 이러닝은 명백히 다른 갈래의 교육적인 진화로 간주되어야 한다.

이러닝 테크놀로지의 어포던스와 편재성은 고등교육에서 그것을 영향력 있는 테크놀로지로 만들었다. 도전적인 것은 이러닝이 학습을 더 새롭고 효과적인 접근으로 지원하는 방식으로 활용해야 한다는 것이다. 이러닝과 같은 커뮤니케이션 테크놀로지는 "단순히 정보에 접근하게 하는 것이 아닌 비판적 학습 커뮤니티에의 접근을 증가시킴으로써 고등교육에서 학습결과의 질을 증진시킬 수 있는 교수 · 학습 교류의 새로운 접근들을 표방할 것이다"(Garrison & Anderson, 1999, p. 51). 고등교육이 접근성 요구에서 면제된 것은 아니지만, 우리는 학생들이 무엇에 접근해야 하는지를 명확히 해야 한다. 이러닝에 대한 생각을 시작하는 최적의 장소는 이러닝의 상호작용성을 지원하는 능력이다. 적절하게 설계된 이러닝은 고등교육의 전통적 가치를 훼손하지 않고 새로운 활력을 주는 모든 가능성을 가지고 있다.

2. 이론적 프레임워크

우리는 맥락의 중요성에 대해 이미 시사했으며 특히 비판적 담화와 성찰을 촉진하기 위한 학습 커뮤니티를 만들 것을 주장하였다. 개인적 지식 구성의 많은 부분은 사회적 환경에 의해 이루어진다. 즉, 선택과 다양한 관점을 가진 환경은 비판적이고 창의적인 탐구를 촉진할 것이다. 그러한 탐구공동체는 고차원적 학습의 필수조건이며 여기서 설명하는 이러닝 프레임워크의 핵심 요소다.

Lipman(2003)은 비판적 및 성찰적 사고의 작동과 교육적 방법론으로 탐구공동체의 필요성을 주장했다. 이것은 교사가 안내하는 비권위적인 커뮤니티이며, 그 커뮤니티 내에서 사회적 지식이 불분명하고 다학문적인 방식으로 드러나며, "판단에 의해 조절된 합리성"(Lipman, 2003, p. 11)을 개발하고 이해를 달성하기 위한 구조적 관계 질서를 이루는 것을 목표로 한다. Lipman(2003)은 Dewey의 말을 인용하면서, 교육의 주류가 범한 가장 큰 실수는 "과정을 무시하고 산출물에 집중한 것"(p. 20)이라고 지적했다. 탐구공동체는 성찰과 담화(탐구)를 촉발하고 유지하는 것과 의미를 구성하고 테스트하는 것에 필수적이다. 간단히 말하면, 탐구(inquiry)는 의미를 위한 활발한 탐색(search)이다. 그룹이 협력할 때 개인은 의미를 구성하고 교육적 경험에 의미를 부여하는 것에 책임을 갖는 것으로 간주한다.

탐구공동체 안에는 이성과 자유 둘 다 존재한다. Lipman(2003, p. 20)은 탐구공동체에 대해 다음과 같이 언급했다.

> …… 학생들은 서로 존중하며 경청하고, 서로의 아이디어를 기반으로 자신의 의견을 구축하고, 서로의 의견에 근거를 제공하도록 도전하며, 언급된 것으로부터 추론을 이끌어 내도록 서로 지원하고 서로의 가정을 확인하도록 노력한다. 탐구공동체는 기존의 학문 경계선 안에 가둬지기보다는 탐구가 이끄는 곳으로 따라가도록 시도한다.

다시 말해, 탐구공동체는 학생들이 의미를 협상하고, 오개념을 진단하고, 이전에 수용된 믿음에 도전해 보는 것을 통해 자신의 학습에 대해 책임과 통제권을 가지는 환경을 제공하는데, 이들은 깊이 있고 의미 있는 학습결과에 필수적인 요소다. Schrage(1989, p. 5)는 다음과 같이 언급하였다.

> 공유된 이해를 형성하는 것은 정보를 교환하는 것과는 상당히 다른 일이다. 그것은 대화에 깊이 참여하는 것과 그룹에 강의를 하는 것과 같은 차이다. 단어가 다르고 어조가 다르고 태도가 다르며 도구가 다르다.

여기서 가장 중요한 것은, 협력적 탐구가 이러닝 맥락에서 지원될 수 있다는 입장을 지지해 주는 증거들이 있다는 것이다(Garrison & Arbaugh, 2007). 선행연구들은 지각된 학습과 공동체 의식 간의 긍정적인 관계를 지지한다(Liu, Magjuka, Bonk, & Lee, 2007; Rovai, 2002). 한 연구에서는 강한 공동체 의식이 비동시적 환경에서 학습(높은 점수)을 증가시키는 것으로 나타났다(Harvey, Moller, Huett, Godshalk, & Downs, 2007). 사실, 데이터 소스에 접근하는 기회뿐만 아니라 커뮤니케이션의 성찰적이고 명시적인 특성을 고려할 때, 이러닝 환경에서 탐구공동체를 형성하는 것은 명확한 장점이 있는 것으로 주장된다. 텍스트 기반 커뮤니케이션의 영구성은 성찰에 적합하며 텍스트를 편집하고 입장을 다시 작성하는 것뿐만 아니라 가정들에 도전할 수 있게 하는 데도 적합하다.

비록 명시적이지는 않지만, 우리는 이러닝 경험을 기획하고 구현할 때 고려되어야 하는 세 가지 주요 요소 또는 실재감의 다양한 형태를 규명하였다. 탐구공동체(Community of Inquiry: CoI) 이론적 프레임워크는 세 가지 상호 의존적인 요소−사회적 실재감, 인지적 실재감, 교수 실재감−의 발달을 통해 깊이 있고 의미 있는 협력적 구성주의 학습경험의 창출과정을 나타낸다. 실재감이란 대인 간 커뮤니케이션을 통해 만들어진 존재 또는 정체성에 대한 느낌이다. 여기서 각각에 대한 간단한 개요를 제시한다. 협력적 구성주의의 이러닝 경험을 보장하는 상호 의존적 구성요소들의 시사점은 이후의 장에서 충분히 탐색할 것이다. [그림 3-1]은 세 요소 간의 관계를 보여 준다.

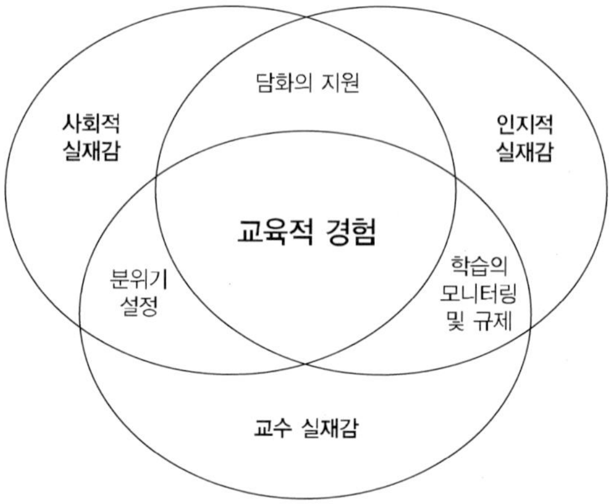

[그림 3-1] 탐구공동체

사회적 실재감

사회적 실재감이란 신뢰할 수 있는 환경에서 그룹을 인식하고 목적적인 커뮤니케이션을 하며 자신의 개인적인 특성들을 나타내는 방법으로 개인적이고 정의적인 관계를 점진적으로 발전시키는 능력이다(Garrison, 2009b). 그러나 문자적 매체로 사회적 실재감을 구축하는 것은 쉽지 않은 일이다. 비언어적 커뮤니케이션이 부족하기 때문에 언어적 커뮤니케이션으로부터의 이러닝 맥락의 문자적 커뮤니케이션으로의 전환은 사회적 실재감을 만들어 내는 것을 특히 어렵게 만든다. 문자적 커뮤니케이션은 여기서 설명하는 대인관계를 구축하는 커뮤니케이션(언어적 및 문자적)으로서 즉시성이 부족하다. 즉시성은 지지적이고 안전한 학습 환경을 위해 중요하다. 그것은 특히 의견 및 이해에 의문을 제기하는 비판적 담화가 이루어지는 동안 즉시성이 개인적 위험을 줄여 주고 수용되는 느낌을 증가시키기 때문이다.

협력적인 상황에서 고차원적 인지기술을 가르치는 것이 더 성공적일 뿐만 아니라(Resnick, 1987), 사회적 실재감이 구축될 때 인지적 실재감도 증가되고 유지된다(Akyol & Garrison, 2011a; Fabro & Garrison, 1998; Gunawardena, 1995; Liu, Gomez, & Yen, 2009). 텍스트 기반 커뮤니케이션에서 사회정의적 커뮤니케이션은 사회적이고 관계적인 메시지를 드러내는 문자적 행위의 적응과 같은 보상적 전략들을 사용함으로써 가능해진다(Walther, 1992). 보완적 중복은 오해의 잠재성이 있는 모든 커뮤니케이션에 이득을 준다. 이러닝의 모든 잠재력이 실현되려면 적절한 사회적 실재감을 구현하고 유지하는 데 주의를 기울여야만 한다.

인지적 실재감

핵심적으로 교육은 학습에 관한 것이다. 그러나 특별한 종류의 사회적 학습은 과정과 산출물에 의해 정의된다. 이것 때문에 인지적 실재감은 의도, 과정 그리고 학습결과를 말한다. 우리는 인지적 실재감이 "학생들이 비판적 탐구공동체 안에서 성찰과 담화를 유지함으로써 의미를 구성하고 확인할 수 있는 정도"(Garrison, Anderson, & Archer, 2001, p. 11)라고 본다. 성찰은 비판적으로 생각하는 능력(합리적 판단)과 같고, 담화는 신뢰하고 소통하는 관계, 딜레마나 문제를 이해하는 데 초점이 맞추어진 커뮤니케이션을 필요로 한다(6장 참조). 앞으로 살펴보게 되겠지만, 성찰과 담화는 실제적으로 분리될 수 없다. 본질적으로, 인지적 실재감은 고차원적 사고와 학습의 조건이다.

인지적 실재감은 비판적 사고의 일반적 모델의 맥락 속에서 설명된다. 이 모델의 주요 출처는 Garrsion과 Archer(2000)이나 이것은 Dewey(1933)의 성찰적 사고에 대한 연구에서 파생된 것이다. 6장에서 논의되는 실천적 탐구 모델은 인지적 실재감을 이해하고 조작(operationalizing)하기 위한 출발점이다. 이 모델은 성찰과 담화의 상보성과 일치되는 비판적 탐구의 일반적 구조를 나타낸다. 그리고 그 의미(성찰에 강조점)를 구성하고 이해(담화에 강조점)를 확인하기 위해 설계된 여러 단계의 교육적 과정을 제시한다.

교수 실재감

탐구공동체에서 서로 보강해 주는 세 번째 요소는 교수 실재감이다. 초기 컴퓨터 컨퍼런싱의 어려운 점 중의 하나는 참여를 유지하고 높은 수준의 담화를 유지하는 것이었다(Gunawadena, 1991; Hiltz & Turoff, 1993). 저조한 관심과 참여는 지나치게 '민주적인' 접근으로부터 오는 구조와 초점의 부족에 뿌리를 두고 있다. 완전하고 개방된 참여가 있어야 하나 유목적적인 교육경험을 위해서는 교류를 설계하고 제공하는 설계자와 리더가 반드시 필요하다. 그러므로 교수 실재감은 "개인적으로 의미 있고 교육적으로 가치 있는 학습결과를 실현하기 위한 인지적, 사회적 과정을 설계, 촉진, 지시하는 것"(Anderson, Rourke, Garrison, & Archer, 2001)으로 정의할 수 있다. 이 정의에서 유추할 수 있듯이, 교수 실재감은 의도된 결과와 학습자의 필요 및 능력에 맞춰진 균형적이고 기능적인 관계 안에서 탐구공동체의 모든 구성요소를 하나로 모아 준다. 물론, 이것은 최상의 상황에서도 매우 부담되는 일이다. 교수 실재감은 이러닝 환경에서 더 큰 도전에 해당할 것이다.

지표들

이론적이고 실천적인 목적을 위하여 이러닝 환경에서 공통적으로 발견되는 유의미한 학습활동들을 반영하는 세 가지 핵심 요소의 지표 목록으로 구성된 템플릿이 만들어졌다. 지표들은 교육적 경험의 실을 나타내는 세 가지 요소의 실재감을 제안하는 핵심 용어 및 구어들이다. 〈표 3-1〉은 이러닝 경험의 특성과 질에 대한 측정을 안내하는 템플릿을 제시한다. 이 템플릿은 본 연구의 초기 단계에서 글로 기록된 것(transcript)을 코드화하는 데 유용하였고 특히 이러닝 탐구공동체 안에서 일어나는 일을 측정하는 데 도움이 되었다. 이 템플릿은 양적인 설문조사 도구의 구성을 이끌어 왔다(다음 내용과 부록 참조).

인지적 실재감, 사회적 실재감, 교수 실재감의 범주는 문헌에서 도출되었고 탐구공동체 개념적 프레임워크 내에서 정교화되었다.

사회적 실재감은 정의적 커뮤니케이션, 개방적 커뮤니케이션, 그룹 응집성으로 구조화되었다(정의적 커뮤니케이션에 대한 수정은 5장 참조). 컴퓨터 컨퍼런싱 기록의 탐색적 연구를 통해 많은 사고와 논의를 거쳐 3개의 첫 번째 범주가 나왔다. 인지적 실재감 범주들은 실제적 탐구에 대응된다. 유사한 방식으로 교수 실재감 범주, 즉 설계 및 조직화, 이해 구축, 직접 교수라는 결과가 나타났다. 모든 범주와 요소의 지표들의 예들은 초기에 이론적으로 도출되었지만 그 타당성이 검증되었고 그 결과는 이후의 장에서 논의될 것이다.

〈표 3-1〉 학습공동체의 범주 및 지표들

요소	범주	지표들(예시만 제시)
사회적 실재감	개인적/정의적 커뮤니케이션	자기 표현/감정 표현
	개방적 커뮤니케이션	학습 분위기/위험을 느끼지 않고 표현
	그룹 응집성	그룹 정체성/협력
인지적 실재감	사고 촉발 이벤트	궁금함을 느낌
	탐색	정보 교환
	통합	아이디어들을 연결
	해결	새로운 아이디어를 적용
교수 실재감	설계 및 조직화	교육과정 및 방법의 설정
	담화 촉진	구성적 교환을 구축
	직접 교수	이슈에 초점을 맞추고 해결

3. 이론적 발전

탐구공동체(CoI, Community of Inquiry) 프레임워크가 처음 설명된 것은 10년 전 논문에서였다(Garrison, Anderson, & Archer, 2000). 원래의 프레임워크는 고등교육의 교수·학습 문헌 연구, 약간의 초기 연구들 그리고 연구팀의 경험에 바탕을 둔 것이었다. 그것은 매우 잘 지탱되어 왔고 다른 논문에 수백 번 인용되었다. 연구들은 큰 기관들 간의 연구들을 통해 CoI 프레임워크의 안정성을 일관되게 제시하였다(Arbaugh, Cleveland-Innes, Diaz, Garrison, Ice, Richardson, Shea, & Swan, 2008).

이러한 연구결과들은 이론적 프레임워크에 대한 관심을 크게 확장시킨 양적인 CoI 설문도구를 구성하는 조건을 만들었다(Arbaugh et al., 2008). 이 결과는 타당하고 신뢰할 수 있고 효율적인 CoI 프레임워크의 측정도구를 제공했다(부록 참조). 이 도구를 사용한 연구는 CoI의 구조를 확인하였고 새로운 통찰과 질문들을 제공하였다. 이 설문도구는 일반적인 이러닝 연구와 광범위한 영역에서의 CoI 프레임워크 연구를 가능하게 하였다. 이 도구는 대규모의 여러 기관 연구들에서 특히 유용할 수 있다. 최근 한 연구는 "세 가지 요인 해법은 사회-인식론적(socio-epistemological) 경향에 상관없이 나타났다"(Akyol, Ice, Garrison, & Mitchell, 2010, p. 67)고 결론지었다. 과목 및 중요도 점수 부여를 포함하는 또 다른 연구는 "과목 점수와 중요도 점수를 곱한 것에 대한 요인분석은 …… CoI 모델의 3요인구조(tripartite structure)를 지지한다"(Diaz, Swan, Ice, & Kupczynski, 2010, p. 22)고 결론지었다.

협력적 구성주의 교육경험에서 모든 참여자가 각각의 실재감을 분명히 드러내 보여 준다는 것을 이해하는 것은 중요하다. 모든 참여자는 각 실재감의 측면들을 담당한다. 개인들이 각 실재감을 반영하는 정확한 특성과 정도는 참여자와 과제에 달려 있다. 교육적 경험이 진행됨에 따라 이 균형은 자주 변한다(학생들은 증가된 교수 실재감을 보인다). 그러나 '학습자' 실재감이나 '교사' 실재감은 없다는 것을 염두해 두어야만 한다. 각 참여자(교사와 학생들)는 변화하는 교수 실재감의 측면과 정도를 나타낸다(인정하건대, 교사는 일반적으로 더 많은 교수 실재감을 보일 것이다). 예를 들어, 목표는 항상 학생들이 더 많은 교수 실재감을 갖고 점점 더 자기주도적으로 되는 것이다. 개인적으로 그리고 협력적으로, 학생들은 더 유능해지고 자신감이 생김에 따라 인지적 및 메타인지적 책임을 맡게 될 것이다. 또한 학생들은 신뢰, 커뮤니케이션, 응집성을 통해 사회적 실재감이 증가하면서 담화를 촉진하는 것을 배우게 될 것이다.

CoI 연구에서 또 다른 중요한 단계는 실재감들 간의 역동적 관계에 초점을 맞추는 것이다. 탐구공동체의 역동성을 이해하는 것은 커뮤니티를 전체적으로 이해하고 그 프레임워크 자체의 타당성을 이해하는 데 도움이 될 것이다. CoI 프레임워크가 실재감의 상호 의존적 특성을 설명하고자 했지만 초기의 많은 연구는 개별적 실재감을 정의하고 탐색하는 데 초점을 두어 왔다. 개인의 학습경험은 사회적 실재감, 인지적 실재감, 교수 실재감의 공유된 관계들의 함수다. 이런 점에서, 학생들은 높게 지각된 학습과 높은 만족감을 보고한 것으로 나타났고, "협력적 학습모델은 온라인

과정들이 설계되고 제공되는 데 기초가 되어야 한다"(Arbaugh & Benbunan-Fich, 2006, p. 435)는 것을 나타낸다.

협력적 학습 환경에서 교사와 학습자 실재감이 마치 독립적 책임이고 활동인 것처럼 말하는 것은 모순이다. 이것은 수동적이고 관습적인 고등교육에서 비롯되었거나 접근장애로 인하여 학습자의 독립성이 필수적으로 요구되는 전통적 원격교육 기업들로부터 유래한 것인지 모른다. 그러나 여기서 주장했듯이, 이러닝의 핵심 능력은 물리적 분리나 시간적 변화에 상관없이 커뮤니케이션과 협력을 유지하는 것이다.

4. 이론?

CoI 프레임워크에 대한 연구는 그것이 이론으로서 승격되어야 하는지에 대한 문제를 제기하였다. CoI 프레임워크는 고등교육 학습경험을 설명하는 명료화된 구성요소와 모델을 제시하고 있다. 그러나 포괄적 이론으로 구성되기 위해서는 다른 특성들이 제시되어야 한다. Dubin(1978)은 단위나 구성요소들에 추가하여 정의된 관계(상호작용의 법칙), 관련성을 제한하는 경계들, 시스템 상태(구성요소가 관계 내에서 어떻게 다르게 행동하는지)가 포함되어야 한다고 제안하였다. 이러한 기본적 기능들이 갖춰지면 명제들, 실증적인 지표들, 가설들이 도출될 수 있다. 이론은 실증 연구의 결과를 해석하고 이론을 정제하기 위해 필수적이다.

우리는 이러한 기본적인 이론의 특성들이 CoI 프레임워크에서 갖추어져 있다고 주장한다. 더욱이, CoI 프레임워크는 가설들을 생성하는 능력과 결과를 해석하는 이론적 맥락을 제공하는 것으로 보인다. 따라서 그것은 최소한 이러닝의 초기 이론으로 주장되었다.

CoI 프레임워크가 처음 제안되었을 때, 하나의 완전한 이론으로 여겨지는 데 부족했던 면은 구성요소들 간의 관계의 성격을 이해하기 위한 설명의 구체성과 완전성이었고, 관계를 철저하게 정의하고 시스템 상태를 설명하는 전체적 시스템의 개발 측면이었다. 지난 십년간의 연구로부터 얻은 자료를 해석할 때(다음 장에서 논의될) 복잡한 현상의 간명한 구조와 이해를 제공했다는 것은 분명하다. CoI 프레임워크를 활용한 연구들의 수가 많다는 것은 연구자들이 명제(예측)를 만들고, 가설을 설정하고 그 가설을 실증적으로 검증할 수 있게 되었음을 분명하게 나타낸다. 십년간의 연구는 CoI 시스템이 시간의 흐름에 따라 보이는 역동적 균형뿐만 아니라 구성요소들의 상호작용적 특성을 설명하는 실증적 결과물을 제공하였다. 지금까지 "CoI 프레임워크가 교수·학습 교류의 복잡성의 많은 부분을 설명하고 있다는 증거가 증가하고 있다"(Garrison & Arbaugh, 2007, p. 166)고 진술되고 있다.

마지막으로, 한 가지 더 논의할 사항은 그 적용의 경계나 범위다. 이것을 언급하는 이유는 CoI 프레임워크가 컴퓨터 컨퍼런싱과 온라인 학습의 연구와 이해의 목적성에 질서를 제공하기 위해 처음 제안되었기 때문이다. 그 이후 CoI 프레임워크는 블렌디드 러닝을 연구하는 데 사용되었고(Garrison & Vaughan, 2008), 이것과 함께 그 암묵적 경계는 여기서 우리가 정의한 모든 이러닝으로 확장되었다. 그러나 일반적인 고등교육에서 저자들의 문헌과 경험으로부터 생성된 일반 모델이라는 CoI 프레임워크의 시초에 주목할 필요가 있다(Garrison, Anderson, & Archer, 2000). 중요한 것은 비록 순수한 온라인 학습을 넘어선 것으로 유일하게 알려진 적용이 블렌디드 러닝 맥락이지만 CoI 프레임워크는 면대면 고등교육에도 잘 적용될 수 있다는 것이다(Archer, 2010). CoI 프레임워크 적용의 경계에 대한 또 다른 요점은 원래의 설명에서 외생변인으로 간주되었던 학문분야, 학습자 특성 그리고 테크놀로지와 같은 요인들에 대한 인식이다. 이러한 것들이 CoI의 구성요소들간의 관계 측면에서는 가치 있는 연구이지만 간명성의 이유로 계속해서 간접적인 변인들로 고려될 것이다.

이전의 논의와 CoI의 이론적 상태를 고려할 때, 우리는 CoI가 포괄적인 이론의 방향으로 빠르게 움직여 왔고 이론의 특성에 일관되었다고 제안한다. 이론으로서의 충분성은 일관성 및 설명력(예, 논리)에 바탕을 둘 것이며(Dubin, 1978), CoI 프레임워크는 이론으로 간주될 일관성과 설명력을 충분히 가진 것으로 보일 것이다. 더욱이, 그 유용성은 연구자들의 채택과 동의에 의해 판단될 것이다. 지금까지 인용 및 연구를 구조화하기 위한 사용 측면에서 그것이 이론을 구성한다는 증거들이 제안되었다. 이론으로서, CoI는 구성요소들 간의 관계와 협력적 교육 환경에서 학습을 연구하고 이해하는 수단을 제공한다. 그러므로 우리는 CoI가 이론의 주요한 목표를 충족한다고 주장한다(Dubin, 1978).

명확히 하면, CoI 이론의 설명력과 완전성을 구체화하기 위해서는 많은 연구가 남아 있다. 그러나 CoI는 프레임워크이기보다는 포괄적 이론에 더 가까운 것으로 보인다. 이러한 이유로 이 책(2판)의 나머지 부분에서 CoI 프레임워크라는 용어를 CoI 이론적 프레임워크로 전환한다. 동시에, 무엇이 이론으로 구성되느냐에 대한 판단은 복잡한 논의에 기반을 두고 있다. 따라서 모든 과학적 노력들과 마찬가지로, 마지막 분석에서는 CoI가 이론의 임계점에 도달했는지 또는 어떻게 도달할 것인지에 대한 판단이 다른 사람들에게 남겨질 것이다.

5. 결 론

이 장은 이러닝 경험의 복잡성과 잠재성을 이해하기 위한 질서 및 통찰을 제공할 것이라고 믿는 개념들과 구성요소들의 개요를 서술하였다. 학습 커뮤니티의 개념적 프레임워크 안에서 탐구공동체가 개발되었다. 그 프레임워크와 구성요소들은 이 책에서 설명하는 이론적이고 실증적인 탐구를 안내해 왔다. 우리는 그것이 지금까지 소개된 이러닝의 연구와 실천을 안내하는 이론 중 가장 일관된 이론이며, 이러닝 접근, 전략, 기술을 설계, 안내 및 평가하기 위한 상당한 잠재력을 가졌다고 믿는다.

Chapter 04

사회적 실재감

1. 비언어적 커뮤니티
2. 발 전
3. 사회적 실재감의 범주
4. 실제적 함의
5. 결 론

Chapter 04

사회적 실재감

초기 이러닝 수용자들은 협력적 학습경험을 지원하는 이러닝의 잠재성을 즉각적으로 인식하였다. 그러나 이와 더불어 의도된 교육적 요구에 기여하는 우호적인 학습 환경을 창출하는 것이 필요하게 되었다. 이러한 변화는 이러닝이 교실경험을 대체하는 것과 관련하여 많은 사고와 논의를 이끌었다. 이러닝이 사람들에게 충분히 이해받지 못하는 것은 커뮤니케이션의 실시간, 언어적, 면대면이라는 특성으로부터 질적인 변화를 나타내는 비동시적인 텍스트 기반 커뮤니케이션 수단을 통해 학습 커뮤니티를 창출한다는 것이다. 이에 스크린에 단어나 이미지 외의 시각적 단서가 제공되지 않는 매체를 활용하여 개방적이고 응집적인 탐구공동체를 창출하는 어려움은 교육자들에게 특별한 도전을 제시하였다.

고차원적인 학습을 지원하는 커뮤니티 유형을 창출하려면 비언어적 환경에서 이루어지는 사회적 상호작용의 특성을 이해해야 한다. 응집적인 커뮤니티는 우호성 형성에 기반하여 창출되거나 특정한 교육목표와 같은 공동의 목적에 기초할 수 있다. 일반적으로, 커뮤니티는 개인과 그룹이 어떻게 그들의 목표를 잘 성취하는가에 따라 유지된다. 그러나 협력적 환경에서 성취해야 할 교육목표에는 참가자의 사회정서적 이슈가 반영되어야 한다. 응집성과 소속감은 탐구공동체 내의 필수적인 속성이다.

1. 비언어적 커뮤니티

커뮤니티는 삶의 모든 국면에서 필수불가결한 것이다. 커뮤니티는 개인과 그룹, 심리적인 것과 사회적인 것, 성찰과 협력의 융합을 나타낸다. 학습자 커뮤니티를 창출하고 유지하는 것도 이와 같다. 커뮤니티에 대한 암묵적 거부는 고립된 학습자가 사전에 제작된 교육과정 패키지로 학습하도록 하는 전통적인 원격교육의 최대 결함이 되어 왔다. 이것은 학습이 개인적인 경험이며 학습자 간에 의미를 협상하고 이해를 확인할 필요가 없다는 가정에 기초한다. 그러나 교육은 협력적인 경험이며, 그것은 공통의 관심을 갖고 있는 그룹에 대한 소속감과 수용을 포함한다. 이로써 우리는 커뮤니케이션의 주요한 방식으로서 문자로 된 언어에 의해 구별되는 이러닝 커뮤니티에서 사회적 실재감이 무엇을 의미하는지를 성찰해야 한다. 사회적 실재감의 본래의 정의는 "커뮤니케이션 매체를 통하여 탐구공동체 내에서 '실제적인' 사람(예, 그들의 총체적 특성)으로서 사회적 또는 정서적으로 그들 자신을 나타낼 수 있는 참가자들의 능력"(Garrison, Anderson, & Archer, 2000, p. 94)이다. 이에 대한 전제는 사람들이 어느 정도의 사회적 실재감 없이 커뮤니티를 창출할 수 있다고 생각하는 것은 상상하기 어렵다는 것이다. 그러나 문제는 지속적인 비판적 담화(인지적 실재감)를 포함하는 학술적 탐구에 초점을 두는 유목적적인 커뮤니티 내에서 사회적 실재감의 특성을 이해하는 것이다. 요점은 사회적 실재감이 탐구와 특정한 학습결과의 성취를 지원해야 한다는 것이다. 그러므로 '왜 사회적 실재감이 중요하며 그것은 무엇과 같은가?'와 같은 질문이 제기된다.

비동시적 텍스트 기반 커뮤니케이션은 사회적 환경과 탐구공동체를 창출하는 특별한 도전을 제시하는 것처럼 보인다. 커뮤니케이션 이론가들은 협력적 관계를 형성할 때 결정적인 것으로 고려되는 비언어적 커뮤니케이션 단서가 부족하다는 점에 상당히 주목해 왔다. Short, Williams와 Christie(1976)는 "시각적 채널의 부족은 사회정서적 자료의 표현을 위한 가능성을 낮추고 다른 사람들의 자기이미지, 태도, 분위기, 반응에 대한 가능한 정보를 감소시킨다."(p. 59)라는 진술로 미디어 연구들에 대한 검토를 마무리하였다. 저자들은 커뮤니케이션 매체가 공유된 사회적 실재감을 심각하게 제한하는 요소라는 주장을 하기 위해 사회적 실재감이라는 용어를 사용하였다. 의문점은 '사회적 실재감이 완전한 협력적 탐구공동체를 형성하고 유지하는 데 절대적인가?' '텍스트 기반 커뮤니케이션은 연결되어 있고 무질서하지 않은 분위기의 사회적 커뮤니티를 형성하는 데 필요한 사회정서적 내용에 대해 의사소통하는 수단을 제공하는가?' '교사와 학생들은 질적으로 우수한 협력학습 경험을 위하여 보완적인 커뮤니케이션 기술을 획득하고 활용할 수 있는가?'다.

실재감과 매체 특성 간의 밀접한 관련성에 대하여 의구심이 발생하게 되었다(Kim, 2011). Gunawardena(1995)의 연구는 참가자가 '실제적 존재'로서 인식되는지 여부에 따라 사회적 실재감을 재정의하는 데 도움이 되었다(Gunawardena & Zetti, 1997, p. 8). 이것은 사회적 실재감에 대한 중요한 연구의 시작이었고 CoI 이론적 프레임워크의 촉매가 되었다. 연구의 질문은 글로 쓰여진 언어의 특성이 면대면 환경에서 메시지 해석에 상당한 영향을 미치는 보디랭귀지 또는 말의 어조와 같은 시각적 단서의 부족을 보완할 수 있는가였다. 또는 대안적으로 이러한 매체가 덜 외향적인 학생에게 이점을 제공하고 전반적으로 더 동등한 참여를 위한 잠재력을 제공하는 특성을 보여 줄 수 있는가였다.

이러한 복잡한 질문에 대한 간단한 대답은 학생들이 인사말, 격려, 준언어 강조(예, 대문자, 구두점, 이모티콘)와 개인에 대한 묘사(예, 자기개방)를 사용하여 친근함을 형성하는 것으로써 비언어적 커뮤니케이션의 결핍을 극복할 수 있고 또 시행하고 있다는 것이다(Garrison & Arbaugh, 2007; Rourke & Anderson, 2002). 탐구공동체 목적에 내포된 이해는 상호작용의 학문적 특성을 구축하도록 돕는 사회적 단서를 수반한다는 것이다. 텍스트 기반 커뮤니케이션이 상대적으로 빈약한 매체라는 사실은 심각한 제한이 되지 않을 수도 있다. 우리가 논의해 온 것과 같이, 성찰적이며 명료하고, 정확한 텍스트 기반 매체의 특성은 대화의 학술적 수준을 향상시키는 데 있어서 고유한 이점을 가지고 있을 것이다. 즉, 글로 쓰여진 커뮤니케이션이 비판적 사고와 담화를 촉진하는 데 보다 효과적이다.

결론은 텍스트 기반 이러닝의 한계라고 보이는 것들이 오히려 면대면 교육 맥락에서 가능하지 않은 이점을 제공할 수 있다는 것이다. 매체의 빈약성이나 풍부성은 수행해야 하는 과제(예, 목적)에 의해서 그리고 매체 가능성을 보완해 주는 기회에 의해서 판단될 것이다. 매체의 어포던스에 관해서는 텍스트 기반 이러닝에 대해 수행된 연구들에서(Garrison & Arbaugh, 2007; Kim, 2011) 높은 수준의 대인관계 커뮤니케이션 능력이 지각된 만족도와 학습이라는 결과를 낳게 한다고 일관되게 제시하고 있다.

사회적 실재감이 협력과 비판적 담화에 중요한 매개변인이라는 것을 여기에서 논의하였다. 관계를 형성하고 소속감을 갖는 것은 중요하다. 그러나 사회적 실재감이 누군가의 감정에 상처를 입히거나 관계를 손상시킬 것이 두려워 회의적이거나 비판적인 아이디어를 표현하지 않고 공동체에서 단순히 사회적 목적으로 이루어지는 참여를 지원하는 것을 의미하지는 않는다. 학술적 맥락에서 사회적 실재감은 철저한 질문, 회의 그리고 설명을 제공하는 아이디어의 기여를 지지하고 격려하는 분위기를 창출하는 것을 의미한다. 비판적 사고와 담화를 유지하는 것은 오랜 기간에 걸쳐 발전되어야 하는 소속감을 요구한다.

오랫동안 대화를 유지하는 것은 단지 당면한 주제에 대해 의견을 교환하는 것뿐만 아니라 파트너에 대한 헌신을 의미한다. 즉, 헌신은 대화에 우선하지는 않으나 참여의 정신 내에서 점진적으로 발생한다(Burbules, 1993, p. 15).

탐구공동체는 포괄적이며 비판적이어야 한다. 이것은 질적으로 우수한 학습 환경이 창출되는, 모순적으로 보이지만 보완적인 사회적 · 학술적 요소들의 균형을 통하여 이루어진다. 이것은 이러닝이 지적으로 도전적이지만 존중되는 탐구공동체를 지원하기 위한 매우 효과적인 매체가 될 수 있다는 것이다.

2. 발 전

사회적 실재감은 컴퓨터 컨퍼런싱과 온라인 학습이 도입될 때부터 큰 관심을 끌고 있는 반면, 교육현장에서는 여전히 더 많은 연구를 요구하고 있다. 사회적 실재감에 대한 많은 연구는 형식적인 학술 맥락과 분리된 사회적 정서에 관한 것이다. 이것은 CoI 이론적 프레임워크 내에서의 사회적 실재감으로 발전되면서 주로 정서적인 구조였던 것에서 개방적 커뮤니케이션 및 응집성과 같은 이슈를 포함하는 보다 복잡하고 역동적인 요소로 변화하게 되었다. 이것은 탐구공동체의 유목적적인 학술적 특성을 인정하는 것이었다. 그러나 사회적 실재감의 정서적 차원에 관한 질문은 남아 있다.

여기에서 제시한 사회적 실재감 구조의 재검토를 촉진하는 것은 Rogers와 Lea(2005)에 의한 연구다. 그들은 그룹이 사회적 정체성을 공유하고, 그룹 응집성이 고양될 때 보다 생산적이 될 것임을 발견하였다. 보다 구체적으로, 사회적 실재감은 특정 개인이 구성원들과 연계되는 것과는 대조적으로 개인들이 그룹과 그룹의 목적을 인식했을 때 강화되었다.

> 사회적 실재감은 개별적인 그룹 구성원 간에 대인관계를 만들어 내는 것보다 협력적 그룹의 수준에서 공유된 사회적 정체성을 강조하는 것을 통하여 가능하게 되었다(Rogers & Lea, 2005, p. 156).

만약 이 경우라면, 학습과정에서 초기 강조점은 공유된 목적, 그리고 그룹 정체성으로부터 가장 잘 개발되는 개방적 커뮤니케이션과 그룹 응집성의 사회적 측면에 두어야 한다. 그룹 내 분위기와 대인관계는 그것을 개발하는 데 적정한 시간이 주어질 필요가 있고 학습과정의 학문적 목적에서 벗어나지 않아야 한다.

그러한 사회적 실재감에 대한 견해는 공동의 목적이 있고 유목적적인 탐구공동체의 수립이 적절한 형식교육 환경에 부합된다. 학생들이 탐구공동체에 속해 있는 주된 이유는 특정한 주제에 대해 학습하고자 하는 것이지, 반드시 개인적 관계를 발전시키려고 하는 것은 아니다. 그룹 정체성에 대한 인식은 사회적 실재감의 다른 차원인 개방적 커뮤니케이션과 그룹 응집성과 일치한다. 교육 맥락에서 그룹의 목적을 인식하는 것은 개인적인 관계보다 학술적인 행동에 보다 강력한 영향을 미친다. 말하자면 대인관계는 발전될 것이고 그들이 그룹 정체성과 탐구공동체의 핵심 목적과 상충되지 않는 수준에서 장려되어야 한다.

이것은 사회적 실재감 차원의 특성, 특히 정의적 차원에 관한 의문을 갖게 한다. 분위기를 형성한다는 것은 그룹에 대해 소속감을 느끼는 것 이상이고, 개인적 차원에서 정서적으로 다른 사람과 연결되는 것에는 못 미치는 것이다. 여기에서 의문은 학습과정을 시작할 때 대인관계(개인의 정체성)에 많이 집중해야 하는지의 여부다. 아마도 우리는 그룹 정체성의 관점에 따라 정의적 차원을 재검토할 필요가 있다. 덧붙여서, 정의적 관심은 Shea, Hayes, Vickers, Gozza-Cohen, Uzner, Mehta, Valchova와 Rangan(2010)에 의해 이루어졌으며, 그들은 정서의 지표를 확인하기 어렵다는 것을 지적하였고 사회적 실재감은 부가적인 설명(specification)이 필요하다는 결론을 내렸다. 정서는 사회적 실재감의 각 차원 및 탐구공동체의 고유한 학문적 지향과 연관되어 있다고 고려되기 때문에 아마도 정서 차원의 설명이 수정되어야 한다고 제안되었다(Garrison, 2009a).

이와 관련하여, 우리는 사회적 실재감의 정의를 그룹 또는 학습과정과 동질감을 갖는 능력, 신뢰할 만한 환경에서 유목적적으로 커뮤니케이션하는 능력, 그리고 학습자의 개인적인 성격을 나타내는 방법에 의해 점진적으로 정서적인 관계를 개발하는 능력으로 개정된 정의를 제시한다(Garrison, 2009b). 이러한 정의의 중요한 이점은 탐구공동체가 점진적으로 개발될 때, 사회적 실재감의 역동적 특성을 보다 잘 나타낸다는 것이다. 즉, 이것은 커뮤니티 내에서 목적과 개방적 커뮤니케이션에 최우선을 두어 그룹 응집성의 증가로 이어지게 한다. 협력적 활동에 몰입하는 것을 통하여 학생들은 학술적 분위기를 개발하고 시간이 지남에 따라 대인관계를 향상시킨다. 이러한 방법으로 대인관계를 고양시키고 학술적 담화나 그룹 정체성(예, 응집성)을 방해하지 않는다. 이에 더하여 개방적 커뮤니케이션(유목적적인 담화)의 패턴이 형성되고 개인적인 민감성(가까운 관계로 인하여 비롯되는 비판에 대한 꺼림)은 덜 발생한다. Lea 등(Rogers & Lea, 2005에서 인용)의 지적에 따르면 "사실, 대인 정보가 풍부한 환경은 그룹 정체성을 약화시킬 수 있고 협력적 그룹이 수행하는 학습과정의 손실을 가져올 수 있다" (p. 153).

실제로 사회적 실재감이 인지적 실재감을 약화시킬 가능성은 Jahng, Nielson과 Chan(2010)에 의해 설명되었다. 이들의 연구에서 증가된 사회적 커뮤니케이션이 인지적 커뮤니케이션을 감소시킨다는 것을 발견하였다. 그들은 "학습목표[인지적 실재감] 달성을 위해 보다 직접적인 협력적 활동을 지원하는 사회적 커뮤니케이션의 적절한 수준이 있을 것"(Jahng et al., 2010, p. 54)이라는 결론을 내렸다. 요점은 대인관계의 발전을 지나치게 강조하는 것은 개인적인 결합이 그룹 정체성과 학습의 목적보다 클 경우 그룹의 학술적인 기능에 해로운 영향을 미칠 수 있다는 것이다. 그러므로 도입부에 지나치게 시간을 소모하는 것은 비생산적이 될 수 있다. 실제적인 상황으로부터의 함의는 그룹 개개인이 개인적인 정보를 제공하도록 격려되어야 하지만 이것이 그룹의 학술적 활동을 제한해서는 안 된다는 것이다. 일반적으로 이것은 커뮤니티의 구성원이 유목적적이고 협력적인 탐구과정을 통하여 자연스럽게 그리고 점진적으로 관계를 발전시켜야 한다는 것을 제안한다. 대인관계의 자연적 발전에 대한 논의는 사회적 실재감의 역동성에 대한 중요한 이슈로 등장하였다. 이론에 따르면, 개방적 커뮤니케이션의 지표는 탐구공동체의 초기 단계에는 높아질 것이고 참여의 규칙에 대한 경험 및 피드백과 함께 시간이 경과함에 따라 점차 감소하게 될 것이라고 예측된다. 즉, 그룹 응집성과 대인관계 지표는 모두 증가되었다가 이후에는 정체될 것이라는 것이 가설이다. 이것을 지지하는 것으로, 시간이 지남에 따라 응집성을 증가되는 반면, 개방적 커뮤니케이션은 감소하는 것으로 나타났다(Akyol & Garrison, 2008). 이에 더하여 대인관계 커뮤니케이션은 강력한 연합의 기간 이후에 동료의식을 생성한다(Brown, 2001). 이것은 참가자 간에 정서적이고 개인적인 커뮤니케이션에 지나치게 초점을 두지 않는다는 것을 의미한다.

동시에 Shea 등(2010)은 사회적 실재감 차원의 역동성이 분명하지 않다는 점에 주목하였다. 전반적으로 사회적 실재감과 관련된 커뮤니케이션의 중요성에 대한 이론적 예측은 시간이 지남에 따라 감소하지만(Garrison & Arbaugh, 2007), 사회적 실재감의 변동은 교수 실재감에 의해 영향을 받는 것으로 보인다. Shea 등(2010)은 "교수자의 교수 실재감이 상승하거나 하락함에 따라 학생의 사회적 실재감의 상승과 하락에 상관관계가 있다."(p. 13)고 주장하였다. 이것의 한 해석은 교수자에 의해 사회적 또는 인지적 실재감이 강조된 결과일 수 있다는 것이다. 달리 표현하면 학술적 과제에 강하게 집중할 경우 사회적 실재감 지표를 감소시킬 수 있고 반대로 강력한 사회적 실재감에 본보기를 보이는 교수자는 전반적으로 커뮤니티 내의 사회적 실재감 수준을 매우 높이게 될 것이다. 그러나 이러한 본보기를 제시할 때의 주의사항은 구체적인 학술적 과제를 보충해 주어야 한다는 것이다.

사회적 실재감에 대한 상당한 연구에도 불구하고 사회적 실재감의 구조와 그 외 다른 실재감과의 관계에 대해 이해해야 할 것이 많다. 사회적 실재감에 대한 이해를 돕는 연구들의 중요한 영역은 탐구공동체 내 3개의 실재감 간 인과관계에 대한 경험적 연구다. 단지 몇 년 전만 해도 실재감을 연구하는 것이 드물었다(Garrison & Arbaugh, 2007). 최근 연구들은 사회적 실재감이 교수 실재감과 인지적 실재감 간에 중재 역할을 한다는 이슈를 탐색하고 발견하였다(Garrison, Cleveland-Innes, & Fung, 2010; Shea & Bidjerano, 2009a). 이에 더하여 교수 실재감은 사회적 실재감을 형성하는 데 필수적이라는 것이 밝혀졌다. 실재감 간의 이러한 관계는 시간이 지나면서 그들의 향상을 관찰하는 연구를 통해서 보다 깊게 탐색되고 있다(Akyol & Garrison, 2008). 첫째, 각각의 사회적 실재감의 범주는 다른 속도로 발선된나는 것이 밝혀졌다. 예를 들어, 시간이 지남에 따라 그룹 응집성은 상당히 증가되는 반면, 정서적 표현은 상당히 감소됨을 보여 주었다. 이것은 정서적이고 개방적인 커뮤니케이션의 감소와 그룹 응집성의 증가를 발견한 Vaughan과 Garrison(2006)의 연구와 일치한다.

또한 사회적 실재감과 만족도, 학습성과, 학생 보유의 관계를 탐색하는 많은 연구가 있다. 이러한 연구를 검토함으로써 사회적 실재감과 만족도, 그리고 지각된 학습 간의 관계에 대한 증거를 발견하였다(Garrison & Arbaugh, 2007; Kim, 2011). 최근의 여러 연구는 사회적 실재감과 만족도 간의 중요한 관계를 보여 주는 이전의 발견들을 확인하였다(Akyol & Garrison, 2008; Akyol & Garrison, 2011b).

그러나 협력학습과 만족도 간에는 유의한 관계가 있지만 사회적 실재감과 전반적인 만족도 간에는 관계가 없다는 연구도 있다(So & Brush, 2008). 이것은 사회적 실재감이 사회적이고 학술적인 요소로 결합된 복잡한 개념이라는 것(실재감의 상호 의존성 강화)을 설명한다. 탐구공동체의 참가자는 사회적 상호작용과 유의미한 학술적 협력을 구별할 수 있을 것이다. 탐구공동체가 과제 또는 목적에 집중하기 때문에 참가자들은 커뮤니티 내 구성원과 연결되는 것에 만족하지만 학술적 활동이나 피드백에 대해서는 반드시 만족하지 않을 수도 있다. 이러한 예는 Nippard와 Murphy (2007)에 의해 연구되었는데 이들은 사회적 실재감의 표현이 본론을 벗어나는 특성이 있고 종종 내용 전달과 관계없는 관심을 이끈다는 것을 발견하였다.

최근 연구들은 사회적 실재감이 지각된 학습(Caspi & Blau, 2008) 및 최종 성적(Akyol & Garrison, 2011a; Kang & Kim, 2006; Liu, Gomez, & Yen, 2009)과 관련된다는 것을 보여 주는 이전의 연구들과 일치한다. 이론적으로 이것은 그룹 정체성(응집성)을 향상시키는 사회적 실재감이 지각된 학습과 실제적인 학습을 더 잘 인식할 수 있게 한다고 주장한다.

마지막으로, 우리는 사회적 실재감과 학생 보유의 관계를 확인할 수 있는 유일한 연구로, 온라인으로만 제공되는 프로그램에 재등록하는 흥미로운 관점을 제공하는 대규모의 연구를 발견하였다(Boston, Diaz, Gibson, Ice, Richardson, & Swan, 2009). 이 연구는 사회적 실재감과 학생 보유 간의 중요한 관계를 보여 주었으며 이는 고등교육에서 사회적 통합에 관한 이전의 연구와 일치하는 결과다. 연구자들은 "사회적 상호작용은 학생 보유에 중요한 요소다."(Boston et al., 2009, p. 77)라는 결론을 내렸다.

우리는 사회적 실재감을 이해하는 데 상당한 진척을 이루었고 사회적 실재감의 구조가 다차원적이라는 증거를 발견했다. Kim(2011)은 '사회적 실재감의 다차원성을 확인하였다.' 개념과 요인 분석의 광범위한 검토에 기초하여 그의 4요인 추출은 CoI 이론적 프레임워크 내에서 확인된 것과 같이 사회적 실재감의 3개 차원을 포함한다. 그러나 그는 '상호 관심과 지원'이라고 명명한 네 번째 요인을 제안한다. Kim의 제안과 같이 어려운 점은 사회적 실재감이 교수 실재감 또는 인지적 실재감과 중첩되어 나타나는 학습지원을 반영한다는 것이다. 이러한 요인과 차원에 적재된 항목들은 학습 프로세스(인지적 실재감)의 국면과 이것의 지원(교수 실재감)을 반영하는 것으로 나타난다. 이전의 주장을 보강하기 위하여 다른 실재감과 연관된 그리고 보다 확장된 교육 맥락에서 사회적 실재감 구조를 연구하고 이해하는 것은 중요하다.

그럼에도 불구하고, 결론적으로 사회적 실재감은 더 많은 연구가 요구되는 다차원적인 구조라는 것이다. 사회적 실재감의 구조 체계, 다른 실재감들과 함께 발달되는 패턴, 학습성과 및 학생 보유와 같은 독립변수에 대한 영향 등을 이해하기 위해서는 더 많은 연구가 요구된다. 이와 같은 목표를 달성하기 위한 첫 번째 단계는 사회적 실재감 차원의 개요를 명료하게 서술하는 것이다.

3. 사회적 실재감의 범주

사회적 실재감에 대한 최초의 분류 틀은 반복적인 절차를 통해 형성되었다. 이것은 컴퓨터 컴퍼런싱 전사 자료를 분석하고 코드화하는 것뿐만 아니라 문헌의 이론적 분석으로 이루어졌다. 이는 정서적 커뮤니케이션, 개방적 커뮤니케이션, 응집적 커뮤니케이션 반응으로 구성된 사회적 실재감 지표로 크게 3개의 범주로 이루어진다. 그러나 유목적적인 탐구공동체 내에서 사회정서적 느낌을 공유하는 것이 사회적 실재감의 우선적인 관심이 되어서는 안 된다. 여기서의 관점은 개방적 커뮤니케이션을 위한 분위기가 조성되었을 때 사회적 실재감이 발생하고 학습자 간에 친밀감이 향상된다는 것이다. 이와 관련하여 우리는 정서적 커뮤니케이션이 확대될 필요가 있고 다른 사회적 실재감의 범주와 관련하여 그것의 중요성이 인정될 것을 제안한다. 이전에 논의된 개인과 그룹의 일체감 이슈를 함께 고려함으로써 사회적 실재감의 구조와 역동적인 특성을 이해할 필요가 있다.

대인 커뮤니케이션

CoI 이론적 프레임워크에 대한 연구가 진행된 지 10년 후 정서적 반응이 사회적 실재감의 확인된 특성이 아닐 수 있다는 것이 제기되었다. 이전에 논의된 바와 같이 그룹 정체성은 개인적 정체성이 형성된 이후에 발생한다. 탐구공동체의 형성 초기에 중요한 것은 개인적이고 학술적인 커뮤니케이션을 위한 학술적 분위기를 정착시키는 대인 커뮤니케이션(interpersonal communication)이다. 홍미와 지속성은 단순히 정서적 커뮤니케이션에 주목하는 것 이상의 학습경험에 필수적이다. 대인 커뮤니케이션은 분위기와 그룹에 대한 소속감 그리고 교육적 목표를 창출한다. 이것은 유의미한 담화에 몰입하는 데 필수적인 촉진 조건이다.

대인 커뮤니케이션은 세 가지의 중요한 요소를 갖는다(〈표 4-1〉 참조). 첫째, 물리적인 단서와 음성적 어조가 제시되지 않을 때 존중과 환영의 표현은 이모티콘과 대문자와 같은 수단을 통해 의사

〈표 4-1〉 사회적 실재감의 구분과 지표

범주	지표	정의	예시
대인 커뮤니케이션	정서저 표현	일반적인 감정의 표현 또는 반복되는 구두점, 눈에 잘 띄는 대문자, 이모티콘을 포함한 비일상적인 표현들	"나는 ~할 때 정말 견딜 수 없어!!!" "ANYBODY OUT THERE!"
	자기개방	약력, 교실 밖 개인적 생활의 세부사항 제시 또는 약점을 나타냄	"내가 직장에서 하는 일은……" "나는 이 질문을 정말 이해할 수 없어."
	유머의 사용	놀리기, 부추기기, 아이러니, 절제된 표현, 풍자	"캘거리의 바나나 수확은 금년에는 좋다. ;-)"

개방적 커뮤니케이션	계속되는 스레드 (thread)	새로운 글로 시작하기보다는 소프트웨어의 응답 기능 사용을 시작하기보다 소프트웨어의 특성을 반복하여 사용하기	소프트웨어에 따라 다른 예, "주제: Re" 또는 "Branch From"
	다른 사람 메시지의 인용	다른 사람의 전체 메시지를 인용하기 위하여 소프트웨어의 특성을 사용하기 또는 다른 사람의 메시지를 자르거나 선택하여 붙여 넣기	소프트웨어 의존의 예 "마르타가 쓴 것:" 또는 "<" 기호가 앞에 붙은 텍스트
	다른 사람의 메시지를 명백하게 언급	다른 사람이 올린 글의 내용을 직접적으로 언급	"너의 메시지에서 너는 Moore에 대한 ~간의 차이에 관하여 말하였다."
	질문하기	학생들이 다른 학생이나 모더레이터에게 질문하기	"WEBCITY에 대해 경험 있는 사람 있나요?
	칭찬하기, 인정 표현	다른 사람이나 다른 사람의 메시지 내용에 대한 칭찬	"나는 너의 해석을 정말 좋아해."
	동의 표현	다른 사람이나 다른 사람의 메시지 내용에 대한 동의 표현	"나는 똑같이 생각해. 너는 정말로 나의 생각을 자극했어."
응집적 커뮤니케이션	부르는 말	이름으로 참가자를 부르거나 언급하기	"나는 존이 중요한 점을 지적했다고 생각해." "존, 너는 어떻게 생각하니?"

응집적 커뮤니케이션	포괄적 대명사를 사용하여 그룹을 지칭	'우리' '우리에게' '우리의' '그룹'과 같이 그룹을 나타내는 것	"우리의 교재는 ~을 참고하고 있다." "나는 우리가 논점에서 벗어났다고 생각해."
	사교적 표현, 인사	순수하게 사교적인 목적의 커뮤니케이션: 환영 인사, 마무리	"모두 안녕." "이제 끝!" "여기 정말 날씨가 최고네요."

출처: Adapted from Rourke et al. (1999).

소통이 이루어진다. 둘째, 이러한 감정을 표현하는 비관습적 수단을 넘어서서 메시지 내용을 통한 언어 그 자체가 매우 강력한 대인 커뮤니케이션 수단이다. 아마도 이해하기는 가장 쉽지만 코드화하는 것이 가장 어려운 것은 유머의 표현과 관련된다. 유머와 개인적인 언급은 좋은 의도를 전달하고 심각한 개인적인 위협이 없다는 것을 보여 준다. 셋째, 상호관계를 발전시키는 또 다른 매우 인간적인 방법은 자기개방이다. 기본적으로 커뮤니티의 다른 구성원들에 대해 알게 될수록 보다 더 많이 신뢰하고 존중하게 된다.

개방적 커뮤니케이션

대인 커뮤니케이션은 분위기와 개방적 커뮤니케이션에 직접적인 효과가 있다. 협력적 탐구는 상호적이고 존중적인 개방적 커뮤니케이션을 기반으로 한다.

개방적 커뮤니케이션은 자존감은 지키면서 커뮤니티 내에서 질문을 허용하는 신뢰와 수용의 분위기를 요구한다. 개방적 커뮤니케이션은 인식의 과정, 칭찬하기, 질문에 대해 반응하기, 다른 사람에게 도움을 주기 등을 통해 이루어지며 이로써 성찰적 참여와 상호작용을 촉진하게 된다. 동의를 표현하는 것은 메시지의 내용에 대해 의문을 제기하는 것과 같이 비판적 성찰과 담화의 과정에 참여하고 있다는 것을 나타낸다. 이러닝 탐구공동체 내에서 본질적으로 성찰적이며 통찰력 있는 커뮤니케이션은 개방적 커뮤니케이션을 통해 이루어진다.

응집적 반응

대인 커뮤니케이션과 개방적 커뮤니케이션은 사회적 실재감의 세 번째 영역인 그룹 응집성에 직접적으로 기여한다. 그룹 응집성은 사회적 실재감이 성취하고자 하는 역동적인 상태다. 특히 시간과 공간에 의해 분리된 이러닝 그룹에서 헌신과 탐구공동체의 목적을 유지하는 것이 그룹 응집성이다. 구체적으로 의미를 구성하고 이해를 확인하며 협력적 활동을 완수하는 것은 오직 응집된 커뮤니티 내에서 성공적으로 달성될 수 있다. 학생들이 자신의 그룹을 알고 탐구공동체의 일원으로서 자신을 인식할 때 담화, 의미의 공유, 학습성과의 질은 최적화될 것이다. 응집적 커뮤니케이션은 다른 사람의 이름을 부르는 것과 같은 활동으로 시작된다. 그룹 응집성과 결합은 '우리' 또는 '우리의'와 같은 포괄적인 대명사를 사용하는 것으로 더욱 발전된다.

그룹 응집성은 협력을 위한 확장된 능력을 만든다. 그룹 응집성의 중요성은 연구에 의해 지지된다(Baker, 2004; Conrad, 2005). 그룹 응집성은 개인과 그룹 정체성의 미묘한 균형에 따라 파악된다. 그렇지만 그룹 정체성이 커뮤니티를 강화하고 대인관계가 발달하는 데는 시간이 걸린다는 것을 인정하면서 그룹 정체성에 우선순위를 두어야 한다. 그러므로 사회적 실재감은 각각의 범주들이 동시에 투입될 때 개발된다. 그러나 개인적 소속감의 성장을 인정하는 반면, 무엇보다 그룹 정체성(개방적 커뮤니케이션과 응집성)을 가장 강조한다.

4. 실제적 함의

근본적인 질문은 이러닝 환경에서 탐구공동체와 동시적이고 비판적인 성찰적 담화를 지원하는 사회적 실재감을 어떻게 형성하는가다. 이러한 질문에 대한 응답의 핵심은 사회적 실재감의 최적 수준이 있을 수 있다는 것을 인식하는 것이다. 사회적 실재감이 부족하면 커뮤니티를 유지하기 어렵다. 반면에 지나치게 높은 사회적 실재감은 의견의 불일치를 억제하거나 표면적인 동의나 사회적 농담으로 산만함을 조장할 수 있다. 결국, 최우선적인 목적은 사회적 상호작용이나 개인적인 이유로 그룹을 유지하는 것이 아니다. 사회적 실재감에 의한 그룹의 유지는 목적을 달성하기 위한 수단이다. 그리고 그 목적은 모든 학생들을 위한 양질의 학습이 이루어지는 것이다.

보다 큰 목적을 지원하는 사회적 실재감의 문제는 이 주제에 관한 연구가 진행되는 동안 우리의 연구보조원인 Liam Rourke에 의해 우리의 관심을 집중시켰다. 학생들에 대한 성찰을 다음과 같이 말하였다.

> 상반된 이론적 소문에도 불구하고, 학생들은 컴퓨터 컨퍼런싱이 반사회적이고, 무례하며, 적대적이라는 등의 불평을 하지 않는다. 반대로 학생들이 불평을 한다면 컨퍼런싱이 매우 사회적이고 지나치게 예의 바르며, 비판적이거나 도전적이지 않아 생산적인 학습경험이 이루어지지 못한다는 것이다(Rourke, 2000, 개인적인 대화).

그러므로 사회적 실재감의 관점에서부터 이러닝 맥락에 대한 가장 큰 도전은 인지적으로 자극적이고 생산적인 학습 환경을 확실하게 구축하는 것이다. 학생들의 비판에는 '훈훈한 피드백(warm feedbak)'이라고도 할 수 있는 '완곡한 어조(tone of decency)'가 있고, 이러한 것에 학생들은 도전받지 않는다는 것이다. 학생들은 이것을 다음과 같은 방법으로 '병적인 예의(pathological politeness)' 현상(우리의 동료인 Walter Archer가 만든 어구)이라고 요약하였다.

> [그룹]의 맥락에서, 신뢰－자신에 대한 동료의 비판을 수용하는 것－와 친함의 차이를 구분하는 것이 중요하였다. 전자는 도전적인 질문을 하기 위한 진정한 기반이고 후자는 '솔직하게 이야기하는 것'에 실질적으로 훼방을 놓는 것이다.

이것은 교사가 탐구공동체를 새로 만들거나 비판적 담화를 촉진하고자 할 때 중요한 차이다. 이것은 반드시 호감을 얻는 것이 아니라 존중을 얻는 것이다.

보다 구체적으로 살펴보면, 이러한 지표들은 경험적인 타당성을 가지고 있으나(Rourke, Anderson, Archer, & Garrison, 1999), 사회적 실재감을 형성하는 데 동등한 중요성을 갖지 않는다. 예를 들면, 유머는 신중하게 사용되지 않으면 개인들을 고립시킬 수 있다는 것이다. 텍스트 기반 매체의 특성으로 인하여 효과적으로 유머를 사용하는 것에 대한 위험 때문에 유머의 예는 이러닝 커뮤니케이션에서 자주 발견되지 않는다. 만약 이것이 꼭 사용되어야 한다면 아마도 사회적 실재감이 확실하게 형성되고 개인들의 성향이 충분히 드러날 때까지 기다리는 것이 최선이다.

사회적 실재감을 형성할 때 또 다른 중요한 요소는 교사가 본보기를 보여 주는 것이다. 적절한 메시지와 반응을 제시하는 것은 학생들이 환영받고 있음을 느끼도록 하고 소속감을 주는 데 중요하다. 이러한 메시지와 반응들은 분위기를 만들고 토론을 꺼리는 참가자를 참여하도록 이끌 수 있어야 한다. 이와 같은 이유로 교사나 모더레이터는 이러닝 경험을 시작할 때 특히 민감하고 반응적이어야 한다. 그러나 안전한 환경을 형성하는 목적이 비판적 사고와 탐구를 촉진하는 것임을 강조해야 한다. 교수자는 그룹 정체성과 학술적 목표를 희생해 가면서 개인적 정체성을 강조해서는 안 된다. 아이스 브레이크 활동들은 단지 도입부에 집중되어서는 안 되며 학생들에게 협력적인 탐구와 요건에 대한 협상을 요청함으로써 코스에 대한 기대를 논의하고 그룹 정체성을 수립하도록 설계되어야 한다.

마지막으로, 가능하다면 초기 면대면 활동이나 그룹의 온라인 미팅을 제공하는 것이 필요하다. 이것은 사회적 실재감의 효과성을 가속화할 수 있고 그룹 역동성을 보다 빨리 생산적 활동으로 전환시킬 수 있다. 면대면 상황에서 보다 효과적이고 효율적으로 수행될 수 있는 학습활동들은 이때에 계획될 수 있다. 이러한 블렌디드 접근은 사회적 실재감을 확대하는 데 강력한 이점을 갖는다. 물론, 단점은 시간 독립성에 대한 자유가 감소한다는 것이다. 하지만 이것은 그만한 가치를 갖는 거래가 될 것이다.

5. 결 론

이전에 설명한 지표들은 텍스트 기반 이러닝 탐구공동체에서 사회적 실재감의 수준에 대한 매우 훌륭한 신호를 제공할 수 있다. 강력한 사회적 실재감은 존중할 만한 질문과 비판에 기초를 제공하지만 이것은 최상으로 운영되는 탐구공동체를 보장하지는 않는다.

특정한 교육 맥락을 위하여 인지적 실재감과 교수 실재감은 사회적 실재감을 최적의 수준으로 형성하기 위한 탐구공동체의 효과적인 실재감 요소임에 틀림없다. 커뮤니티가 일련의 탐구에 대하여 사회적 기능 이상을 하는 것은 인지적 실재감과 교수 실재감의 역할이다. 한 그룹이 탐구의 기능을 하도록 하는 변화를 이해하기 위하여 우리는 다음에서 인지적 실재감을 다룰 것이다.

Chapter 05

인지적 실재감

1. 개념적 배경
2. 비판적 사고
3. 발 전
4. 인지적 실재감 설명자
5. 결 론

Chapter 05

인지적 실재감

지난 10년간 탐구공동체 이론적 프레임워크에 관한 연구의 초점은 사회적 실재감으로부터 온라인 탐구과정에 참여하는 도전으로 전환되었다. 우리가 인지적 실재감 요인(실천적 탐구)을 정의하였을 때, 도전은 이러닝 환경에서 그것이 어떻게 기능하는지를 이해하는 것이었다. 인지적 실재감 개념이 생성된 이래로 문제는 고차원적 사고와 담화가 비동시적 텍스트 기반 교육적 환경에서 실현될 수 있는가였다. 좀 더 구체적으로 말하면, 인지적 실재감이 온라인 환경에서 생길 수 있는가 그리고 인지적 실재감을 정의하는 탐구의 단계들을 학생들이 성공적으로 거쳐 나갈 수 있는가 하는 것이다. 이 장의 목표는 인지적 실재감 모델을 설명하고 이러닝 환경에서 수행되는 실천적 탐구의 특징과 질에 대한 설명을 제공하는 것이다.

우리가 주목하는 것은 학습경험과 요구되는 인지적 실재감이다. 우리는 인지적 실재감의 개념을 비판적 담화와 고차원적 지식 습득 및 적용을 지속할 수 있도록 지원하는 지적인 환경을 설명하기 위해 사용한다. 좀 더 구체적으로 말하면, 이와 같은 토론의 맥락에서, 인지적 실재감은 지속적인 담화와 성찰을 통해 학습자 커뮤니티 내에서 의미와 이해의 분석, 구성 그리고 확인을 촉진해 주는 것을 의미한다. 이러닝 맥락에서 이것은 주로 텍스트 기반 커뮤니케이션에 의해 지원되는 것을 포함한다.

1. 개념적 배경

이러한 논의를 위한 이론적 맥락과 프레임워크는 2장과 3장에서 이미 설명하였다. 기본적인 프레임워크는 사회적 실재감, 교수 실재감, 인지적 실재감의 세 가지가 중첩되는 요소로 구성된 탐구 공동체 이론적 프레임워크다. 이 절에서 우리는 인지적 실재감 개념의 발생과 출현에 주의를 기울인다.

2. 비판적 사고

인지적 실재감은 비판적 사고 개념과 밀접하게 연관되어 있다. 여기에서 사용되는 비판적 사고 개념은 Dewey(1933)로부터 나온 성찰적 사고 모델에서 비롯된다. Dewey는 성찰적 또는 비판적 사고가 우리의 경험의 의미를 심화시켜 주는 것에 실제적 가치가 있으며, 따라서 그것이 교육의 핵심 목표라고 하였다. '비판적'이라는 형용사는 "추론, 평가 및 판단과 연관되어 있으며, 이것들은 사고의 향상과 관련이 있다"(Lipman, 2003, p. 3). Lipman 또한 비판적 사고는 예외적인 상황과 일반화 가능성에 관한 맥락에 민감하다고 지적한다.

비판적 사고는 기존의 지식을 검증하는 동시에 교육과 밀접한 관련성이 있는 새로운 지식을 생성한다. 언급되어야 하는 또 다른 차원은 개인적 세계와 공적인 세계 간의 상호작용이다. Lipman (2003)은 성찰적 패러다임의 목표는 지적인 자율성이지만, 현실적으로는 "철저하게 사회적이고 공동체적"(p. 25)이라고 주장하였다. 교육 맥락에서 탐구공동체 개념의 중요성은 Lipman(2003)에 의해 지지되었는데, Lipman은 "성찰적 패러다임은 교육이 탐구적이길 기대하며"(p. 19), "오직 온전히 적합한 교수법은 탐구공동체 접근이다."(p. 5)라고 말한 바 있다. 탐구는 공동체 구성원들이 신념에 도전하며 탐색을 위한 대안적 관점들을 제안하는 자기수정(self-correcting) 과정이다.

비판적 또는 성찰적 사고는 탐구에 있어 중요하다. 그러나 우리가 말하는 비판적 사고는 자기증명적인(self-evident) 것이 아니다. 여러 이유 중에서, 우리가 Dewey의 성찰적 사고 개념을 선택한 이유는 그것이 포괄적이고 일관적이기 때문이다. 대부분의 사고 유형(예, 창의적, 비판적, 직관적)은 이 프레임워크 안에서 해석될 수 있다(Garrison & Archer, 2000). 여기서 우리는 비판적 사고를 고차원적 성찰과 담화를 포함하는 과정으로 본다. 성찰적 그리고 비판적 사고와 연관된 여러 가지 중첩되는 개념들을 통합하고자 하는 시도에서, Garrison과 Archer(2000)는 비판적 사고의 일반적 모델을 제공하였는데 그것은 Dewey의 성찰적 사고의 단계들, 즉 상상(imagination), 숙고(deliberation) 그리고 행동(action)에 시초를 두고 있다([그림 5-1] 참조).

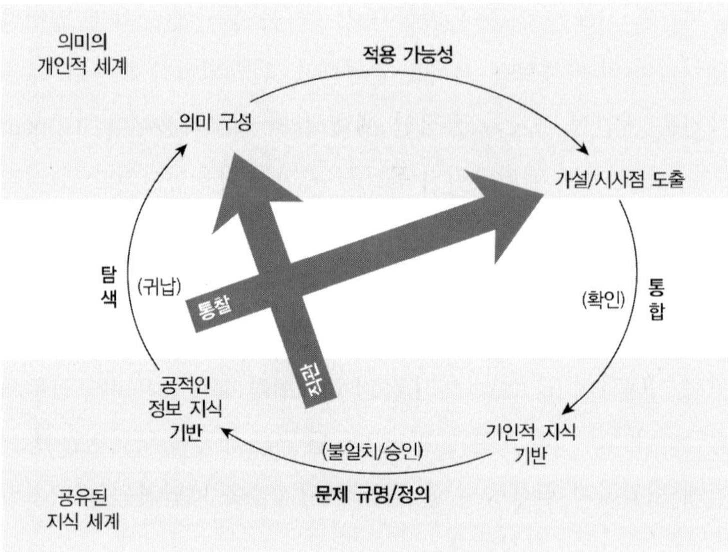

[그림 5-1] 비판적 사고 및 직관

아마도 이 모델의 주요 요소들은 다섯 단계에서 공적이고 개인적인 세계 개념의 중첩일 것이다. 이것은 주로 비동시적이고 텍스트 기반 환경인 이러닝 경험에 특히 관련이 있다. 사실, 텍스트 기반 환경은 성찰과 담화 간의 놀라운 균형을 제공해 주는 잠재력을 지닌다. 이와 같은 특성은 즉흥적이고 성찰이 부족한 구어적 담화와 상반된다. 이들 두 가지 현실에 대한 인식은 모든 단계들이 성찰과 담화의 요소들을 가지면서(통일성 원리) 한 단계는 성찰보다는 담화를 강조하거나 또는 그 반대가 되기도 한다는 것을 이해하는 데 도움이 된다. 성찰과 담화가 현실적으로 분리될 수 없기 때문에, 이러한 구분은 추상적으로만 의미가 있고, 탐구와 인지적 실재감을 분석하고 이해하는 목적을 위한 것이다.

비판적 사고 모델은 창의적 사고, 문제해결력, 직관 그리고 통찰력과 같은 관련 개념들을 이해하는 데 유용하다(Garrison & Archer, 2000). 첫째, 창의적 사고는 분명히 비판적 사고의 초기 단계에 초점을 둔 발산적 과정이다. 한편, 문제해결력은 대개 비판적 사고 과정의 후기 단계를 강조하는 수렴적 사고에 초점을 둔다. 즉, 목표는 특정 문제에 대한 해결책을 찾는 것이다. 창의적 사고력과 문제해결력 간의 차이점은 강조와 목적의 문제이며, 그 둘의 과정이 서로를 포함하고 있고 비판적 사고의 각 단계에서의 면모를 포함하고 있다.

둘째, 직관과 통찰력에 관한 개념과 과정도 간과할 수 없다. 이들은 설명될 수 있는 합리적 사고의 중요한 부분이며 이해할 가치가 없어서 거부되는 단순히 신비스러운 과정이 아니다. 직관과 통찰력에는 정의적인 차원이 있지만 그것들은 중요한 창의적이고 무의식적인 귀납적 과정이다. Dewey에 의하면 그것들은 "실제적 숙고의 산물"(Garrison, J., 1997, p. 33)이다. 직관은 '갑작스러운' 경험이 아니라 목표와 상당히 성찰적인 사고에 의해 인도된다. 더욱이, 통찰력과 같이 직관은 반드시 현상에 대한 깊고 통합적인 이해로부터 나오는 것이다. 그것은 명확하게 해결책을 설명하는 유용한 지시를 제공하고 문제해결에 대한 모호하고 대략적인 인식이다. 이것은 통찰력과는 차이가 있는데 통찰력은 명확한 해결책이나 일관적 개념화가 일어나는 전통적인 '유레카' 경험이다. 직관은 경험으로부터 보다 직접적으로 나타나는 데 반해 통찰력은(잘 정의된 문제에 집중하는) 성찰의 결과로 나타나며 잠정적인 개념적 표현의 생성으로 나타난다(Garrison & Archer, 2000). 직관과 통찰력은 지각(perception)과 이성의 통합(Dewey, 1967)을 나타내며, 일관적인 체계적 사고에 필수적이다.

교육자들은 보다 자연스러운 교육적 경험을 설계하기 위하여 이러한 인지적 과정들을 이해하려고 한다. 즉, 인지적 과정은 개인들이 어떻게 경험을 재구성하고 의미를 구성하는지를 인식하는 교육적 경험이며, 학생들을 단순히 불활성화된 지식에 동화되도록 몰아가지 않는 것이다. 이것은 학생들에게 공적(협력적) 세계와 개인적(성찰적) 세계의 통합을 인식하게 할 뿐만 아니라 인지적 자유와 통제권을 부여하기 때문에 이러닝 맥락에서 중요하다. 이러닝의 협력적이면서도 성찰적인 과정은 가치 있는 교육적 경험의 핵심인 비판적 사고를 촉진하는 데 큰 잠재력을 가지고 있다. 도전은 이것을 특정 학문의 비판적 사고 능력과 함께 비판적 정신을 구축하는 데 사용하는 것이다. 비판적 사고는 의미를 구성하고 이해를 확인하는 과정을 통해 개발된다.

단순성을 목적으로 하여, 우리는 비판적 사고를 실제적 탐구의 관점에서 정의한다(Garrison & Archers, 2000). 인지적 실재감은 실제적 탐구(Practical Inquiry: PI) 모델을 통해 정의되고 명백하게 되는 것으로 보인다.

실제적 탐구

실제적 탐구는 경험에 근거한다(Dewey, 1933). 학습자의 공적 세계와 개인적 세계의 통합은 교육적 목적을 위한 인지적 실재감을 창출하기 위한 핵심 개념이다. 이차원의 PI 모델이 [그림 5-2]에 제시되었다. 행동-숙고(action-deliberation) 축은 모델의 수직 차원을 나타낸다. 이것은 Dewey가 제안한 성찰적 사고의 사회학적(공유된) 측면과 심리학적(개인적) 측면과 일치한다. Dewey(1938)가 지적했듯이, "어떤 과학적 방법도 귀납과 연역의 특성에 대한 일관된 원칙과 그들 서로 간의 관련성의 원칙을 제공할 수 있어야 한다……"(p. 149). 실제적 탐구에서 이 차원은 귀납(일반화의 도달)과 연역(일반화의 채택)을 통합하는 엄격한 과정이다.

구체적 세계와 추상적 세계 간의 교류는 실제적 탐구의 지각-개념(perception-conception) 차원에 나타난다. 이 수평적 차원은 공유된 세계와 개인적 세계의 융합점을 반영한다. 한쪽 끝은 사실들이나 사건들의 지각과 분석의 발산적 과정이다. 또 다른 한쪽 끝은 아이디어들과 개념들과 관련된 통찰과 이해의 수렴적 과정이다. 그러므로 PI 모델의 차원들은 고등교육의 이상에서 핵심이 되는 성찰적 또는 비판적 사고의 귀납적/연역적 과정과 발산적/수렴적 과정을 반영한다.

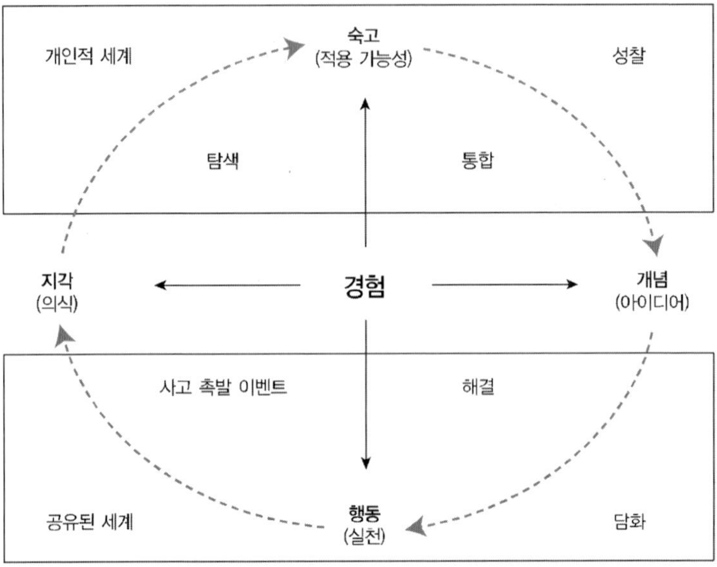

[그림 5-2] 실제적 탐구 모델

이 모델의 2개의 기본적 차원을 넘어서서, 실제적 탐구는 교육적 그리고 이러닝 맥락에서 인지적 실재감을 설명하는 4개의 단계(사고 촉발 이벤트, 탐색, 통합 그리고 해결)를 포함한다. 우선 우리는 이 단계들이 불변의 것이 아님을 다시 확인해야만 한다. 이것들은 일반화된 가이드라인이며 실제에서는 통찰과 이해의 여부에 따라 '더 들여다볼 수' 있고 뒤집힐 수도 있을 것이다. 그러나 모든 단계들의 메타인지적 이해는 교사와 학생 모두에게 과제와 진보를 평가하는 데 큰 도움이 될 것이며 메타인지적 의식과 자기주도성과 학습력의 궁극적 목표에 도움이 되는 것은 말할 나위도 없다.

실제적 탐구의 첫 단계는 개시나 사고 촉발 이벤트다. 이것은 학생들의 완전한 참여와 동의를 확신할 수 있게 잘 고안된 활동이어야 한다. 그것은 또한 학습하고 있는 지식 영역의 핵심 개념이나 문제에 대한 것이어야 한다. 이것은 학생들이 자신의 경험이나 사전 학습에 연결지을 수 있는 딜레마나 문제가 되는 것이 좋을 것이다. 교사의 책임은 과제 분석의 이 단계를 개시하는 것이겠지만 이것은 이슈와 반응을 끌어내는 질문이나 학생들이 이전에 보거나 경험한 문제를 부각시킴으로써 보다 개방된 방식으로 구조화될 수 있다. 이것은 학생들을 참여시키고, 지식의 상태를 평가하고, 의도하지 않았지만 구성적인 아이디어를 창출하는 관점에서 여러 개의 긍정적인 결과를 가진다.

실제적 탐구의 두 번째 단계는 탐색이다. 이것은 먼저 문제의 특성을 이해하고 그런 뒤 관련 정보와 가능한 설명들을 탐색하는 것을 의미한다. 이것은 그룹 활동과 브레인스토밍 그리고/또는 문헌 탐색과 같은 개인적인 활동들에 의해 이루어질 수 있다. 여기서 학생들은 아이디어가 협력석으로 탐구되고 개인들이 복잡하고 혼동스러운 것의 의미를 알아 가려고 하는 성찰적 세계와 공유된 세계 간의 반복을 경험하게 될 것이다. 그러나 이것은 진정한 탐구 공동체의 본질이다. 교육적 도전은 다음 단계를 준비하는 데 보다 초점을 맞추기 시작하는 방식으로 발산적 사고를 모니터링하고 규제하는 것이다.

세 번째 단계인 통합은 의미를 구성하는 데 보다 초점이 맞춰지고 구조화된 단계로 이동한다. 아이디어의 통합에 대해 그리고 어떻게 간명한 질서가 창출될 수 있는지에 대해 의사결정이 이루어진다. 이것은 높은 성찰적 단계이지만, 학생들은 이해를 구축할 비판적 담화에 스스럼 없이 참여하게 된다. 이러닝의 특성이 부각되는 것은 아마도 탐구과정의 이 단계 동안이다. 텍스트 기반 커뮤니케이션의 성찰적이고 명시적인 특성은 심층적이고 의미 있는 학습결과를 촉진할 수 있다. 바로 이러한 이유로 인하여 통합은 인지적 실재감을 창출하는 데 특히 도전적인 단계다. 학습결과의 깊이나 질을 평가하는 관점에서 교사는 비판적 사고 과정을 모델링해야 할 뿐만 아니라 이해와 오개념을 조사해야 한다. 학생들은 탐색 단계에 자리를 잡고 보다 더 발전된 탐구의 단계로 이동하지 않는 경향이 있다. 인지적 실재감을 창출하는 것은 학생들이 (탐구의) 단계를 메타인지적으로 인식하는 것과 학생 자신이 경험하는 도전들을 인식하는 것을 포함한 실제적 탐구의 모든 단계에 참여하는 것을 필요로 한다.

네 번째 단계는 딜레마나 문제의 해결이다. 이 단계에서는 의미 있는 프레임워크를 구성함으로써 복잡성을 감소시키거나 정의된 문제에 대해 맥락적으로 구체적인 해결책을 발견하는 것이다. 이 확인 또는 테스팅 단계는 직접적 행동이나 대리행동에 의해 성취될 것이다. 직접 확인은 더 어렵고 교육적 맥락에서는 종종 비실제적이다. 그러나 이러닝 환경에서, 학생들이 직무 또는 가정 맥락에서 참여할 때, 직접적 적용과 테스팅이 보다 현실적일 것이다. 어떤 경우, 해결책의 대리경험 또는 멘탈모델링은 실행 가능하고 상당히 가치 있는 교육활동이다. 실제 생활과 유사한 좋은 교육환경에서도 문제해결이 완전히 성취되는 일은 없다. 필수불가결하게, 해결 단계의 결과는 심화된 문제들과 이슈들을 제기하며, 탐구의 새로운 사이클을 유발하여 결국 지속적인 학습을 격려한다.

3. 발 전

인지적 실재감은 탐구공동체의 핵심이며 또한 지원해야 하는 심각한 도전을 제시한다. 이에 대한 일관된 이유는 미디어의 비동시적 특성뿐만 아니라 학습의 잠재적 특성 때문이다. 그러나 이 연구에서 초기에 나타난 도전은 토론을 통합과 해결 단계로 이동하는 것에 분명한 어려움이었다. 이전의 문헌연구(Garrison & Arbaugh, 2007)에서, 이것은 탐구가 해결 단계로 이동함에 따라 더욱 요구하는 것이 많아진다는 사실 때문일 것이라는 주장이 있었으나, 가장 중요하게 이것은 과제(명확한 성과 기대)의 설계, 중요한 정보를 제공하는 데 있어서 보다 직접적인 필요, 그리고 토론을 제시간에 이끌어 가기와 같은 교수 실재감의 기능으로 설명되었다. 이러한 점에서 Rourke와 Kanuka(2007)는 비판적 담화를 위한 온라인 학습의 이점에 대해 비판적인 관점을 가졌으나, 그들의 연구에서 고차원적 담화가 이루어질 때 교사와 설계의 중요성을 지적했으며 "학생들이 명확하게 정의된 교사와 학생의 역할을 인식하고 구조화된 토론 활동을 할 때 비판적 담화의 높은 단계들에서 포스팅이 더 밀도 있는 집중을"(p. 121) 보였다고 결론을 내렸다.

이러한 입장은 최근 연구들에서 지지되어 왔다. 대규모의 한 연구에서 몇몇의 선행연구와 상반되게, "온라인과 블렌디드 코스에서 5,000명 이상의 학생과 설문을 진행한 결과, 그들은 가장 높은 수준의 인지적 실재감을 달성하였다."(Shea & Bidjerano, 2009b, p. 211)고 결론을 내렸다. 다른 연구들은 더 구체적으로 해결 단계에 도달하는 가장 주요한 요인으로 과제의 설계와 특성을 지적하였다(Staley & Ice, 2009). Richardson과 Ice(2010)는 "사례 기반 전략을 위한 통합 또는 해결 단계에 있는 81%의 학생들이"(p. 57) 실제적 탐구의 더 높은 단계에 있었음을 발견했다. 결론은 문제해결을 위해 설계된 과제들이 통합과 해결 단계에 해당하는 더 많은 활동을 나타나게 할 것이라는 것이다(Stein, Wanstreet, Glazer, Engle, Harris, Johnston, Simons, & Trinko, 2007). 끝으로, Bangert(2008)는 특히 촉진 및 지시에서 교수 실재감과 사회적 실재감이 인지적 실재감의 가장 높은 수준(통합 그리고 해결)에 있는 더 많은 메시지들과 연관되어 있음을 보였다. 유사하게, 고차원적 비판적 사고(예, 통합과 해결)가 특정 교수 기법들에 의해 학생들의 토론에서 만들어질 수 있음이 발견되었다(Pisutova-Gerber & Malovicova, 2009).

실제적 탐구의 단계들과 연관된 통찰력은 통합과 해결 단계들이 자연스럽게 더 적은 반응이나 공헌을 보이게 될 것임을 보여 준다. 이것은 참여자들이 도전을 받고 가능한 해결책으로 수렴되어 갈 때 더 성찰적이 되어 가기 때문이다(Akyol, Arbaugh, Cleveland-Innes, Garrison, Ice, Richardson, & Swan, 2009). 기억해야 할 또 한 가지는 온라인 토론의 경우 해결에 도달하도록 충분한 시간을 제공하지 않는다는 것이다(Richardson & Ice, 2010). 이런 점에서, 한 연구는 각 단계에서 토론을 위한 구체적이고 충분한 시간을 설계함으로써 통합과 해결 단계에서 활동을 증가시켰다(de Leng, Dolmans, Jobsis, Muijtjens, & van der Vleuten, 2009). 더욱이, 중요한 프로젝트들은 일반적으로 오프라인에서 해결에 도달한다(Akyol & Garrison, 2008; Archer, 2010; Shea, Hayes, Vickers, Gozza-Cohen, Uzner, Mehta, Valchova, & Rangan, 2010). 중요한 프로젝트에 대해, Akyol

과 Garrsion(2011a)은 학생들은 자신들이 통합과 해결 단계에 도달했다고 믿었지만 "그들 대부분은 해결이 자신들의 마지막 프로젝트를 통해 개인적으로 도달되었다고 생각했다"고 지적했다.

인지적 실재감은 또한 코스와 과제물의 특성과 관련이 있는 것으로 발견되었다. 인지적 실재감의 지각은 인문학과 사회과학에서는 유의미했지만 특정 지식과 기술이 요구되는 전문적인 코스들에서는 그렇지 않았다(Garrison, Cleveland-Innes, & Fung, 2010). 유사한 결과가 Arbaugh, Bangert와 Cleveland-Innes(2010)에 의해서 보고되었다. 이 연구자들은 "특히 인지적 실재감 측면에서 학문분야별 유의미한 차이를 발견했는데, 다른 학문분야에 비하여 응용 학문분야에서 차이가 나타났다"(p. 37)고 하였다. 보다 구체적으로 말하면, 특정 지식과 기술을 습득하는 데 초점을 둔 코스들에서 유의미한 차이가 발견되었고, 교사가 학생들로 하여금 탐구와 통합에 참여하도록 하지 않았을 때 인지적 실재감 점수는 낮게 나왔다(Arbaugh et al., 2010). 유사하게, Gorsky, Caspi, Antonovsky, Blau와 Mansur(2010)는 많은 수의 문제해결 과제물을 받은 과학과목 수강 학생들은 더 활발하고 모든 실재감 수준이 높음을 발견했다. 교수 실재감 관점에서 보면, 인문학 교수자들은 3배의 사고촉발 메시지를 포스팅한 데 비해, "과학 교수자들은 '탐색' 카테고리와 관련 있는 4배의 메시지를 포스팅하였다"(Gorsky et al., 2010, p. 64). 이것은 학문분야에서 가능한 차이를 반영할 뿐만 아니라 인지적으로 학생들을 참여시키기 위한 과제 특성의 중요성 또한 지지한다.

인지적 실재감 연구의 다른 영역은 학습성과—지각된 성과와 실제 성과 모두—에 초점을 두고 있다. 인지적 실재감이 프로세스 모델이기는 하나, 그것의 실제 학습성과와의 관련성에 관심을 가져왔다. 이 관점은 최근의 현상이지만 약간의 오해를 낳았다(Akyol et al., 2009; Rourke & Kanuka, 2009). 문제는 PI 모델이 학습성과를 측정하는 데 사용될 수 있느냐 하는 것이다. 이런 점에서 PI 모델은 선호할 만한 결과를 가지고 있는 학습성과를 측정하는 Bloom의 분류체계와 같은 다른 모델들과 비교되어 왔다는 것이 언급되어야 한다(Buraphadeja & Dawson, 2008; Cotton & Yorke, 2006; Meyer, 2004; Schrire, 2004, 2006). 사실, Schrire(2004)는 PI 모델을 Bloom의 분류체계와 SOLO(structure of observed learning outcomes) 분류체계와 비교하면서, PI 모델이 "온라인 토론에서 발생하는 지식 구축 과정의 명확한 그림을 나타내며 인지적 차원의 분석과 가장 관련성이 높은 모델"(p. 491)임을 발견하였다. Buraphadeja와 Dawson(2008)은 또한 PI 모델이 비판적 사고를 평가하는 데 적합한 것으로 널리 인용되고 있다고 지적하였다.

학습성과의 질을 타당하게 측정하는 것이 상당히 어렵기 때문에 지각된 학습이 학습성과를 위한 대리 측정자로 사용되어 왔다. 학점이 학습성과의 측정치로 사용될 수 있지만 그것은 흔히 표면적 학습의 형태를 반영한다. 그렇긴 하지만 PI 모델에 의해 정의된 인지적 실재감이 지각된 학습과 실제 학습성과 모두와 관련이 있다는 증거가 있다(Akyol & Garrison, 2011b; Benbunan-Fich & Arbaugh, 2006; Lim, Morris, & Kupritz, 2007; Roblyer, Freeman, Donaldson, & Maddox, 2007). 요점은 지각된 학습이 유용한 학습 측정치가 아닌 것으로 여겨져서는 안 된다는 것이며, 특히 이러닝 환경을 이해하는 초기 단계에서는 더욱 그렇다. 결론적으로 학습성과를 연구하는 것은 중요한 통찰을 제공할 수 있겠지만, 성과는 해석될 필요가 있고 교육적 프로세스를 알려 주는 것이어야 한다. Akyol 등(2009)이 언급했듯이, "요점은 교육적 교류와 학습의 프로세스를 이해하는 것이 CoI 프레임워크의 초점일 뿐만 아니라 교육적 경험을 이해, 구축 그리고 개선하는 데 있어서 더욱 커다란 가치를 갖는다"(p. 9).

2장에서 언급한 대로, CoI 이론적 프레임워크는 프로세스 모델이며 각각의 실재감이 역동적이고 점진적으로 진행한다. 특히, 인지적 실재감은 구성주의적 방식에서 학습에 어떻게 접근할지를 보여 주는 모델을 제공한다. 명시적인 목표는 학습에 심층적이고 유의미한 접근을 하는 일관된 프로세스를 설명하는 것이다. 주된 초점은 의미 있고 가치 있는 지식을 구성하고 확인하는 프로세스다. 실제적 탐구의 프로세스는 깊이 있고 의미 있는 학습성과와 일치되지만, 그것은 학습성과가 고등교육의 목표와 일치될 것이라는 기대에 여전히 초점을 맞추고 있다.

이러닝 맥락에서 지금 막 떠오르고 있는 기대되고 가치 있는 연구의 영역은 메타인지다. 메타인지는 면대면 학습 환경에서 학문적 성취와 긍정적으로 연관이 있는 것으로 보여지고 있으나(Young & Fry, 2008), 비동시적인 이러닝 맥락에서는 연구가 거의 이루어진 것이 없다. 이 연구영역은 메타인지가 성공적인 탐구의 핵심이기 때문에 특히 중요하다. Lipman(2003)이 언급했듯이, "모든 탐구는 자기비판적 실천이다……"(p. 83). 탐구는 학습과정을 비판적으로 모니터링하고 규제하는 지식과 능력을 필요로 하기 때문에 자기수정적이다. 즉, 탐구과정을 이해하고 각 단계에서 요구되는 것이 무엇인지 알고, 그런 뒤 단계들을 거쳐 해결로 진행되도록 확인하기 위한 기술을 보이는 것이다. 이것은 의도된 학습성과를 달성하는 데 있어 과제와 전략을 모니터링하고 규제하는 것 간의 반복을 보인다.

메타인지는 일반적으로 두 가지의 구성요소 – 의식(지식)과 구현 전략(통제) – 로 이루어진 것으로 받아들여져 왔다. 의식(awareness)은 학습자가 학습과정을 모니터링하도록 하며 그런 뒤 탐구과정을 활발히 관리하도록 한다. 간단히 말해, 메타인지는 효과적인 탐구를 모니터링하고 규제하기 위한 지식과 전략들을 제공한다. 이러닝 맥락에서 메타인지를 연구하는 데 있어 어려움은 그것이 일관된 이론적 프레임워크를 요구한다는 것이다. CoI 이론적 프레임워크와 PI 모델을 사용하여 탐구과정의 모니터링 과정과 규제 과정을 이해하도록 돕는 한 연구가 현재 진행되고 있다(Akyol & Garrison, 2011c).

다른 연구에서는 토론 글에 태깅(tagging)하는 것이 학생들이 자신의 사고를 반추하도록 격려하며 "보다 심층적이고 초점을 맞추어 참여하도록 촉진한다."(Schellens, Van Keer, De Wever, & Valcke, 2009, p. 77)는 결과를 보였다. 이 기법은 도전적인 논쟁에 저항하고 지나치게 예의를 갖추는 학생들의 경향을 극복하는 데 도움을 줄 수 있다(Rourke & Kanuka, 2007). 유사하게, 토론 글에 레이블링하는 것 또한 "계획하고, 명확성을 성취하고 모니터링하는 것과 관련된 보다 높은 정도의 메타인지적 규제를 반영"(Valcke, De Wever, Zhu, & Deed, 2009, p. 165)하는 더 높은 수준의 인지적 프로세싱을 달성하는 것임을 알게 되었다. 이 기법은 이러닝 맥락에서 메타인지를 이해하고 촉진하는 데 있어 연구적 관점과 실천적 관점 모두에서 가치가 있다.

끝으로, 메타인지와 관련된 연구의 한 영역은 동기와 기대에 대한 연구다(Garrison & Archers, 2000). 메타인지가 그러하듯이, 동기는 각각의 실재감들의 융합으로서 나타난다. 예를 들어, 동기는 사회적 실재감이 신뢰, 개방적 커뮤니케이션, 소속감(응집성)을 통해 다뤄질 때 향상된다. 그것은 또한 교수 실재감이 기대와 안내를 제공할 때 증가된다. 더욱이, 동기는 학생들의 인지적 실재감이 메타인지적 인식을 통해 향상될 때 시작된다.

4. 인지적 실재감 설명자

실제적 탐구는 우리가 인지적 실재감을 조작하고 평가하는 범위 내의 모델이다. 목표는 탐구공동체 안에서 비판적 성찰과 담화의 특성과 질을 판단하기 위한 실제적 도구를 제공하는 것이다. 우리의 연구에서 생성된 인지적 실재감의 설명자와 지표들은 탐구과정을 평가하는 데 큰 잠재력을 지녔다. 목표는 이 지표들을 사용하여 실제적 탐구의 발전 단계들에 대해 비판적 사고와 담화를 평가하는 것이다. 그것의 목표는 담화를 촉진하여 고차원적 학습성과를 달성하기 위한 더 큰 목표에 도달하는 것이다. 이 점에서, 성찰과 담화를 거쳐 해결로 진행되는 것을 보장하는 관점에서 프로세스에 주의를 기울이는 것이 필수적이다.

〈표 5-1〉은 실제적 탐구과정의 각 단계에 대응하는 설명자(프

로세스를 특징짓는 형용사)와 지표들(나타난 사례들)을 보여 주고 있다. 이것들은 처음에는 실제적 탐구의 각 단계를 특징짓는 사회인지적 프로세스에 기초했다. 그런 다음 실증적으로 개선되고 확인되었다(Garrison, Anderson, & Archer, 2001).

〈표 5-1〉 실제적 탐구의 설명자와 지표들

단 계	설명자	지 표
사고 촉발 이벤트	환기시키는 (귀납적인)	문제 인식 혼동
탐색	탐색하는 (발산적인)	발산 정보 교환 제안 브레인스토밍 직관적 도약
통합	잠정적인 (수렴적인)	융합 종합 해결책
해결	적용된 (연역적인)	적용하다 테스트하다 변호하다

첫 번째 단계인 사고 촉발 이벤트는 문제나 이슈를 개념화하는 것과 연관된다. 이런 이유로, 우리는 이것을 특성상 주의를 환기시키고 귀납적인 것으로 간주한다. 교육적 과정들은 호기심과 질문을 만들어 내는 정보를 제시하는 것을 포함할 것이다. 그것은 또한 탐구의 다음 단계들로 구성되는 방식으로 토론을 진행해 갈

것이다. 한 가지 예는 "효과적인 이러닝을 전달하는 유일한 방법은 탐구공동체 모델이나 접근을 통해서라고 주장되어 왔다. 당신은 왜 그렇다고 생각하는가?"와 같은 문장이나 질문이 될 수도 있을 것이다.

두 번째 단계인 탐색은 관련 정보와 아이디어를 탐색하는 것이다. 이런 이유로 이것은 탐색하는 과정이고 발산적인 과정이다. 교육적 과정으로는 아이디어 브레인스토밍, 지지하는 또는 상반되는 아이디어나 개념 제공하기, 관련된 관점이나 경험을 설명하도록 청하기, 정보나 아이디어의 가치에 대해 코멘트나 반응을 끌어내기가 포함될 것이다. 이전의 주제를 따라서, 탐색 단계에 대응하는 전형적인 문장은 "학습 커뮤니티가 거의 사용되지 않는 한 가지 이유는 운영되도록 하는 데 너무나 복잡하기 때문이라고 생각한다. 다른 이유는 교육의 실제를 변화시켜야 할 책임을 가진 사람들의 마음가심일 수 있다."이다.

세 번째 단계인 통합은 의미 있는 해결책이나 설명을 구성하는 과정이다. 그러므로 이것은 정의된 기준에 부합하는 아이디어들, 의미의 제공, 그리고 잠재적 해결책을 제공하는 것들의 잠정적 연결로 간주된다. 교육적 교류에는 정보 통합하기, 동의하는 메시지 제공하기, 다른 아이디어 위에 새로운 아이디어 구축하기, 근거를 제공하거나 타당화하기, 가시적으로 해결책 제공하기가 포함될 것이다. 한 가지 예로는 "우리 또한 협력을 이끌어 내는 데 어려움을 가지고 있었다. 새로운 도구의 사용은 자주 새로운 조작적 구조를 요구한다. 우리는 시스템적 접근을 구현할 때 이런 이슈들을 다루었고 나는 이것이 우리가 성공할 수 있는 이유였다고 생각한다."가 있다.

네 번째 단계인 해결은 직접적 또는 대리적 적용을 통해 제안된 해결책의 실행가능성을 비판적으로 평가한다. 해결은 아마도 대리적 구현이나 생각 실험을 통해서 연역적으로 해결책을 테스트하는 노력이 필요하다. 이것은 다른 참여자들이 제안된 적용에 대해 비평하는 것을 변호하고 제시하는 형태를 취할 수도 있는 가설적 테스트의 엄격한 분석을 요구할 것이다. 한편, 테스트는 직접적 적용의 형태나 개별 또는 그룹 프로젝트와 같은 행동 연구 프로젝트의 형태를 가질 수도 있다. 실제적 탐구의 이 단계에 해당하는 의견 교환의 한 예로는 "좋은 테스트는 참여자들이 기대되는 바를 이해하도록 보장하고 협력이 적절히 보상받도록 하는 것이다. 일단 구현이 되면, 참가자들의 인상뿐만 아니라 프로젝트 점수를 고려하는 방식으로 평가될 수 있을 것이다."가 있다.

최근 연구에서 드러났듯이, 교육자들의 어려움은 실제적 탐구의 각 단계를 거쳐 토론과 개인의 인지적 발달을 이끄는 것이다. 즉, 문제 인식(사고 촉발 이벤트)에서부터 탐색, 통합 그리고 해결로 토론을 구축하는 것이다. 처음 두 단계는 매우 잘 진행되는 경향이 있고 세 번째는 조금 덜 진행되고, 마지막 단계는 거의 진행되지 않는다. 앞서 논의하였듯이, 이것은 과제의 특성과 토론을 진행하도록 하는 교수 실재감의 부족 때문일 확률이 크다. 문제와 딜레마를 통해 점진적으로 사고하는 것의 가치를 인식하고 노력해야 하고 그렇게 되어서 가치 있고 장기적인 혜택이 뒤따르도록 해야 할 것이다. 이것은 물론 교육적 경험의 본질적인 목표다.

인지적 실재감과 의도된 목표와 교육적 경험의 기대와 일치하는 고차원적 학습성과를 창출하는 데 가장 요구되는 것은 담화의 특징을 질적으로 평가할 수 있고 비판적 사고 사이클을 따라 그 사고를 활발하게 구축하는 조정자다. 이러닝의 다소 가벼운 특성을 고려할 때, 참여자들이 사회적 맥락에 아이디어와 개념을 관련시키도록 격려하는 것이 중요하다. 이것은 담화의 초점을 통합과 해결에 두게 할 것이다. 더욱이, 인지적 프로세스의 이런 점진적인 발달이 일어날 가능성은 비판적 사고와 실제적 탐구(예, 인지적 실재감)의 메타인지적 이해와 함께 크게 향상된다. 또한 모든 참여자들을 위해 인지적 실재감을 창출하는 것과 그들이 무엇을 하고 있고 왜 하고 있는지에 대한 메타인지적 인식을 갖게 하는 것은 매우 도움이 될 것이다.

5. 결 론

실제적 탐구 모델을 통해 조작적으로 정의된 인지적 실재감은 이러닝 경험의 인지적 측면에 통찰을 제공하고 담화의 질적인 특성을 평가하는 수단을 제공한다. 결국, 담화의 특징을 평가하는 것은 교수 · 학습 교류의 특징과 어떤 개입이 적절한지에 대한 통찰을 제공할 수 있다. 이 도구를 실증적으로 정제하기 위해서는 많은 연구가 남아 있지만, 이러한 지표를 가지고 있는 PI 모델은 인지적 실재감의 특징과 질을 안내하고 평가할 좋은 발견법이다. 이 모델에 기반을 둔 인지적 실재감의 양적 측정 방법은 CoI 설문에서 찾아볼 수 있다(부록 참조).

Chapter 06

교수 실재감

1. 역할과 기능
2. 설계와 조직화
3. 담화 촉진
4. 직접 교수
5. 발 전
6. 결 론

Chapter 06

교수 실재감

확장된 교육적 기회와 선택들 때문에 이러닝 맥락에서의 교수(teaching)는 부담스러운 책무가 된다. 이러닝 환경은 상호작용을 확대하였고 이것은 교수에의 접근이 자유로워진 측면이 있지만 동시에 교수 접근에 변혁적인 영향을 주었다. 전통적 교실에서 이루어지는 제시적 접근의 제한적 틀을 강요하는 것은 이러닝의 능력과 잠재력을 무시하는 것이다. 이 인식이 암시하는 바는 목적, 접근 그리고 교육적 교류의 특성에 대해 다시 생각해 볼 필요가 있다는 것이다. 의미 있고 가치 있는 학습경험을 설계하고 전달하는 것과 관련된 도전들에도 불구하고 이러닝과 연계된 테크놀로지는 무시할 수 없는 연결성과 성찰의 기회와 선택을 제공하는 것이 분명하다.

이러닝이 제시해 주는 확대된 능력과 선택들과 함께, 비판적 사고와 담화와 관련된 협력적 탐구 기반 접근으로 향하는 변화가 이루어졌다. 이것은 학습자 중심 접근이라기보다는 학습 중심 접근이다. 형식 학습 또는 교육적 관점에서 이러한 구분은 미묘함 또는 뉘앙스의 차원을 넘어선다. 교육은 교수자와 학생들이 중요하고 상호 보완적인 책임을 갖는 통합된 과정이다. 초점은 학습에 있는 것이지 학습자가 변덕스럽게 결정하는 무엇인가에 있는 것이 아니다. 교육적 경험은 개인이 학습을 계속할 수 있는 능력뿐만 아니라 사회적 가치를 가진 학습성과에 초점을 맞추도록 의도되었다. 학습자 중심 접근은 교수자와 교육적 탐구공동체 창출에 대한 가치를 하찮게 만들 위험이 있다. 교육적 경험 속에서 학습자와 교수자는 둘 다 더 큰 학습과정의 부분이 된다. 교수 실재감은 학습자와 함께 적절한 교류적 균형을 만들고 적절한 시기에 가치 있는 학습성과의 성취를 관리하고 모니터링하는 책임을 가진다.

대부분의 경우에, 단순히 학습자에게 책임과 통제를 재부여하는 것은 비판적, 구성주의적 학습과정을 촉진하는 교육적 경험의 의도와 진실성을 침해하는 것이다. 교수 실재감은 적절한 사회적 지식의 확인, 성찰과 담화를 촉진할 경험의 설계, 그리고 학습결과를 진단하고 측정하는 핵심 서비스를 수행한다. 이러닝에서 이것은 더 쉽기도 하고 더 어렵기도 하다. 이러닝 매체가 지속된 성찰적 대화를 지원한다는 점에서는 보다 쉽지만, 이 매체가 본질적으로 다른 것이고 새로운 접근을 요구한다는 점에서는 더 어렵다.

적절한 교수 실재감을 수립하기 위해서는 단편적인 제안이나 이러닝 기법을 넘어서는 것이 필요하다. 더 많은 노력과 창의성이 이러닝 맥락에서 비판적 사고와 고차원적 학습성과를 촉진하는 교수 실재감의 통합된 요소를 이해하고 인정하는 데 투입되어야 한다.

1. 역할과 기능

이러닝 탐구공동체에서 교사의 역할은 보다 나은 방향으로 변해야 한다. 최선의 의미에서, 전통적인 교육적 교류의 핵심 원칙과 책임들은 이러닝 맥락으로 변환될 수 있다. 효과적인 교수는 다른 형태를 취할 수도 있지만, 명확한 기대, 비판적 담화, 그리고 오개념의 진단과 같은 원칙들은 면대면이나 이러닝 모두에서 공통적이다. 어떤 맥락에서든 교수(teaching)의 책임은 복잡하고 다면적이다. 그들은 내용 전문가이고 교육 설계자, 촉진자 그리고 교사다. 그러나 지금까지 주목했던 바와 같이, 이러닝의 자유로운 프레임은 어떻게 이러한 책임들이 충족될 수 있는지를 의미 있게 변화시킬 것이다.

이러닝 맥락과 관계된 교수 실재감의 범주에 대해서는 문헌 간에 상당히 일치되어 있다. 비록 범주 전체에 걸친 역할의 변화도 있지만, 이러닝과 관련된 분류체계와 가까운 것을 보여 주는 것이 있고, 그 세 가지 교수 실재감 범주들을 여기에서 차용하였다. 〈표 6-1〉은 각 참고문헌에서 다양한 교수 역할의 일관성을 보여 준다. 이것들은 상당히 직관적이지만 또한 실증적인 지지도 받고 있다(Anderson, Rourke, Garrison, & Archer, 2001; Rossman, 1999). 이 요소들의 직관성과 일관성은 어떤 것을 더 탐색해야 하는지에 대해, 그리고 이러닝 맥락에서 교수 실재감을 설명하는 것에 대해 확신하게 하고 이해하도록 한다.

〈표 6-1〉에서 보는 바와 같이 교육자의 역할은 세 가지 주요 범주—설계와 조직화, 촉진, 직접 교수—로 나뉜다. 이것과 일관되

게 우리는 교수 실재감을 "개인적으로 의미 있고 교육적으로 가치 있는 학습성과라는 목적을 위한 인지적이고 사회적인 과정의 설계, 촉진 그리고 지시"(Anderson et al., 2001, p. 5)로 정의한다. 이 설명에서 보면 교수 실재감이 이러닝 맥락에서 보다 도전적인 교육적 경험의 다양한 요소를 통합하는 데 핵심적인 역할을 한다는 점은 의심의 여지가 없다.

〈표 6-1〉 이러닝에서 교수 역할

Anderson 등	Berge	Paulsen	Mason
교수 설계와 조직화	관리적	조직적	조직적
촉진	사회적	사회적	사회적
직접 교수	교육학적, 기술적	지적	지적

교수 실재감의 개별 요소들을 설명하기 전에 교수 실재감은 인지적, 사회적 실재감 모두를 포함하는 탐구공동체를 창출하기 위해 참여자들(흔히 교수자)이 무엇을 해야 하는지를 강조해야만 한다. 그러므로 우리는 사회적이고 인지적인 요소들 자체에 초점을 맞추지 않고 교사의 역할 또는 교사가 역동적인 학습 환경을 만들고 유지하기 위해 수행해야 하는 실제적인 기능에 초점을 맞출 것이다. 이러한 기능들은 교수 실재감이 목적적이고 서로 상승할 수 있는 방식으로 인지적이고 사회적인 것을 함께 묶어 내야 한다는 측면에서 통합적이다. 교육의 목적이라는 측면에서 당연히 인지적 편향이 있고 사회적 실재감은 중요하지만 매개하는 요소가 된다는 것을 주목하게 될 것이다.

각 교수 실재감 범주의 보다 자세한 지표들과 그에 대응하는 예들은 특히 이러닝 방법에 익숙하지 않은 사람들에게 유용한 가이드라인을 제공할 것이다. 세 가지 교수 실재감 요소에 대한 상세한 설명은 다음에 제시된다.

2. 설계와 조직화

설계와 조직화는 거시적 수준의 구조 및 과정과 관계된다. 아마 놀라울 것은 없지만, 적어도 처음에 이러닝 교육과정의 설계와 조직화는 면대면 교실 수업 환경의 유사한 교육과정에 대한 설계와 조직화보다 부담이 더 큰 작업이다.

우선 이것은 테크놀로지 때문이고 교사가 이러닝 매체의 능력을 극대화하기 위한 교수 · 학습 접근을 재설계해야 할 필요가 있기 때문이다. 두 번째로 이러한 재설계는 과거에 완전히 강의에만 의존했던 사람들에게는 상당히 힘든 일이 될 것이다. 이러한 사람들에게는 이러닝 탐구공동체 맥락에 적응된 교수 설계와 조직화 요소에 초점을 맞춰야 한다는 더 많은 요구가 있을 것이다. 이 새로운 접근은 어떤 학생들은 이러닝 코스의 경험을 해 보지 못했을 것이라는 사실에 의해 더 심각하게 될 것이고 새로운 기대와 행동들이 이해와 인내를 요구하게 될 것이다.

교육과정을 구축하는 것은 내용이 늘어나기도 하고 감소되기도 하는 분명한 모순을 다루어야 하기 때문에 더욱 복잡하게 된다. 즉, 중요한 학습 목적이나 보충적 자료들을 포함할 수 있는 다른 사이트들의 링크를 제공한다는 측면에서는 내용이 늘어나고, 상당히 많은 상호작용이 있다면 제시되는 자료의 양이 줄어든다는 측면에서는 내용이 감소되는 것이다. 이것과 함께, 이 코스 자료들을 확장하고 걸러 내는 것은 협력적 활동과 과제를 선택하는 데 있어 중요한 과업이다. 이러닝 매체에 대한 이해가 실제 교수·학습 교류와 교차하는 지점이 바로 여기다. 교육과정의 앞부분에 이루어지는 설계 작업은 교육과정이 진행되는 동안에 상당한 이득을 가져다주지만, 탐구의 과정 중에 조직화의 결정을 불가능하게 하는 것은 아니다. 〈표 6-2〉는 예시들과 함께 설계 지표들을 제공하고 있다.

설계와 조직화 책임은 어떠한 학습경험을 위해서도 구조를 제공하며 비슷한 책임과 기능을 가지고 있다. 의미적 차이점은 설계가 과정이 시작되기 전에 이루어지는 구조적 결정들인 반면, 조직화는 교육적 교류 중의 변화에 적응하면서 이루어지는 유사한 결정을 말한다(예, 현장 설계). 조직화 논평들은 유연하고 비지시적인 교육적 경험의 특성들을 반영한다. 그러나 설계는 수업 행동에 있어서 조직적인 변화를 필요하게 만드는 특별한 이슈나 요구들이 불가피하게 발생할 것이라는 기대를 가지고 만들어지는 유연한 템플릿이다.

탐구공동체의 협력적 특성은 조직화 이슈에 더 역점을 두게 한다. 쉽게 가늠할 수 없는 초기 특성과 학생 지식의 발전은 설계과정에 있어 불확실성을 반드시 가지고 온다. 만일 이러닝이 협력적 구성주의 과정이라면 학생들은 무엇이 학습되며 어떻게 접근되는지에 상당한 영향력을 가져야 한다. 그러므로 설계는 전달과 분리되어서는 안 된다. 설계는 조직화의 책임을 구실로 해서 계속되고, 그렇게 하는 것은 설계로부터 조직화 단계로의 지속성을 확실히 하는 데 있어서 상당한 장점이 있다. 이것은 설계와 조직화가 발생된 요구들과 사건들에 대해 효과적인 반응을 했을 때 최상으로 성취될 수 있다.

〈표 6-2〉 교수 설계와 조직화 지표

지 표	예
교육과정 수립	"이번 주에 우리는 토론을 하게 될 거예요."
방법 설계	"나는 여러분들을 두 그룹으로 나누겠습니다. 그리고 여러분들은 토론을 하게 될 겁니다."
시간 요소 설정	"금요일까지 글을 올려 주세요."
매체의 효과적 사용	"글을 올릴 때는 다른 사람이 제기한 이슈에 대해서 언급하려고 해 주세요."
네티켓 설정	"메시지는 간결하게 해 주세요."
코스 내용에 대한 거시적 수준의 코멘트	"이 토론은 서로 다른 연구 기법을 언제, 어떻게 사용해야 할지를 결정하는 데 사용되는 도구나 기술들을 알려 주는 것을 목적으로 하고 있습니다."

3. 담화 촉진

교수 실재감의 두 번째 요소—이해를 구축하기 위한 성찰과 담화의 촉진—는 이러닝 경험의 핵심을 지향한다. 담화를 촉진하는 것은 개인의 의미 구성을 가능하게 하고 촉진할 뿐만 아니라 상호 이해를 형성하고 확인하는 것으로 탐구공동체의 역할을 인정하는 것이다. 이 요소는 목적, 과정 및 성과의 융합을 나타낸다. 이것은 흥미, 참여 그리고 학습이 만나는 곳이다.

교수 실재감은 이러닝 경험에서 담화를 촉진하는 핵심적인 역할을 한다. 이러닝 맥락에서 담화를 관리하고 모니터링하는 것은 면대면 토론 못지않게 중요하다. 성찰적이고 엄격한 텍스트 기반 커뮤니케이션의 특성은 만만찮은 헌신을 요구하지만 깊이 있고 의미 있는 학습의 기회를 제공한다. 이러한 헌신을 지속하고 질적인 기여를 촉진하기 위해서는 담화가 집중적이고 생산적이어야 한다.

교수 실재감의 책무는 넓은 범위의 이슈에 지속적으로 집중할 것을 요구한다. 가장 우선적으로 의도된 교육 목적을 달성하도록 학습 커뮤니티를 구축하고 유지하는 것에 관심을 둔다. 이것은 인지적 실재감과 사회적 실재감에 대한 관심 모두에 집중할 것을 요구한다. 게시글들은 세밀하게 모니터링되고 응답의 성격과 시간은 신중하게 고려되어야 한다. 또한 커뮤니티는 어느 정도 자립적이고 자기수정적이어야 한다. 그러므로 너무 적거나 너무 많은 교수 실재감은 이해를 구축하는 담화와 과정에 부정적인 영향을 미칠 수도 있다. 이러한 균형을 유지하면서 교수자의 게시글은 목적을 달성하기 위한 토론을 형성함으로써 비판적 담화의 모델이 되어야 한다.

반응을 덜 하는 학생을 격려할 뿐만 아니라 너무 활발해서 토론을 장악해 버리는 경향이 있는 학생을 자제시키는 안내 또한 요구된다. 이러한 기술들은 면대면 토론에서의 촉진과 그렇게 다르지 않다.

동시에 도전적인 것은 단순히 많은 반응에 대해 독려하거나 칭찬하는 것이 아니다. 교수 실재감은 충분히 근거가 있고 다른 메시지와 연결이 되는 반응에 관심을 가짐으로써 적절하고 의미 있는 반응을 격려해야 한다. 참여자들은 토론이 목적에 맞는 방향으로, 적절한 시기 내에 진행되고 있다고 느껴야 한다. 토론의 이어지는 글들은 함께 모아지고 명백하게 언급되어 이해를 공유할 필요가 있다. 이러한 것들은 모두 '옆에서 안내하기(guide on the side)' 이상이면서 '무대의 현자(sage on the stage)'가 되는 것 이하이어야 한다. 즉, 교수자는 장황한 대화 또는 권위적인 정보의 제시보다는 본질적인 어떤 것으로 협상해야 한다. 학생이 협력적으로 지식을 구성하고 이해를 확인하는 책임을 맡기 시작하였을 때 교수 실재감은 통제에 대한 적절한 균형을 찾아야 한다. 담화 촉진에 대한 지표들과 예들이 〈표 6-3〉에 제시되어 있다.

이해를 구축하기 위한 담화 촉진은 교육학적, 대인관계적 그리고 조직적 문제들을 포함한다. 교수 실재감은 긍정적 학습 환경과 함께 인지적 성장에 관심을 가져야 하고 전체의 통합된 부분으로서 내용, 학습자의 인지, 그리고 맥락을 보아야 한다. 그러나 어떤 메시지는 채팅방에서 일어나는 매우 사교적인 것이고 이것은 일반적으로 교수자가 논의할 부분이 아니다. 다른 의견 제시들은 보다 복잡하고 다양한 인지적, 사회적 요소들을 담고 있고 이것이 바로 촉진활동이 책임을 져야 하는 것이다.

〈표 6-3〉 담화 촉진 지표

지 표	예
동의나 불일치의 영역을 확인	"조, 메리가 너의 가정에 대한 강력한 반례를 제공했는데. 답변을 해 보겠니?"
합의나 이해에 도달을 추구	"나는 조와 메리가 본질적으로는 같은 이야기를 하고 있다고 생각해."
학생의 기여를 독려, 인정 또는 강화	"사려 깊은 이야기 고마워."
학습을 위한 분위기 조성	"포럼에서 '큰 소리로 생각하기'를 할 때 너무 남을 의식하지 마라. 여기는 모든 아이디어가 시도될 수 있는 곳이야."
참여자를 끌어내고 토론을 촉진	"이 문제에 대해서 어떤 생각이 있는 사람?" "누가 이야기해 볼까?"
과정의 효율성을 평가	"나는 우리가 주제에서 좀 벗어나고 있는 것 같다는 생각이 드는데."

4. 직접 교수

직접 교수는 촉진의 역할을 넘어서며 대부분의 경우 오개념의 진단과 같은 구체적인 내용적 이슈와 관련되어 있다. 학자적 리더십은 직접 교수의 상황에서 분명하게 드러나게 되고 사실상 매우 구체적이 된다. 비록 이것은 합법적이고 중요한 권위를 가지는 영향력이지만 이 필수적인 교수 책임감이 이러닝에서는 종종 무시되거나 그 가치가 낮게 평가되곤 했다.

학문적 전문성과 학습경험의 효율적 형성은 어떠한 교육적 과정에서도 핵심적인 측면이 된다. 이러닝의 위험성은 정당한 교육적, 지적 분위기와 방향이 상실될 수 있다는 데에 있다.

직접 교수에 대한 필요는 '옆에서 안내하기'의 개념에 도전하는 것이다. 안내 또는 촉진의 개념은 교수 실재감에서 중요한 부분이지만 그것 자체만으로는 이러닝의 교육적 접근으로서 한계가 있다. 안내와 촉진만을 강조하는 것은 촉진자와 내용 전문가의 인위적 분리를 제안하는 것이다. 또한 학생 중심성을 지나치게 강조하여 교육학 및 내용 전문가의 영향력을 배제하는 교육적 경험의 잠재적 왜곡을 말하는 것이다. 그와 같은 자유방임적 접근은 학습에 대한 협력적 구성주의 접근과 의도된 고차원적 학습경험을 달성하기 위한 체계적인 학습경험 구축(예, 스캐폴딩)의 중요성을 잘못 해석한 것이다.

교수 실재감은 공부해야 할 가치가 있는 아이디어와 개념을 식별하고, 개념적 순서를 제공하고, 학습활동을 조직화하고, 담화를 안내하며, 추가적인 정보 자원을 제공하고, 오개념을 진단하며, 필요한 때에 개입하는 경험 있고 책임감 있는 교사의 전문성 없이는 불가능하다. 이러한 것들은 직접적이고 적극적인 개입으로 효과적이고 효율적인 학습경험을 지원한다. 직접 교수를 위한 지표들과 예들이 〈표 6-4〉에 제시되어 있다.

〈표 6-4〉 직접 교수 지표

지 표	예
내용/ 질문 제시하기	"Bates가 ……라고 말했습니다. 어떻게 생각하세요?"

구체적인 이슈에 대한 토론에 집중하기	"나는 그것이 막다른 곳까지 왔다고 생각하는데요. 나는 여러분들이 생각을 해 봤으면 좋겠어요."
토론을 요약하기	"원래 의문은…… Joe는 ……라고 말했어요. Mary는 ……라고 말했어요. 우리는 ……라고 결론지었습니다. 우리는 아직 ……을 다루지 않았습니다."
평가와 설명적 피드백을 통하여 이해를 확인하기	"거의 비슷하긴 하지만 ……를 설명하지 않았네요. 이것은 ……이기 때문에 중요해요."
오개념을 처방하기	"기억하세요. Bates는 행정적 관점에서 말하고 있습니다. 따라서 ……를 이야기할 때는 유의하십시오."
다양한 자원들 예: 교재, 연구논문, 인터넷, 개인적 경험 (충고부터 자원까지 포함)	"나는 전에 한번 Bates와 같이 학술회의에 있었는데요, 그때 그가 ……라고 말했어요. 우리는 그 회의록을 http://www……에서 찾아볼 수 있습니다."
기술적 어려움에 대하여 응답	"만일 네 메시지에 하이퍼링크를 포함시키고 싶으면 너는 …… 해야 해."

5. 발 전

교수 실재감의 중요성을 입증하는 증거들은 이 책의 1판이 출간된 이래로 크게 증가되어 왔다(Garrison & Arbaugh, 2007; Garrison, Cleveland-Innes, & Fung, 2010; Shea & Bidjerano, 2009a). 이 연구는 지각된 학습과 만족도를 위한 교수 실재감의 중요성을 일관되게 보고해 왔다(Akyol & Garrison, 2011b). 교수자의 지원과 전문성의 중요성은 지식의 습득에 매우 중요한 것으로 나타났다(Paechter, Maier, & Macher, 2010). 상호작용과 담화는 탐구공동체에서 핵심적인 역할을 하고 교수 실재감은 참여와 응답의 질을 보장하는 데 있어 중요한 것으로 보인다(An, Shin, & Lim, 2009; Bliss & Lawrence, 2009; Gorsky, Caspi, Antonovsky, Blau, & Mansur, 2010). 커뮤니케이션을 지원하고 중재하는 교수자들은 또한 커뮤니티 성장을 지원하는 것으로 나타났다. 비슷하게 Shea, Li와 Pickett(2006)은 강한 교수 실재감은 "학생의 연결성과 학습에 대한 지각과 관련이 있다"(p. 85)고 결론지었다. 마지막으로 학생들이 어려운 원격교육 코스들에서는 교수자에게 의지하고 도움을 요청하지만 보통 정도이거나 쉬운 코스들에서는 그렇지 않다는 흥미로운 발견은 보다 더 연구될 필요가 있다(Gorsky, Caspi, & Smidt, 2007).

최근에 와서야 다루어지고 있는 한 측면은 교육과정이 진행되는 동안에 교수 실재감 범주의 주안점이 변화된다는 것에 대한 이해다. 이 현상에 대한 통찰은 처음에 Vaughan과 Garrison(2006)에 의해 보고되었는데, 그들은 설계와 촉진 논평들이 시간이 지남에 따라 줄어든 반면, 직접 교수 논평이 상당히 증가된 것을 발견하였다. 이러한 패턴은 직접 교수가 시간이 지남에 따라 증가된다는 것을 발견하면서 다시 확인되었다(Akyol & Garrison, 2008). 사회적 실재감과 인지적 실재감과 마찬가지로, 시간이 흐르면서 코스의 진행과 더불어 나타나는 실재감의 역동성에 대해 더 많은 연구가 요구된다.

교수 실재감 구조는 다수의 연구에 의해 확인되었다(Garrison & Arabaugh, 2007; Ke, 2010). 그러나 각 측면들의 안정성에 대해서는 의구심이 제기되어 왔다. 특히, Shea 등(2006)은 2,000명이 넘는 대학생들을 대상으로 요인분석을 하였고 2요인 해법이 가장 잘 해석된다고 결론을 내렸다. 이 결론은 촉진과 적적 교수를 구별 짓지 못하였다. 반면에 다른 연구는 학생들이 설계와 직접 교수를 비슷하게 본다고 제안하였다(Arabaugh, Cleveland-Innes, Diaz, Garrison, Ice, Richardson, Shea, & Swan, 2008). 확실히 이러한 연구들은 두 가지 관점에서 설명될 수 있다. 교수 실재감 범주들은 상호 의존적인 변수들이고 특정한 학생 표본들이 교수 실재감과 관련된 책임들 간의 구분을 충분히 이해하지 못할 수 있다. 이러한 두 가지 요인을 고려했을 때 이 측면들을 구분하는 것에 어려움이 있을 것이라는 것은 그렇게 놀라운 것이 아니다.

교수 실재감의 중요성을 고려했을 때 이것이 가장 연구가 덜 된 실재감이라는 것이 다소 놀랍다. 이론적이고 실제적인 측면에서 교수 실재감에 관하여 그리고 역동적 탐구공동체 내에서 사회적 실재감, 인지적 실재감과 교수 실재감의 상호작용에 관하여 이해해야 할 것들이 여전히 많이 있다.

6. 결 론

교수 실재감의 범주들은 이러닝 경험의 설계, 촉진 그리고 지도에 상당히 가치 있는 본보기를 제공한다. 교사의 역할이 필수적이지만, CoI 프레임워크에서 모든 참가자가 교수 실재감에 기여할 기회를 가진다는 것이 강조될 필요가 있다. 사실, 궁극적인 목적이 학습하는 것을 배우는 것이라면 학생들은 비판적 사고자가 되고 모니터링하는 데 있어서 자기주도적이고 과제와 그들의 능력에 적합하게 학습을 조절하도록 독려되어야 한다. 이것은 우리가 학생들을 중재자가 되도록 지명했을 때 더욱 분명해진다. 이러한 이유로 우리는 이 개념을 '교수자' 실재감이라고 언급하지 않고 그보다는 '교수' 실재감으로 언급한 것이다. 참여자들이 인지적으로 그리고 사회적으로 발달되면서 교수 실재감이 더욱 분산될 것이다. 동시에 그 역할을 맡은 사람은 탐구공동체를 만들고 지속하는 데 있어서 교수 실재감의 중요성을 감소시키지 않을 것이다.

지금까지 우리는 이러닝 경험의 프레임워크와 요소들을 제공해 왔다. 우리는 구체적인 이러닝의 실천에 관련된 원칙들을 알아보고자 하거나 가이드라인을 제안하고자 한 것이 아니다. 이것은 이러닝 경험이 할 수 있는 것에 대해 다르게 생각하는 것을 의미한다. 이것은 다른 사람의 아이디어에 도전하고 그 아이디어를 기반으로 하는 탐구공동체를 창출할 가능성을 인정하는 것을 의미한다. 탐구공동체는 교사의 역할이 축소된 것이 아니라 다른 형태의 교수 실재감이 있어야 한다고 생각하게 만들었다.

PART 2

CoI 이론적 프레임워크의 적용

Chapter 07

교수 테크놀로지

1. 역사적 관점
2. 이러닝 테크놀로지
3. 웹 2.0
4. 교수와 테크놀로지
5. 결 론

Chapter 07

교수 테크놀로지

교수 테크놀로지는 고등교육에서 교수와 학습의 전환에 중요한 역할을 하고 있다. 이 테크놀로지는 교수 · 학습 교류에 대해 다시 생각하게 하는 촉매제가 되었다. 교육자들은 새롭게 등장하는 커뮤니케이션 테크놀로지들이 융통성과 연결성 측면에서 교육적 지평을 급진적으로 변화시키고 있다는 것을 깨닫고 있다. 그 테크놀로지들은 시간과 공간에 제약을 받지 않고 학습자 커뮤니티에 완전히 참여하도록 하는 수단을 제공해 주고 있다. 이와 같은 테크놀로지 혁신은 이색적이거나 비용이 많이 드는 것이 아니며, 점점 더 연결된 사회에서 대부분의 일상에 스며들어 있다. 지속적인 방식으로 교수자와 학생들을 연결시켜 주는 능력은 고등교육에서 교수와 학습에 대한 기대와 접근들을 바꿔 놓았다.

교수 테크놀로지들이 교육적 경험의 변화를 가능하게 한다는 것을 이해하는 것은 중요하다. 교수 테크놀로지는 제시, 상호작용, 비용 및 교육적 결과의 설계에 직접적으로 영향을 미친다. 그러나 테크놀로지 혁신은 교육적 교류의 효과를 개선하는 것을 우선적인 목표로 삼아야 한다. 테크놀로지 혁신이 이러닝의 이론과 실제에 핵심을 나타내는 목표다. 고등교육에서 이러닝의 영향은 교수·학습 교류를 증진시키는 데 초점을 두어 왔으며 앞으로도 그럴 것이다. 즉, 학습자 커뮤니티에서 담화를 창출하고 유지하며 성찰을 촉진하는 능력이다.

1. 역사적 관점

역사적으로, 테크놀로지라는 용어는 가공물(craft)에 대한 체계적인 접근을 의미하였다. 체계적인 처치와 과학적 방식에 대한 암묵적 고수를 근본적으로 강조하는 것은 교수 테크놀로지 영역의 활동에 있어서도 과학적 관점을 수용하도록 영향을 주었다. 그러나 테크놀로지에 대한 보다 일반적인 관점은 체계적인 과정이나 기법으로 보는 것이 아니라 하나의 도구라고 보는 것이다. 모든 체계적인 설계, 사고, 표현 그리고 계획을 테크놀로지로 이름 붙이는 것이 혼란스러울 수 있다. 따라서 우리가 의도하는 목적을 보다 명확히 하기 위해서는 도구로서의 테크놀로지를 학업과정과 구분할 것이다.

이러한 구분에도 불구하고, 테크놀로지 도구를 그 도구가 적용되는 방법들을 떠나 분석하는 것에는 한계가 있다. 교육적 맥락에서, 교수 테크놀로지는 도구의 특성, 한계점 그리고 적용뿐만 아니라 도구가 사용되는 방법에 대한 토론을 의미한다. 즉, 교수 테크놀로지는 학습자 커뮤니티 안에서 정보에 접근하고 커뮤니케이션을 지원하는 수단으로 간주되어야 한다. 그러므로 테크놀로지 도구들에 대한 주안점은 이러한 도구들이 유목적적인 교육적 맥락에서 신중하게 적용되어야 한다는 것이다.

교수 테크놀로지는 1960년대에 하나의 연구분야로 타당한 평가를 받게 되었다. 그러나 1990년대 인터넷과 월드 와이드 웹이 나오기까지 테크놀로지의 혁신은 교수 실제에 영향을 주지 못했다. 뒤돌아보면, 인터넷은 커뮤니케이션 테크놀로지의 폭넓은 수용과 일반적으로 우리가 테크놀로지를 바라보는 관점에 큰 변화를 가져왔다. 교육자들은 테크놀로지가 단지 중립적인 전달 매체에 머물지 않는다는 것을 이해하기 시작했다. 새로운 테크놀로지는 학습경험의 질에 영향을 주며 교육적 패러다임을 변경시키는 특성을 가진다. 인터넷의 예기지 못했던 영향은 급속한 이러닝의 개발을 위한 장을 마련하였다.

아마도 이러닝의 능력이나 접근이 초래한 최초의 중요한 혼란은 원격교육 영역에서 일어났다고 할 수 있다. 전통적으로, 원격교육의 실행은 독립적인 학습을 통해서 교육기관에의 접근의 어려움을 극복하기 위한 것이었다. 이러한 현실은 Peters(2007)의 노동의 분배, 대량생산, 규모의 경제로 특징 지워지는 원격교육의 산업적 모델을 통해 굳어지게 되었다. 이 모델의 큰 성공은 산업화된 규모의 경제를 수용하여 얻어지는 접근과 효율성이었다. 단점은 학생들이 "목표, 방법, 미디어 등에 대해 자율적이고 자기주도적이 되는 것"(Peters, 2007, p. 61)을 요구하는 교육적 과정에서 몰개인화(depersonalization)되는 것이었다.

이러닝 발전의 결과로 인해 개별 수준에 따라 진행하고 독립적인 형태로 학습하는 원격교육의 원리와 실제는 심각하게 도전받게 되었다. 이러닝의 융통적이고 협력적인 잠재력은 전통적 원격교육의 실제에 극명한 대비를 보이게 되었다. 이러닝과 관련된 연구와 실천의 성장 속에서 원격교육이 개선될 것인지 또는 될 수 있을지에 대해서는 의문이 있다(Cleveland-Innes & Garrison, 2010; Garrison, 2009a). 더욱이, 면대면과 온라인 학습의 융합(블렌디드 러닝)으로 인하여, 접근과 독립적인 학습에 대해 선점한 것을 가지고 전통적 원격교육이 더 이상 살아남을 수 있을까? 전통적 원격교육과 이의 산업적 패러다임이 덜 중요한 역할로 입지가 격하되고 유용한 일부만 재활용될지 여부는 분명하지 않다(Evans & Pauling, 2010).

Miller(2010)는 원격교육이 이러닝에 의해 재정의되고 있다고 주장한다. 그는 "온라인 학습은 보다 넓은 사회에서 변화의 징후이며 도구다."(열두 번째 단락)라고 언급하였다. 그는 계속해서 말하길, 온라인 학습은 변화의 도구이며 새롭게 출현하는 교수법에 고등교육이 반응하는 것이라고 하였다. 여기서 교수법은 변화하는 커뮤니티 의식과 탐구 기반에 바탕을 둔 것이다. Miller는 이 교수법을 탐구공동체의 이론적 프레임워크라고 지칭했다. 결과적으로, 온라인 학습은 온라인 학습과 캠퍼스 기반 학습의 구분을 모호하게 하고 있으며, 온라인 탐구공동체 형태의 원격교육이 고등교육의 주류로 이동하고 있다.

2. 이러닝 테크놀로지

학자들의 과제는 우리가 살고 있고 만들고 있는 세상을 더 잘 이해할 수 있도록 개념적인 모델을 만드는 일이다. 교육적 모델의 탐색과정에서 핵심 개념은 교육의 본질이 커뮤니케이션인 것을 깨닫는 것이다. 그것은 교육적 실제를 가장 잘 설명하는 학업적 커뮤니케이션을 지원해 주기 위해 테크놀로지가 사용되는 방법이다. 이 관점은 우리가 이러닝 테크놀로지를 맥락에 초점을 두도록 도와줄 것이다.

역사적으로, 접근과 규모의 경제에 초점을 둔 원격교육은 양방향 커뮤니케이션과 상호작용으로부터 관심을 멀어지게 하였다. 한편, 이러닝은 바로 그 반대 효과를 가졌다. 이러닝의 선행 사건들이 컴퓨터 컨퍼런싱과 관련되어 있고, 그전에는 그 근원을 컴퓨터 보조학습, 교육심리, 그리고 교수 테크놀로지에 두고 있다는 것을 인식할 때 그것은 이해할 만한 것이다. 또한 학습의 관점에서, 이러닝은 그 이론적 기반으로 학습에 대한 협력적 구성주의 접근을 가지고 있다. 이러닝은 그러한 접근을 더욱 발전시켜 학생들을 협력적으로 지속적인 탐구공동체에 참여시키는 것으로 옮겨가고 있다.

이러닝은 접근의 문제와 거리 문제를 해결하는 것보다는 시간과 공간을 초월하여 학습자 커뮤니티를 만드는 것에 대한 것이다 (Garrison, 2009a). 이것은 핵심 전제, 목표 그리고 실천에 있어서 급진적인 전환을 보이고 있다. 새로운 커뮤니케이션 테크놀로지들을 통한 이러닝의 발전은 상호작용과 독립성이 상호 배타적이 아니라는 점을 분명하게 보여 주었다.

그것은 교육자들이 융통성과 독립성을 유지하면서 협력적인 학습경험을 설계할 수 있다는 점에서 더 이상 제로섬 게임이 아니다. 이것은 인터넷과 다양한 범위의 커뮤니케이션 테크놀로지의 출현과 함께 가능해졌다. 지난 몇 년간 다양한 테크놀로지 혁신들에 대한 대대적인 광고와 열정에도 불구하고 이러닝이 출현하기 전까지 교수 테크놀로지는 고등교육 주류에 의미 있는 영향을 주지 못했다.

반복하자면, 이러닝은 단순히 원격교육의 한 가지 형태 이상의 것이다. 이러닝의 수용은 원격이나 캠퍼스 기반 블렌디드 교수에서 탐구공동체를 만드는 능력과 연관되어 있다. 이런 방식으로 이러닝은 단순히 코스 자료나 강의를 전달하는 효율적인 수단이라는 의미를 초월하고 있다. 이러닝은 원격교육과 캠퍼스 기반 교육자들의 생각을 크게 전환시키고 있다. 이렇게 다시 생각하도록 촉매 역할을 해 온 새로운 테크놀로지들 몇 가지를 다음에 제시하였다.

3. 웹 2.0

21세기의 첫 10년은 웹 2.0이라고 불리우는 것의 출현을 보아 왔는데 이것은 사용자가 커뮤니케이션하고 정보를 제어하는 데 있어 더욱 큰 융통성을 제공하고 있다. 교육적 관점에서, 이러닝을 위한 교수 테크놀로지의 수용에 있어 중요한 점은 교수와 학습에의 협력적 구성주의를 지원하는 이러닝의 잠재력을 인식하는 것이다. 비록 협력을 위한 웹 2.0 테크놀로지가 막강한 잠재력을 가지고 있지만, 우리는 그런 도구들이 특정 과제에 적용되는 것을 자세히 살펴볼 필요가 있다. 이러한 테크놀로지들을 교육적 목적에서 평가하기 위해서는 그 도구들이 가진 사회적, 인지적, 교육학적 영향을 이해하게 하는 일관적인 프레임워크를 가지는 것이 전적으로 도움이 된다.

이러닝의 행정적인 중추는 코스관리시스템(CMS)이다. 이 소프트웨어는 이러닝을 지원하기 위한 다양한 범위의 도구를 제공한다. 보다 구체적으로 말하면, CMS는 과제, 토론방, 평가를 지원할 뿐만 아니라 콘텐츠를 조직하고 전달하는 수단을 제공한다. 코스관리시스템은 다른 웹 2.0 도구들을 위한 플랫폼을 제공할 수도 있다. 이러닝 맥락에서 2개의 보다 인기 있는 도구는 블로그와 위키다. 블로그는 관련된 콘텐츠를 토론하고 공유할 목적으로 만든 웹사이트다. 교육적 맥락에서 블로그는 학생이 관리하고 동료들에게 댓글을 요청할 수 있으며, 그런 후에 개인적 성찰을 촉진한다. 위키는 블로그와 유사하나 협력적 문서 생성과 콘텐츠 편집을 제공한다는 점에서 차이가 있다. 이의 교육적 활용은 팀 프로젝트나 온라인 토론을 협력적으로 요약하는 것이 될 것이다.

블로그나 위키와 같은 도구의 교육적 혜택에도 불구하고, 학생들이 블로그, 위키, 그리고 소셜 네트워크를 사용하는 데 대해 회의적이라는 현실에 대해(Hartshorne & Ajjan, 2009) 교육자들은 잠시 멈춰서 생각해 보아야 한다. 교수들은 이러한 도구들이 교육적 가치를 가지고 있다는 것을 분명히 이해하지 않는다면 그것의 사용에 대해 개방적이 되기는 어려울 것이다. 이러한 이유들로 인해,

이러한 도구들을 통합된 교육적 경험에서 어떻게 효과적으로 사용해야 하는지에 대해 많은 연구가 이루어져야 한다.

소셜 미디어

우리는 소셜 미디어라는 것을 개인 프로필 생성, 친구 추가, 상호작용 기능을 통해 소셜 네트워킹과 관계 맺기를 지원하는 특정 어플리케이션의 적용으로 생각한다(예, 페이스북). 그것은 선택된 친구들과 최근의 활동, 사진, 생각을 공유하는 수단이다. 다른 어플리케이션은 사용자가 특정 주제에 대해 짧은 메시지를 보내도록 하는 블로깅 형태다(예, 트위터). 여기서의 초점은 소셜 네트워킹보다는 정보와 의견 공유에 맞춰져 있다. 위험 요소는 피상적이고 사고가 덜 지속적이라는 점이다. 그럼에도 불구하고, 이들 어플리케이션 모두는 세계적인 인기를 끌고 있다. 교육자들은 소셜 네트워킹이 의미하는 바와 교육적 경험에 그것이 부가할 수 있는 가치를 이해하려고 노력해야 한다.

소셜 미디어의 광범위한 인기로 인해 트위터와 같은 소셜 네트워킹은 신화적인 단계에 들어섰다. 이 단계에서는 이러한 테크놀로지의 힘과 영향이 과장된 상태에 불가피하게 이르게 된다. 그러나 고등교육에서 소셜 미디어가 어떤 위치에 놓이게 될 것인지에 대해 비판적인 관점이 요구된다. 그러나 이 시점에서 우리는 소셜 미디어에 대해 심각하게 살펴보고 이들이 고등교육에 줄 수 있는 혜택을 이해할 필요가 있다. 표면적으로는, 트위터와 같은 소셜 네트워킹의 예는 상당히 짧은 메시지를 요구함으로써 높은 수준의 즉흥성과 피상성을 제안한다. 한편, 교육은 피상성과는 반대되는 것이고 고등교육이 트위터와 페이스북과 같은 소셜 소프트웨어와 네트워킹을 무비판적으로 수용하여 피상성의 위험을 감수해야 할 것인지에 대해 질문하게 만든다.

소셜 미디어와 네트워킹은 효과적인 협력적 학습경험에 대해 일대일 방식으로 해석하지는 않는다. 소셜 러닝이 탐구공동체의 일부이기는 하지만, 그것은 깊이 있고 의미 있는 학습의 과정과 결과를 위한 협력적 구성주의 접근과 동일한 의미를 갖지 않는다. 학생들이 교실에서 소셜 미디어의 사용에 대해 개방적일지는 모르지만, "이 도구[페이스북]의 지각된 역할에 있어 교육적인 것과 사회적인 것은 큰 차이가 있다"(Roblyer, McDaniel, Webb, Herman, & Witty, 2010, p. 138). 이와 같이 소셜 미디어가 주류 고등교육에서 중요한 역할을 할지에 대해서는 명확하지 않다. 고등교육은 가치가 있는 학습의 맥락과 과정에 대한 것이다. 현실적으로 소셜 네트워킹의 혜택과 학습 효과에 대한 증거는 별로 없다. Sanger(2010, p. 18)는 다음과 같이 말한다.

> 교육을 위해 소셜 미디어를 재목적화하는 것이 학생들을 더 매료시키고 더 감동시키고 참여하게 할 것이라고 생각할 이유가 없다.

또한 Sanger는 사람들을 소셜 미디어에 참여하도록 하는 것은 개인적인 관심사에 대한 열정과 친구들과 연락하려고 하는 것이라고 하였다. 이것의 핵심에 관해서, Sanger(2010)는 "깊이 있게 연결된 온라인 소셜 라이프를 촉진하는 것이 교육의 적절한 과제인가……?"(p. 22)라고 질문한다. 이것은 교육자들과 연구자들에게 고등교육에서 소셜 미디어의 역할에 대해 잠시 멈춰서 신중하게 생각하도록 한다. 메시지를 압축하는 것이 어느 시점에서 담화를 지나치게 단순화시키는가? 언제 맥락과 의미가 상실되는가? 소셜 미디어가 고등교육에서 갖는 역할에 대해 주의를 기울여 접근해야 하겠지만, CoI 이론적 프레임워크가 소셜 네트워킹과 적절한 사회적 실재감을 자세하게 살펴보기 위한 개념적 절차를 제공할 수 있다는 것이 제안되었다. 사회적 실재감은 교수 실재감, 인지적 실재감, 그리고 그것의 학습자 만족도에 공헌하는 정도 사이의 중요한 매개 변수다(Garrison, Cleveland-Innes, & Fung, 2010).

물론 소셜 미디어의 편재성과 현재의 인기가 얼마나 교육 환경에 영향을 미칠지에 대해 말하는 것은 시기상조다. 그러나 순전히 소셜 수준에서, 학습 커뮤니티를 만들고 유지하는 데 소셜 미디어의 부가가치가 분명히 있을 것이다. 예를 들어, 캠퍼스 분위기에 만족하는 학생들은 학업을 지속한다는 증거가 있다(Schreiner, 2009). 논지는 만약 학생들이 더 큰 커뮤니티에 연결되어 있고 소속되어 있다고 느끼면, 그들은 더 행복하고 학업을 지속할 거라는 것이다. 소셜 네트워킹은 교실에서 사회적 실재감을 높이는 데 공헌할 뿐만 아니라 캠퍼스에서 아주 적은 시간을 보내며 직장을 병행하는 학생이 많은 기관에서는 캠퍼스 생활에서 중요한 구성요소가 될 수 있을 것이다. 만약 소셜 미디어가 학생들로 하여금 학업을 지속하고 성공하는 데 도움이 된다면 이 테크놀로지는 고등교육에서 입지를 찾을 수 있을 것이다. 동시에 이 테크놀로지들의 교육적 가치와 특정 적용을 평가하는 것에는 상당한 연구가 필요하다.

모바일 러닝

소셜 미디어와 매우 많이 관련된 것이 모바일 테크놀로지다. 이것은 노트북에서 휴대폰에 이르기까지 다양한 범위의 디바이스를 포함한다. 그것들은 소셜 네트워킹과 이메일, 웹에의 접근, 오디오 녹음과 비디오 녹화 기능과 관련이 있다. 그러나 고등교육에서 모바일 테크놀로지의 적용은 이제 겨우 고려되기 시작했다. 디바이스의 유형(휴대폰, 스마트패드, 노트북), 표준 파일 포맷, 신뢰성, 그리고 서비스 비용(소유권)에 관한 테크놀로지 관련 이슈들이 있다. 예를 들어, 많은 양의 데이터를 보내고 받는 것이 기술 또는 비용 측면에서 어려울 수 있다. 이것이 교육적 필요와 학생의 필요가 먼저 고려되어야 하는 이유다.

모바일 디바이스는 팟캐스트나 퀴즈 보기 같이 다양한 교육적 목적으로 사용될 수 있다. 그러나 문제는 이것들이 집중적인 성찰이 요구되는 보다 복잡한 과제를 위해 가장 잘 사용되는 것인가 하는 것이다. 소셜 네트워킹에서와 같이, 문제는 지속적인 커뮤니케이션의 교육적 부가가치다. 개인들을 사회적으로 연결해 주는 것에 교육적 가치가 있다고 하더라도, 문제는 모바일 커뮤니케이션 테크놀로지가 학업적 커뮤니케이션과 담화를 위해 좋은 어플리케이션인가 하는 것이다.

최근 연구는 데스크톱 컴퓨터와 학습관리시스템(LMS)을 사용해서 코스 자료에 접근하고 활동한 것과 비교해서 모바일 디바이스의 사용에 대한 중요한 관점을 제공하였다(Koole, McQuilkin, & Ally, 2010). 연구자들은 모바일 러닝의 현실이 무엇인가를 질문하였다. 보다 많은 자유가 있고 연결성이 증가된 점에 관한 논의에도 불구하고, 연구는 "응답자들은 모바일 접근을 기본적인 데스크톱 컴퓨터로 LMS에 접근하는 것처럼 중요하게 생각하지 않았다." (Koole et al., 2010, p. 73)라고 결론지었다. 더 얘기하자면, 학생들은 모바일 접근이 연결된 느낌을 증가시키지 않았다고 했으며, 모바일 시스템을 통해 학습하는 것을 극단적으로 낮게 평가했다. 모바일 디바이스의 현실을 평가함에 있어 문제는 그것이 현재 데스크톱 LMS 접근에 무엇을 더해 주는가 하는 것이다. 추측하건데, 모바일 디바이스가 특정 맥락—즉각적인 정보에의 접근과 학습안내가 매우 중요한 건강 관련 전공—에서는 진정한 가치를 가질 수도 있다는 점이다.

모바일 디바이스와 같은 테크놀로지에 대한 조심스러운 접근의 필요는 ELI(2010) 자료에 잘 제시되어 있다. "모바일 러닝에서 사용되는 어플리케이션은 일반적으로 간단한 상호작용에 초점을 둔다……. [그리고] 심층적 학습을 지속하기보다는 정보를 빨리 리뷰할 수 있게 한다……"(두 번째 단락). 모바일 디바이스의 적절한 활용이 있겠지만, 현실적으로 이러한 대부분의 상황들은 교육적 탐구공동체에서 설명하고 있는 지속적인 교육적 담화와 성찰의 유형으로 연결되지 않는다. 공적인 환경에서 휴대폰을 이용해 성찰적인 토론에 참여하는 것이 모바일 러닝에 대한 강력한 증거는 되지 못할 것이다. 이런 점에서 Brown과 Diaz(2010)는 스마트폰과 같은 기동성이 매우 좋은 장치의 키보드를 사용해서 긴 메시지나 문서를 입력하는 것은 매우 어렵기 때문에 대학생이 사용하는 스마트폰은 짧은 시간의 어플리케이션용이라고 주장하였다. 이 점에서 모바일 디바이스에 대한 가장 좋은 증거는 현장 상황에서 정보에의 빠른 접근과 기록으로 나타날 것이다.

휴대용 커뮤니케이션 디바이스들이 교실에서 커뮤니케이션의 기회를 제공할 수 있다고 주장하는 사람들도 있다. 여기서 모바일 디바이스는 몇 가지 유용한 목적들로 사용될 수 있겠지만 이것은 교수와 학습이 어떻게 설계될 것인지에 대한 변화를 요구한다. 모바일 디바이스는 강의시간에 학생들이 소셜 네트워킹으로 자주 산만해지기 때문에 문제가 되는 것으로 나타나고 있다. 이 상황은 고등교육이 면대면 교실의 가치를 신중하게 재고해야 하는 시점임을 부각시킨다. 이 장치들이 가치를 부가하고 환영받고 학습의 질을 향상시키도록 사용되기 위해서는 교실이 보다 참여적인 학습경험을 제공해야 할 것이나. 넌대넌이나 온라인 환경에서 최선의 교육활동들이 제공되도록 고려할 필요가 있다.

교육적 목적으로 모바일 테크놀로지를 사용하는 것은 심각한 의문을 제기하며 그들의 적용과 관련해서 한계를 가진다. 특정 교육 목적을 위한 모바일 디바이스의 혜택을 이해하는 것은 매우 중요하다. 온라인 학습의 장점은 보다 성찰적인 논평을 가능하게 한다는 것이다. 질문은 이것이 이동 중인 상황에서 촉진될 것인가 하는 것이다. 요점은 모바일 커뮤니케이션이 개인적인 커뮤니케이션과 트위터링을 위해서는 훌륭한 도구이지만 심각한 학업적 담화를 위해서는 최상이 아닐 수 있다는 것이다. 이것은 학생과 교수자의 우려에서 나온 것이기도 하다. “학생들은 자신의 교과학습을 위해 모바일 공간으로 이동할 충분한 준비가 되어 있지 않다"(Brown & Diaz, 2010, p. 5)는 것이 지적되었다. 그리고 교수들은 아직 다른 테크놀로지를 사용하는 것과 그것에 교육과정을 적절히 수정하는 것에 통찰력을 가지고 있지 않다. 만약 우리가 교수들이 교육과정을 재설계하는 것을 기대한다면, 그 혜택은 명백해야 한다.

모바일 디바이스를 교실에서 사용하는 것이나 진정한 모바일 러닝을 위해 사용하는 것에 대해서는 어려운 질문이 많이 남아 있다. 교육자들은 신중하게 진행해야 할 필요가 있다. 학문적 목적으로 모바일 러닝을 수용하는 것에 대한 근거가 아직은 분명하지 않다. 앞서 언급했듯이, 아마도 모바일 디바이스의 진정한 강점은 사회적 실재감을 만드는 것이다. 이것은 학습에의 협력적 접근에서 중요한 요소이지만, 비형식적 소셜 환경에 남겨지는 것이 최선일 것이다. 많은 부분이 이 시점에서는 추측이지만 아이패드와 같은 새로운 장치는 고등교육을 변혁하기 위해서 이러닝을 위한 수단을 제공해 줄지도 모른다.

4. 교수와 테크놀로지

이 책이 고등교육에서 이러닝의 적용을 이해하는 것에 대한 것이라고 생각할 때, 학습에 대한 테크놀로지의 영향에 대해 고려하지 않은 채 이 장의 결론을 내릴 수는 없다. 이 시대에 있어 지식의 발달은 "테크놀로지의 지원을 받은 활동"(Privateer, 1999, p. 62)이다. 고등교육에 관여하고 있는 사람들이 교육 환경에서 테크놀로지가 점점 더 중요한 요소라는 점과 테크놀로지가 교육적 교류에 매우 큰 영향을 줄 수 있는 상호작용을 위한 기회와 제약을 제시한다는 현실에 직면하는 것은 피할 수 없는 일이다. 강력한 테크놀로지와 이러닝과 같은 접근과 함께 그의 영향력은 더욱 분명해지고, 우리가 그 영향력을 탐색하고 고려하는 것이 중요해졌다. 커뮤니케이션 매체는 암묵적인 메시지를 보내고 있으며 그 메시지는 의도된 교육적 경험을 증진할 수도 있고 퇴보시킬 수도 있다.

최근, 연구자들은 "식료품을 실어 나르는 트럭이 우리의 영양에 아무런 영향을 미치지 못하듯이 매체는 단지 교수를 전달하는 수단일 뿐 학생들의 성취에 아무런 영향을 주지 못한다."라는 Clark (1983, p. 455)의 주장에 대해 의문을 제기하기에 이르렀다. 그의 주장은 학습결과에 영향을 주는 것은 학습활동을 통해 매개된 교수 설계라는 것이었다(Clark, 1983, 1984). 교수 설계의 중요성은 부인할 수 없지만, 문제는 이것이 다양한 의도된 학습결과에서 일반화될 수 있는지, 또는 다른 방법으로 표현하자면 커뮤니케이션 테크놀로지(특히, 이러닝)의 특성이 사실상 고차원적 학습에 의미있는 영향을 가질 수 있는지 하는 것이다(Kozma, 1994). Clark과 다른 사람들에 의해 제기된 영가설—커뮤니케이션 수단은 비판적 사고와 담화를 촉진하고 고차원적 학습결과를 성취하는 데 아무런 영향을 미치지 못한다—을 채택하는 것이 덜 적합하게 되었다.

교육 맥락에서 매체 활용 연구는 다른 전달 매체와 비교되었을 때 매체가 학습결과에 의미 있는 차이를 유발하지 못한다는 것을 지속적으로 나타냈다. 그러나 이런 연구들 중 많은 연구는 학습결과의 특성과 질을 통제하지 않았다는 사실에 주목하는 것이 중요하다. 사실, 이 연구들에서 측정된 의도된 학습결과는 많은 경우 낮은 수준의 정보 습득 경험에서 기대되는 것이었다. 즉, 단순 암기된 사실과 정적인 정보를 되풀이하여 말하는 것과 같은 것이었다. 그러나 '의미 있는 차이가 없다'는 일반화가 고차원적 학습 결과가 의도되었을 때도 적용되는 것인가? 그리고 커뮤니케이션의 형태가 말로 하는 경우에서 문자로 하는 경우로의 전환은 어떻게 설명할 것인가?

최소한 교육적 목적으로 문자적 커뮤니케이션을 사용했을 경우 한 개척자는 영가설이 유지되지 않는다고 제안한다. Feenberg(1999)는 글쓰기는 "물리적인 현존과 말하기를 위한 형편없는 대체물이 아니며, 고유의 속성과 능력을 가지는 또 다른 형태의 근본적인 표현의 매체다."(p. 345)라고 언급하였다. 구어적 커뮤니케이션과 문자적 커뮤니케이션의 성격 차이는 사실 컴퓨터 매개 커뮤니케이션과 특히 이러닝의 효과적 사용을 이해하는 데 열쇠가 된다. 동일한 주장이 Olson(1994)과 같은 매체 연구자들에 의해 제기되었는데 그는 문자적 언어는 구어적 언어의 희미한 그림자가 아니라 오히려 그들 자체가 연구 대상으로 차별적인 특성적 가치를 가지고 있는 독립적인 개체라고 하였다. Stein(1992)은 새롭고 간학문적인 '텍스트의 과학'이 출현하고 있다고 언급하였다. 텍스트 대 스피치의 이슈는 Fabro와 Garrison의 연구(1998)에서 고차원적 학습에 대한 특별한 중요성으로서 또한 제기되었다. 이것에 더해서, 최근 연구들은 면대면 학습이나 온라인 학습을 하나만 하는 것보다 블렌디드 러닝이 더 우세함을 나타내고 있다(Means, Toyama, Murphy, Bakia, & Jones, 2009).

핵심 요점은 맥락적 변수들이(특정 테크놀로지들을 포함해서) 학습결과의 특성과 질에 영향을 미친다는 것이다. 맥락에 수반되는 상황과 학습활동들은 의도되고 바람직한 결과와 일치되어야 한다. 무엇을 학습하는가는 어떻게 학습하는가와 분리될 수 없는 것이다(Marton, 1988). 물론, 고유의 커뮤니케이션 특성들을 가지는 테크놀로지가 활용될 때를 깨닫는 것은 매우 중요하다. 전달이나 커뮤니케이션의 방법은 중요한 맥락적 영향을 미친다. 이러닝 교육자들은 교수적 관점과 커뮤니케이션 테크놀로지 관점 모두로부터 만들어지는 맥락을 인식해야 한다.

5. 결 론

궁극적으로 이러닝은 테크놀로지에 대한 것이 아니다. 그것은 융통성, 연결성 그리고 커뮤니티에 대한 것이다. 그렇기는 하지만, 인터넷과 커뮤니케이션 테크놀로지는 이러닝의 확산에 촉매 역할을 해 왔다. 협력적 구성주의 학습 설계를 하기 위한 교육적 커뮤니티의 도전은 웹 2.0 도구라고 불리우는 것의 출현과 함께 새로운 단계의 가능성에 도달했다. 이 도구들은 사람들이 함께 지식을 공유하고 창출하는 데 막대한 능력을 가지고 있다. Brown과 Adler(2008)는 웹 2.0 테크놀로지들의 초점을 학습으로 적절히 전환하였다. 그들은 "……커뮤니티들은 테크놀로지로 개선된 학습―학습 2.0―이라는 새로운 형태의 출현 조짐을 보고 있다. 학습 2.0은 전통적인 코스 자료와 교육적 도구에 자유롭게 접근하는 것을 넘어서서 학습자 공동체를 지원해 주기 위해 참여적인 아키텍처를 창출한다."(p. 28)라고 언급하였다.

커뮤니케이션 테크놀로지가 큰 역할을 하고 있지만 건전한 교수적 아이디어가 새롭게 출현하는 커뮤니케이션 테크놀로지의 놀라운 능력에 통합되어야 한다. 이 도구들은 교육적 이상에 접근하는 데 사용되어야 하며 급속하게 변화하고 있는 지식사회의 요구를 수용할 수 있어야 한다. 지금은 교육적 경험으로 가장하고 있는 테크놀로지의 사사로운 적용들과 테크놀로지에 현혹되는 것을 중단해야 할 때다. 우리는 과거에 교육자들이 자신의 교수법을 테크놀로지에 적응시키면서 너무나 자주 범했던 실수들을 반복하지 말아야 한다. 우리는 테크놀로지가 교육적 경험을 증진하기 위해 어떻게 더 참여하게 하고 생각을 촉진시킬 수 있는지에 알맞은 활동을 하고 질문해야 한다. 고등교육은 "효과적 교수와 학습에서 이들 혁신이 어떤 역할을 해야 하는지"(Roblyer et al., 2010, p. 134)에 대해 비판적으로 평가해야 한다.

끝으로, 앞서 논의한 것으로부터 비롯된 교훈은 "학교 조직들은 하나의 테크놀로지 패러다임 전환의 관점에서 생각하지 말고 지속적인 변화의 문화를 채택하는 관점에서 생각해야 한다."(Ice, 2010, p. 158)는 것이다. 요점은 테크놀로지만이 끊임없이 변화하는 것은 아니며 고등교육의 필요와 도전 또한 변화하고 있다는 것이다. 고등교육이 아주 잘하지 못하고 있는 한 가지가 바로 변화다. 이러닝은 교육적 효과와 효율의 도전에 해결책을 제공해 줌으로써 변화를 위한 주요 촉매가 되어 왔다. 이러닝의 패러다임 안에서 테크놀로지 혁신을 이해할 때, 초점은 ICT의 진보를 활용하여 공동체 의식과 협력을 창출함으로써 교육적 과정을 개선하는 것이다. 이러닝은 테크놀로지가 교수·학습 교류를 진화시키고 학습결과를 개선하는 데 어떻게 사용될 것인지를 탐색하고 이해하는 수단이다.

Chapter 08

블렌디드 러닝

1. 블렌디드 러닝에 대한 서술
2. 왜 블렌디드 러닝인가?
3. 결 론

Chapter 08

블렌디드 러닝

고등교육에서 이러닝이 가장 크게 부각된 것은 블렌디드 러닝 설계를 통해서다. 그러나 블렌디드 러닝이 부지불식중에 도입됨으로써 많은 교육자는 이러닝이 고등교육에서 가지는 영향력에 대해 온전히 이해하지 못하고 있다. 온라인 도구들을 사용하는 것이 수용되었고 도처에서 이루어지고 있다. 고등교육의 많은 코스에서 이러닝은 콘텐츠에 접근하고 피드백을 받고 담화를 나누는 측면에서 존재하고 있다. 이렇게 조용한 혁신은 자연스럽게 발생된 것이지만 우리는 블렌디드 러닝이 나타내고 있는 변환적인 영향을 과소평가해서는 안 된다. 보다 더 빠른 변화로 가는 데 한 가지 빠진 요소는 보다 활발한 학습경험을 위한 필요를 전략적으로 인식하는 상위층의 주도적인 리더십이다(11장 참조).

고등교육에서 학습자를 참여시키는 도전은 새로운 아이디어와 접근들을 요구한다. 단순히 수동적인 강의를 계속해서 전달하면서 학생들의 활발한 참여를 기대하는 것은 합리적이지 못하다. 블렌디드 러닝은 고차원적 사고와 학습의 목표를 지원해 줄 잠재력을 가지고 있다. 더욱이, 탐구공동체(CoI) 이론적 프레임워크는 인지적인 목표를 일관적으로 이해하게 하며 이 목표들을 성취하기 위한 필수적인 조건들을 제공해 준다. CoI 이론적 프레임워크는 블렌디드 러닝 설계의 내재된 복잡성을 자세히 살펴볼 수 있도록 도움을 주고 있다(Garrison & Vaughan, 2008). 이전 장에서 요약한 이론적 개념과 원리들은 블렌디드 러닝의 맥락에도 동일하게 잘 적용된다. 이러닝은 시초부터 온라인 학습과 블렌디드 러닝 두 가지로 구성된 것으로 정의되었다는 것을 기억하라.

1. 블렌디드 러닝에 대한 서술

블렌디드 러닝 설계를 서술하는 데 있어 핵심 요소는 면대면과 온라인 활동들을 완전히 통합하는 것이다. 단순히 선택적이거나 부가적인 온라인 활동들을 면대면 학습경험에 추가하는 것은 블렌디드 러닝 설계의 기준을 충족하지 못한다. 핵심은 면대면의 구어적 커뮤니케이션과 온라인의 문자적 커뮤니케이션을 통합함으로써 각각의 강점들이 녹아들어 단일한 구성요소가 할 수 있는 최선의 것보다 더 큰 결과를 이끌어 내는 것이다. 이런 이유로 인해, 블렌디드 러닝은 여기서 "사려 깊게 선택되고 상호 보완적인 면대면과 온라인 접근들과 테크놀로지의 유기적인 통합"(Garrison & Vaughan, 2008, p. 148)으로 정의된다.

블렌디드 러닝의 정의를 제공할 때 융통성 없는 경계를 설정함으로써 지나치게 제한적이지 않도록 주의해야 할 필요가 있다. 어떻게 하면 코스가 학문적 목표를 달성하기 위해 잘 전달될 수 있는가 그리고 어떻게 면대면과 온라인 활동들이 완전히 통합되게 하는가를 근본적으로 재고하는 것이 의도라면 정확히 몇 퍼센트의 시간이 각 커뮤니케이션 모드로 진행되느냐는 것은 큰 문제가 아니다. 핵심은 면대면과 온라인 경험의 비율이 당면한 교육적 목적을 위한 필요를 충족시키는 것이다. 교수자들이 이러닝 테크놀로지를 특정 레이블이나 인위적인 표준에 대해 걱정하지 않고 도입하면서 실험할 수 있는 기회를 가지는 것이 중요하다. 블렌디드 러닝 설계의 큰 속성은 가능성의 범위다. 즉, 사실상 각 코스는 일관되게 적용된 면대면과 온라인 학습경험의 비율과 유형 측면에서 독특하다는 것이다.

블렌디드 러닝의 중요한 가치는 교육적 접근을 근본적으로 다시 생각하게 한다는 것이다. 이것은 수업 시간을 재구조화한 것에서 나타난다. 시간 관점에서 무엇이 중요하고 합리적인가를 고려하지 않은 채 단순히 더 많은 활동과 책임들을 늘어놓지 않기 위해서 근본적으로 다시 생각한다는 것은 필수적이다. 목표는 교육적 목적과 일치하는 학습활동들을 설계하는 것이다. 아주 단순히 말해서 이것은 수동적으로 듣는 것을 협력적이고 성찰적인 학습활동들(사례연구와 프로젝트)로 대체하는 것을 의미하고, 그리고 더욱 중요하게는, 교수자와 상호작용을 늘리는 것을 의미한다. 블렌디드 러닝은 개인과 협력적 활동을 블렌딩하는 것, 커뮤니케이션 형태(구어적 그리고 문자적)를 블렌딩하는 것, 블렌디드 수업 시간을 구성하는 면대면과 온라인 코스의 범위를 블렌딩하는 것을 포함할 수 있다. 그 가능성은 학문적 표준과 교육적 상상력에 의해서만 제한될 뿐이다.

시나리오

블렌디드 러닝 설계의 복잡성을 고려할 때, 그 가능성의 범위를 감지하기 위해서는 구체적 예를 약간 제공하는 것이 유용하다. 블렌디드 러닝 설계가 감당해야 하는 가장 일반적인 도전은 수강자가 많은 코스다. 수강자 수가 많은 강의식 수업인 전형적인 대학교 1학년 학부 과목은 블렌디드 러닝 설계로 큰 혜택을 볼 수 있다. 목표는 강의식 수업의 일부 또는 전부를 그것이 면대면이든 온라인이든 참여할 수 있는 활동으로 대체하는 것이다. 면대면 수업 시간은 팀 프로젝트, 실습, 또는 교수자와 개별/소그룹 상호작용을 위해 더 생산적으로 사용될 수 있을 것이다. 온라인 활동들은 튜터리얼, 그룹 토론 또는 평가를 포함할 수 있다. 약간의 강의가 유지가 된다면 그런 강의는 학생들이 질문하고 소그룹으로 상호작용하기 위한 기회를 가지도록 핵심적인 아이디어를 소개하는 목적으로 사용된다. 개인 반응 시스템은 학생들이 개별적으로 혹은 그룹의 관점에서 보고하도록 하여 학생들이 효과적으로 참여하도록 사용될 수 있다. 보다 급진적인 예는 학생들이 온라인으로 학습하고 즉각적인 피드백과 평가를 받을 수 있도록 개인적 도움을 제공하는 드롭인 랩(drop-in lab)을 만드는 것을 포함할 수 있다. 이러한 투자는 각 학기에 수백 명이 수강하는 대규모 수업에 더 적절할지도 모른다.

블렌디드 러닝 접근은 중간 규모 수업에도 적용될 수 있다. 이러한 설계는 적은 자원의 투자로 이루어질 수 있다. 목표는 교수자의 시간을 보다 효과적이고 효율적으로 사용하는 것이다. 이 시나리오는 재설계 초기에 상당한 투자를 요구할지 모르지만 교수자에게 훨씬 더 참여적이고 즐길 만한 교수 경험으로 보답하게 될 것이다. 예를 들면, 강의를 미리 녹화해서 수업 전에 학생들이 온라인으로 보고 오도록 하고 수업 시간은 토론과 그룹 과제를 위해 사용하는 것이다. 이 접근의 좋은 예는 글쓰기 코스의 수동적인 강의식 수업에서 많은 시간을 글쓰기 과정 자체(지식을 적용하는 데 초점을 둠)에 사용되도록 전환하는 것이다. 면대면 수업 시간은 줄어들고 학업적으로 적절한 부분에서 온라인이나 드롭인 랩으로 대체될 수 있을 것이다. 이것은 통근을 하는 학생의 관점에서는 교육적 경험의 질을 양보하지 않고도 이동하는 데 시간을 줄여 줌으로써 혜택이 될 수 있을 것이다.

이런 종류의 또는 다른 종류의 블렌디드 러닝 설계의 보다 자세한 예는 Garrison과 Vaughan(2008)과 국립학술변화센터(NCAT) 웹사이트(http://www.thencat.org/)를 참고하기 바란다.

온라인 블렌디드 러닝

비동시적(문자적)이고 동시적(구어적)인 온라인 학습을 통합한 또 다른 형태의 블렌딩이 있다. 이것은 면대면 상호작용을 포함하지 않기 때문에 여기서 서술한 대로 기술적으로는 블렌디드 러닝이 아니다. 그러나 그것은 중요한 형태의 이러닝이며 고려할 가치가 있는 블렌딩의 형태다. 온라인 환경에서 동시적인 커뮤니케이션과 비동시적인 커뮤니케이션을 블렌딩하는 것은 중요한 장점을 가진다. 특히, 동시적인 구어적 커뮤니케이션의 즉시성은 공동체 의식의 발전을 증진할 수 있다. 커뮤니케이션의 즉시성은 사회적 실재감(신뢰, 개방적 커뮤니케이션, 그룹 응집성)을 구축하고 지각된 학습을 향상시키는 데 매우 효과적일 수 있다(Baker, 2004; Swan & Richardson, 2003). 이것은 특히 코스의 초기에 코스, 교수자, 동료 학생들과 함께 정체성을 가지는 데 효과적일 수 있다. 구어적 즉시성은 온라인 환경에서 학습활동에 효율적으로 초점을 맞추면서 새로운 주제를 소개할 때와 우려사항을 해결할 때 큰 도움이 될 수 있다.

온라인 교육 환경에서 비동시적인 그리고 동시적인 커뮤니케이션의 블렌딩을 다루는 2명의 지도자는 Michael Power와 Norman Vaughan이다(http://www.bold-research.org/). 이 연구자들은 그들이 블렌디드 온라인 학습 설계(BOLD)라고 부르는 것을 조사하기 시작했다. 그들은 비동시적 온라인 학습에는 중요한 한계가 있다고 주장한다. 이러한 질에 대한 우려는 온라인 학습 설계와 함께 완화되었으나 고등교육의 주류에서 혁신을 방해하는 학습자 고립의 문제와 관련되어 있다(Power & Vaughan, 2010). 부족하다고 보여지는 것은 비동시적 코스 패키지의 경직된 구조에 반하는 즉흥적 대화와 의미의 협상이다. 잠정적인 초기의 연구결과들은 대화의 기회가 많아지고 아마도 학생들의 중도탈락률은 낮아진다는 것을 보여 준다. 후자의 제안은 공동체 의식(응집성)이 지속성을 증가시킨다는 점에서 앞서 언급된 연구의 결과와 일치한다.

비록 이 본래의 연구가 초기 단계에 있지만, 이러닝 맥락에서 문자적 커뮤니케이션과 구어적 커뮤니케이션의 중요한 특성들을 연구하는 기회를 제안하고 있다. 이것은 이러닝의 영향력과 가능성들을 확실히 확장시킨다.

2. 왜 블렌디드 러닝인가

교육자들의 질문은 왜 이러닝 경험을 캠퍼스 기반 학습 환경에 포함시키기를 원하는가 하는 것이다. 교육적인 근거는 융통성 있고 지속적인 탐구공동체를 만듦으로써 학습자들이 비판적 성찰과 담화에 참여하도록 하는 블렌디드 러닝 설계의 능력이다. 블렌디드 러닝은 보는 학습자를 교육적 분야에 활발하게 참여시키는 것에 대한 것이다. 그것은 정보 전달을 위해 부족한 면대면 시간을 사용하는 것으로부터 벗어나는 것을 의미한다. 블렌디드 러닝 설계는 전통적 면대면 교실의 제한된 틀을 넘어서 탐구공동체를 유지하는 과제와 시간을 확장할 수 있다. 우리가 면대면과 온라인 학습경험의 결합을 보고, 그런 다음 특정 교육목적을 위해 그것들이 어떻게 통합될 것인지 상상할 때, 설계 가능성의 범위는 분명해진다.

온라인 학습은 그룹 응집성을 구축하는 면대면 학습 커뮤니티에 고유한 차원을 제공한다. 그것은 더 많은 참여를 촉진하고 그렇게 함으로써 그룹의 일원으로 소속감을 만들어 낸다. 비동시적인 문자적 커뮤니케이션은 성찰적일 뿐만 아니라 덜 위협적이고 지적인 위험감수를 권장한다. 이런 표현의 자유는 학생들이 더 편안하게 참여하도록 함으로써 면대면 세션을 개선한다. 직관에 반하게도, 온라인 학습은 참여자가 면대면 환경에서는 하지 않는 방식으로 자신을 드러내도록 한다. 그들은 그룹에 있는 다른 사람들의 즉각적인 존재감에 위협을 덜 받는다. 또한 소그룹 활동의 기회가 늘어나고 면대면 수업을 넘어서서 커뮤니케이션이 확장되기 때문에 관계를 맺는 데 더 많은 시간을 갖게 된다.

블렌디드 러닝의 힘과 그것이 촉진하는 교수법적 사고의 중요한 전환에 대한 이론적 논쟁이 있지만, 블렌디드 러닝의 효과성에 대한 증거는 증가하고 있다. 미국 교육부에 의해 수행된 최근의 한 메타분석 연구와 이러닝에 대한 검토는 중요한 연구결과를 제공해 주고 있다(Means, Toyama, Murphy, Bakia, & Jones, 2009). 그 연구는 초기에 1996년에서 2006년까지 수행된 온라인 학습 관련 176개의 실험연구와 준실험연구를 대상으로 하였다. 대부분의 연구는 고등교육 맥락에서 이루어졌으며 주요 연구결과는 다음과 같다.

> 온라인 학습에 참여한 학생들의 학습성과가 면대면 수업을 받은 학생들의 학습성과를 앞질렀다(Means et al., 2009, p. xiv).

효과성에 영향을 준 두 가지 요소는 블렌디드 접근의 사용과 과제 소요 시간이었다.

블렌디드 러닝과 면대면에 초점을 두고, 99개의 연구가 온라인

이나 블렌디드 러닝을 면대면과 비교한 것이었다. 다음의 내용이 그 연구의 결과다.

> 온라인과 면대면 요소를 결합한 교수법은 면대면 온라인 단독 교수의 경우보다 면대면 단독 교수에 상대적으로 더 큰 이점이 있는 것으로 나타났다(Means et al., 2009, p. xv).

연구결과는 블렌디드 러닝이 면대면뿐만 아니라 온라인 학습보다도 차별적인 이점이 있다는 것을 강하게 나타내고 있다. 이러한 현상에 대한 이유에 대해 두 번째 중요한 영향 요소였던 과제 소요 시간에 대해 생각해 볼 수 있다. 온라인 학습과 블렌디드 러닝 모두 과제 소요 시간을 더 증가시킨 것으로 보인다. 더욱이, 과제 소요 시간은 블렌디드 러닝 설계에서만 크게 확장된 것이 아니라, 구어적 커뮤니케이션과 문자적 커뮤니케이션의 상호작용적 강점을 통합할 때 과제 소요 시간의 질이 크게 향상된다고 주장되었다.

끝으로, 그 연구는 "온라인 학습과 면대면 학습의 블렌딩을 전통적인 면대면 수업과 대조시키면서, 블렌디드 교수가 더 효과적이었다고 결론지으면서 블렌디드 접근을 설계하고 구현하는 데 드는 노력에 대한 근거를 제공하였다"(Means et al., 2009, p. xvii). 이러한 결과들은 일반적인 이러닝과 특히 블렌디드 러닝에 대해 강력하게 진술한 것이다. 그것들은 블렌디드 러닝을 지원하는 이론적 주장을 강하게 지지한다. 결론은 온라인 학습과 블렌디드 러닝(예, 이러닝)은 고등교육에서 효과적인 선택으로 보인다는 것이다. 이러한 연구결과들을 일반화하는 데 주의를 기울여야 하겠지만 이 연구결과는 다른 연구들과 일치하고 있다.

CoI 이론적 프레임워크를 사용하는 일련의 연구들은 블렌디드 러닝에 대해 재미있는 통찰을 제공해 주었다. 한 연구는 온라인과 블렌디드 환경에서 인지적 실재감의 지각과 실제 학습성취에 초점을 두었다(Akyol & Garrison, 2011a). 실제 점수는 동일했지만, "블렌디드 코스에 참여했던 학생들이 학습, 만족도, 인지적 실재감, 교수 실재감 그리고 사회적 실재감을 더 높이 지각하는 것으로 나타났다"(Akyol & Garrison, 2011a). 분명히 블렌디드 러닝 접근에 이점이 있다. 점수가 동일했다는 점을 고려할 때, 한 가지 들여다봐야 할 가치가 있는 부분은 지속성이나 수료율일 것이다. 이런 점에서, 블렌디드 러닝 수료율이 온라인과 많은 면대면 코스에서보다 높은 것으로 보고되었다(Dziuban, Hartman, Moskal, Sorg, & Truman, 2004).

CoI 이론적 프레임워크를 사용한 연구들 중 다른 연구는 블렌디드 러닝이 어떻게 탐구과정을 지원했는가에 초점을 두었다. 이것은 부분적으로는 탐색 단계에서 탐구가 더 진전되지 않고 교착상태에 빠져 버리는 듯했던 이전의 연구들에 반응한 것이었다. 이 연구에서, Vaughan과 Garrison(2005)은 면대면 환경이 토론을 시작하는 데는 선호되었지만 온라인 환경이 토론을 확장하고 유지하는 데는 유용했다는 것을 발견했다. 이 연구의 결과는 온라인 학습은 참여자가 더 큰 통합적 사고에 참여하기를 요구한다는 것을 보여 준다(Vaughan & Garrison, 2005). 이 연구는 또한 탐구의 해결 단계(최종 해결방안)는 면대면 환경에서 가장 잘 이루어진다는 것을 제시하였다.

탐구의 진행이라는 측면에서, Akyol과 Garrison(2011a)은 온라인 학습에 비해 블렌디드 러닝에서 통합 단계의 메시지 빈도가 증가된다는 것을 발견했다. 그에 대한 설명으로 블렌디드 러닝에서 과제를 시작하고 탐색을 개시하기 위해서 면대면 세션을 활용하는 것의 장점을 들었다. 또한 이 연구에서는 과제의 특성과 교수 실재감이 탐구를 진행하는 데 있어 여전히 중요하지만, 블렌디드 러닝이 비판적 사고를 위한 조건을 개선해 줄지 모른다는 결론을 내렸다(Akyol & Garrison, 2011a). 이것은 탐색 단계에서 면대면 토론의 속도와 에너지가 면대면 환경으로부터 혜택을 볼 수 있다고 보고하였던 다른 연구자들에 의해 지지되었다(Meyer, 2003). 더욱이, 온라인 토론이 보다 성찰적이고, 초점이 맞추어져 있고, 사려 깊은 경향이 있다는 것을 고려할 때, 통합 단계에서 더 많은 토론을 설계하도록 하는 것은 당연하다.

그러나 이전 장들에서 논의되었듯이, 탐구가 의도된 학습성취에 도달하기에 효과적이려면 탐구공동체의 모든 요소는 협력적으로 작동해야 한다. 연구의 우선순위는 3개의 CoI 실재감을 동시적으로 검토하는 것이다. 이런 점에서, 한 연구는 온라인과 블렌디드 러닝 설계 간의 차이점을 탐색하면서 3개의 CoI 실재감에 초점을 맞추었다(Akyol, Garrison, & Ozden, 2009). 사회적 실재감과 인지적 실재감 차원이 온라인과 블렌디드 설계에서 차이가 있음이 발견되었다. 사회적 실재감 측면에서 보면, 그룹 응집성 메시지가 블렌디드 러닝에서 유의미하게 더 많이 나타났다. 블렌디드 러닝에 참여하는 학생들이 대인관계적이고 정서적인 유대를 빨리 맺을 수 있듯이 이것은 이론적 관점에서 보면 놀라운 것은 아니다.

온라인에서 학생들은 정서적인 실재감을 느끼기 위해 분명히 더 많은 노력을 기울여야 했을 것이다. 이런 점에서, 학생 수는 온라인에서 학생들이 사회적 실재감을 개발하는 데 더 큰 문제였다. 간단히 말해, 온라인에서 사회적 실재감을 개발하는 데에는 시간이 걸린다.

교수 실재감에 대해, Akyol 등(2009)은 블렌디드 러닝에 참여하는 학생들은 교수자와 면대면으로 만날 수 있기 때문에 교수 실재감이 덜 필요하고 온라인 토론에서 지도의 책임을 더 기대하는 것을 발견하였다. 즉, 온라인 코스에서는 직접 교수에 대한 필요가 더 컸던 것이다. 이 관점은 또한 블렌디드 코스의 학생들은 응집할 수 있었기 때문에 협력을 더 잘할 수 있었고, 그들이 교수 실재감의 책임을 더 맡는다는 사실에 의해 지지된다.

7장에서 언급한 대로, 교수 실재감(설계, 촉진, 직접 교수)은 이러닝에서 매우 중요하다. 그러므로 블렌디드 러닝 환경에서 학생들이 증가된 교수 실재감을 보였다는 사실은 의도된 목표를 성취하는 것과 메타인지 인식과 능력을 증진하는 데 있어서 상당한 이점이 된다.

또 다른 측면에서, 완전한 이러닝에는 상당한 역할 조정이 있다는 것이 인정되어 왔다(Cleveland-Innes, Garrison, & Kinsell, 2007). 고등교육이 보다 테크놀로지로 매개된 형태의 커뮤니케이션으로 전환되면서 블렌디드 러닝을 통해 이러닝에 적응하는 것이 쉬워진 것은 인정해 주어야 한다. 첫 번째 도전은 테크놀로지가 교육적 과제에 적절하도록 해 주는 것이다. 그러나 진정한 도전은 실재감들이 역동적인 균형 속에 있는 탐구공동체를 만들고 유지하는 것이다. 이 점에서, Rovai와 Jordan(2004)은 "블렌디드 코스들은 전통적 코스나 완전한 온라인 코스들보다 학생들 사이에 보다 강한 공동체 의식을 만들어 내고 있다."(초록, 5-6줄)는 증거를 제시하였다. 효과적인 탐구공동체는 블렌디드 환경에서 가장 잘 실현될 수 있을 것으로 보인다.

비록 우리가 블렌디드 러닝의 효과에 초점을 맞추었으나, 블렌디드 러닝의 도입으로 얻을 수 있는 행정적인 효율성도 큰 부분을 차지한다. 블렌디드 러닝 접근의 효율성은 국립학술변화센터(NCAT)에 의해 이루어진 연구에서 근거를 가장 잘 제공해 준다. 수백의 코스 재설계 NCAT 데이터베이스는 효과성과 효율성이 상호 배제적이지 않음을 결론적으로 보여 준다. 초기의 코스 재설계 프로젝트의 결과들과 수많은 후속 프로젝트들에 의해 확인된 사실은 기관들이 비용을 상당히 많이 절감하면서 수료율과 학생 만족도를 높이고 학습결과가 승진하거나 유지하였다는 것이다(Twigg, 2003). 효과성과 효율성을 모두 높일 수 있는 능력은 자원의 도전을 받고 있는 고등교육기관에게는 일종의 기적으로서 여겨진다. 이것이 바로 블렌디드 러닝이 고등교육에서 교수와 학습에 대한 지배적 접근이 되는 것이 시간 문제인 이유다.

3. 결 론

제한된 수의 블렌디드 러닝 연구는 블렌디드 러닝의 교수적 복잡성을 더 연구할 필요를 강조한다. 이러한 제한점에도 불구하고,

고등교육의 면대면과 온라인 교수와 학습을 위한 블렌디드 러닝의 연구와 실제에 대해 정보를 줄 수 있는 문헌적 토대가 마련돼 있다. CoI 이론적 프레임워크가 포괄적인 모델인 것과 같이 대분분의 고등교육 교수와 학습 원리들도 그렇다. 그렇긴 하지만 블렌디드 러닝 설계를 도입해 나가면서 해결해야 하는 도전들이 있다. 학생들과 교수자들은 수동적 형태에서 협력적 형태의 학습으로 옮겨가는 데 있어 교수법과 테크놀로지에 대한 숙련 측면에서 지원이 필요하다. 이러닝 환경에 항상 참여할 수 있는 특성 때문에 학생들과 교수들은 자신의 시간을 관리하는 법을 배워야 할 것이다.

맺으면서, 블렌디드 러닝은 고등교육에서 교수와 학습의 질을 증진하는 데 중요한 개념적, 실제적 돌파구를 보여 준다는 것이 강조되어야 한다. 그것은 본질적으로 변환적이며 조용히 고등교육에 스며들고 있다. 블렌디드 러닝은 교수와 학습의 심각한 도전들에 대한 전략적 해결방안이다. 그것은 중요한 문제에 대한 사려깊은 접근이다. 블렌디드 러닝의 큰 이점은 그것이 변환적이지만 전통적인 학습자 공동체의 이상들과 친숙한 면대면 학습 위에 구축된다는 것이다. 블렌디드 러닝이 고등교육의 전통적 가치들과 일치하고 있고 탐구공동체를 만들고 유지하기 위해 가능성을 가지고 있음에도 불구하고, 블렌디드 러닝의 취지가 항상 잘 받아들여지지 않는다. 학습 커뮤니티 안에서의 비판적 담화와 관계되는 고등교육의 전통적 가치들이 교수들에게 상기되어야 하고, 이러한 이상들을 효과적이고 효율적으로 성취하고 있는 블렌디드 러닝 설계의 성공적인 사례들을 교수들에게 보여 주어야 한다.

전통적인 기관에서 블렌디드 러닝을 도입하는 데 있어 큰 도전이 되는 것은 변화와 관련이 있다. 이러한 변화가 성공적으로 나타나려면 기관에는 분명히 강한 리더십이 필요할 것이다. "블렌디드 러닝의 영향은 잠재적으로 기념비적이다. 학생들이 고등교육과 상호작용하는 방법을 영구적으로 변화시킬 것이다……."(Laumakis, Graham, & Dziuban, 2009, p. 86)라고 언급되었다. 이것이 확실히 점진적인 변화를 보여 주겠지만, 그것이 결국 고등교육을 변화시키고 모든 이러닝의 신뢰성을 높여 줄 것이다.

Chapter 09

실천을 위한 가이드라인

1. 학습활동
2. 교수 · 학습 가이드라인
3. 결 론

Chapter 09

실천을 위한 가이드라인

효과적인 교수는 기법이나 비법들의 목록 이상을 요구한다. 이러닝 경험을 어떻게 지휘할 것인가에 대한 안내를 제공하는 수많은 '노하우' 책들이 있는 것이 현실이다. 이러한 기법에 대한 개요서들은 교수 · 학습 교류에 있어 협력적(사회적) 측면과 구성주의적 측면 간의 상호작용에 대해 일관된 관점이나 이해의 방법을 거의 제공하지 못하고 있다. 또한 이러닝 경험의 요소와 고유한 특성에 대한 제대로 된 이해를 제공해 주지도 못한다. 교수자 또는 촉진자는—담화와 활동이 주로 학생들에 의해 조절된다 해도—이러닝 경험 전반에 걸쳐 주요한 역할을 한다. 교수자는 항상 과정을 관리하고 모니터링하는 중요한 사람이다. 이러닝이 비형식적이거나 우연한 학습경험 이상의 것이 되어야 한다면 교수자는 항상 학습경험을 구조화하고, 형성하고, 평가할 필요가 있다.

이 책의 첫 부분에서 이론적 프레임워크는 이러닝 경험의 기초적인 개념, 원리, 조직에 대해 설명하였다. 이러닝 경험의 실천적 논의는 여기에서 제공될 것이다. 이 논의는 다양한 교육적 방법들과 기법들의 목적과 기능을 더 깊이 이해하기 위해 이전에 제시한 이론적 프레임워크 속에 내재되어 있다. 교육적 경험이 진행되는 동안 CoI의 인지적, 사회적 역동성의 불가피한 변화를 수용할 필요성에 대한 가정 또한 있다. 그러므로 교육적 진전이 이루어짐에 따라 목표와 방법에서의 유연성도 있어야 한다. 이것의 핵심은 학습활동과 학습결과 간의 관계를 인정하는 데 있다. 학습활동은 맥락 의존적이고 의도된 결과에 적절한 것이어야 한다.

1. 학습활동

단순한 학습활동 목록이나 최신 유행의 기법은 특정한 활동들을 선택하는 데 별다른 근거를 제공해 주지 못한다. 다음의 분류([그림 9-1] 참조)는 네 가지 기초적인 학습활동들, 즉 듣기, 말하기, 읽기 그리고 쓰기를 구분하고 있다. [그림 9-1]은 각 활동의 목적과 강점을 이해하는 데 도움을 준다. 이 활동들은 조직적 또는 교류적 관점뿐만 아니라 인지적 혹은 내용적 관점으로부터 조직화

	탐색적(정보 습득)	확인적(지식 구성)
그 룹	듣 기	말하기
개 인	읽 기	쓰 기

[그림 9-1] 학습활동(Garrison & Archer, 2000)

되고 이해되었다.

예를 들어, 전통적으로 내용은 주로 듣기와 읽기를 통해서 이해되어 왔다. 듣기의 대응관계에 있는 말하기 또는 언어적 담화는 면대면 환경에서 너무나 자주 심각하게 제한되었고 그 결과로, 협력적 의미 구성과 이해의 확인이 암묵적으로 덜 강조되었다. 유사하게, 개인의 성찰적 관점에서 우리는 읽기에 치우쳐 있고 쓰기 과정을 통해 엄격하게 아이디어들을 일관되게 모을 기회가 적음을 보았다. 교육적으로 정보 습득은 강조한 반면, 비판적 담화와 고차원적 지식 구성을 위한 기회는 제한한 것으로 보인다.

이러닝의 관점으로부터 이러한 편향은 읽기와 쓰기 활동—전통적으로 개인적 학습활동에 수반되는—으로 변화된다. 이것은 물론 이러닝 맥락에서 듣기와 말하기가 읽기와 쓰기로 대체되는 중대한 변화다. 읽기와 쓰기는 이러닝 경험에서 개인적이면서도 협력적인 커뮤니케이션 수단이다. 읽기는 정보를 습득하는 수단일 뿐만 아니라 교수자나 학생들의 견해를 '들을' 수 있는 수단이 된다. 동시에 이러닝의 맥락에서 쓰기는 의미를 구성할 뿐만 아니라 학습 커뮤니티의 다른 구성원들과 질문을 하고 아이디어를 커뮤니케이션하는 수단이 된다. 이러닝과 컴퓨터 컨퍼런싱을 통해 우리는 읽기에 의해 듣고, 쓰기에 의해 말한다.

그렇다면 전통적인 그룹 활동의 듣기와 말하기는 이러닝에서 어떻게 진행되어야 하나? 이러한 활동들은 완전한 온라인 이러닝 경험에서는 포기되는가? 만일 그렇다면 우리가 교육적으로 잃는 것은 무엇인가? 학생들은 실시간 언어적 상호작용을 매우 가치 있게 생각한다는 것을 우리는 경험해 왔고 문헌에서도 지지되어 왔다. 문제는 듣기와 말하기 활동이 얼마나 중요한가이며 탐구공동체에서 그들의 기능이 무엇이냐다. 우리가 이전(8장)에 본 것처럼 완전한 온라인 환경에서 동시적 언어 커뮤니케이션은 비동시적 커뮤니케이션과 혼합될 수 있다.

언어적 대화는 초기에 실천적 탐구의 탐색적 단계에서 장점을 가지는 것으로 보인다. 그러나 언어적 담화와 사회적 실재감 간에는 더 강한 관련성이 있을 것이다. 이러닝 학생들은 다른 학생들을 면대면이나 전화를 통해서 찾는다는 것이 경험을 통해 증명되어 왔다. 실시간의 지속적인 언어적 담화는 사회적 실재감, 인지적 실재감, 교수 실재감을 형성하는 데 있어서 상당한 강점을 가지며 특히 교육적 경험의 초기 단계에서 더욱 강점을 가진다. 그럼에도 동시적 언어 커뮤니케이션과 비실시간 텍스트 기반 커뮤니케이션의 본질적인 차이점을 인정하면서, 여기서의 논의는 비실시간 이러닝 경험을 촉진하는 데에 중점을 둔다.

이러닝 가이드라인으로 구체적으로 전환하기 전에 우리는 교수 실재감이 교육적 이러닝의 접근을 '무대 위의 현자'도 아니고 '옆에서 안내하기'도 아닌 것으로 가정한다는 것을 반복할 필요가 있다. 우리는 교육적 경험의 설계와 전달에 있어 하나의 접근을 취하는 것은 또 다른 하나의 접근을 취하는 것만큼 편향된 것으로 믿는다. 그러나 교육적 경험에 내재하는 복잡성과 도전들을 고려하면 경험이 발전되어 감에 따라 각각을 위한 혹은 둘 다를 위한 지점이 있을 것이다. 교육적 경험은 공유된 목적을 가지고 교수자와 학생으로 적절하게 구성된다. 누군가가 주장한 것과는 상반되게(Collison, Elbaum, Haavind, & Tinker, 2000), '옆에서 안내하기'라는 것이 이러닝 경험을 촉진하기 위한 가장 적합한 접근이라는 것은 확실히 사실이 아니다. 교수 실재감에 많은 강조점을 두어야 한다. 이것은 우리가 교수 실재감의 측면을 탐구하면서 더욱 명백해질 것이다.

2. 교수 · 학습 가이드라인

우리는 교수 실재감과 그것의 세 가지 하위 요소들—설계, 촉진, 직접 교수—의 관점에서 이 가이드라인들을 접근한다. 우리는 교수 실재감 각각의 하위 요소들 내에서 교수 기능이 다루어야 하는 사회적 실재감, 인지적 실재감의 이슈를 논의한다. 교수 실재감은 메시지의 교환 이상을 포함한다. 비판적 담화의 촉진에 더하여, 몇 가지 예를 들자면, 그것은 읽기, 연습하기, 웹 탐색, 블로그 또는 위키, 그리고 협력적 프로젝트를 포함한다. 첫 번째 도전은 어떤 활동들을 포함시키고 어떻게 그것들이 의미 있는 교육적 경험과 통합될 것인지를 고려하는 것이다. 설계는 교수 실재감의 첫 번째 요소이고 사회적 실재감과 인지적 실재감 이슈 둘 다를 동시에 고려하면서 접근되어야 한다.

설계와 조직화

우선, 우리는 이러닝 교류에서 교수자와 학생의 역할이 전통적인 면대면 교실 경험에서의 역할과 일치하면서도 다르기도 하다는 것을 이해해야만 한다. 즉, 2장에서 논의한 것처럼 협력적 구성주의의 방식에서 교육적 경험에 접근하는 핵심 요소들은 변함없이 유지되어야 한다. 동시에 비실시간 텍스트 기반 커뮤니케이션과 자원에의 접근성 측면에서, 이러닝은 어떻게 교수·학습 교류가 발생하는지에 있어서 패러다임의 전환을 나타낸다. 우리가 관심을 돌려야 하는 것이 바로 이러한 이슈이고 이들의 실천적 함의들이다.

이러닝 맥락으로의 적응은 사회적이고 인지적인 영향력 모두를 위한 계획수립의 필요성을 포함한다. 모든 참여자들—교수자와 학생들을 포함해서—을 위한 역할은 상당한 적응을 요구한다. 이것은 특히 글로 쓰는 커뮤니케이션과 탐구공동체 참여에 적응해야 하는, 처음으로 온라인 학습을 경험한 학생들에게 더욱 그렇다. 학생들은 보다 협력적인 접근으로 적응해야 할 필요가 있고 교수자는 깊이 있고 의미 있는 수준의 상호작용을 달성하기 위해서 촉진과 지시 간의 균형을 어떻게 맞출지를 배워야 하는 더 큰 도전에 직면하게 될 것이다. 온라인 커뮤니티 학습자로 인식을 하고 온라인 커뮤니티의 학생으로 참여하는 것은 대부분의 고등교육 교실과는 다른 것이다. 어떤 일반적인 역할 적응에 대한 설계를 고려하는 것은 적응상의 어려움을 명확하게 드러내고 테크놀로지의 지원을 제공하며 초기에 교수자가 더 많이 참여하도록 하는 것이다(Cleveland-Innes, Garrison, & Kinsell, 2007). 보다 구체적인 적응은 다음에서 논의될 것이다.

질 좋은 이러닝 경험의 설계 과정은 일반적인 교실경험의 계획에 비해 보다 복잡하고 시간 소모가 많다. 이러닝 코스의 구조, 과정 그리고 평가 측면에 대해 생각하는 것은 상당히 어려운 일이다.

이러닝 경험에 대한 소개와 안내는 동기를 유지하는 데 큰 영향을 줄 것이므로 신중하게 고려되어야 한다. 이러한 도전들은 또한 보다 명백한 교수 실재감과 모델링을 통해서 교육적으로 더 나은 기회를 제시한다. 교수 실재감은 탐구공동체의 필수적인 측면이어야 하고 외재적인 권위의 기능이어서는 안 된다. 진정한 탐구 기반의 접근을 위해서 교수 실재감의 책임은 교육과정이 진행됨에 따라서 모든 참여자들에 의해서 더 많이 공유되어야 한다. 이러한 이유로 이러닝 경험의 많은 성공은 설계와 조직화에 달려 있다.

협력적 구성주의 접근에서 설계는 학습 상황에 부과된 융통성 없는 템플릿이 아니라는 것을 이해하는 것이 중요하다. 설계는 본래 유연한 것이어야 하고 예측할 수 없는 개인적인 학습 요구에 적응할 수 있어야 한다. 협력과 공유된 통제가 불확실성이라는 창의적 요소를 들여옴에 따라 교육적 경험이 진행되는 내내 설계와 재설계가 지속된다. 이것은 교육적 목적을 가진 구성주의적 자유가 이러닝의 가장 큰 장점을 이용하는 것이고 전통적인 수동적 면대면 접근 또는 전통적인 원격교육의 처방적이고 자기교수적인 코스 패키지의 특성을 넘어서는 주요한 장점을 나타내는 것이다. 교육과정은 상대적으로 개방적이고 모두가 관찰자가 아닌 적극적인 참여자여야 한다. 더욱이 학생들은 그들의 활동과 학습의 모니터링과 규제에 대해 적절한 정도의 통제권을 가지고 있어야 한다. 책임과 통제는 학습자가 사회적, 인지적으로 발달해 감에 따라 자연스럽게 진화하고 성장해야 한다. 이 발달적 주제는 사회적 실재감과 인지적 실재감의 설계에 대한 이후의 각 절에서 나타날 것이다. 이것은 학습의 발달 단계들에 어떠한 활동과 지원이 필요한지를 이해하는 데 도움을 준다.

설계와 조직화의 관점에서 실천을 위한 구체적인 가이드라인과 제안에 다음과 같은 것이 포함된다.

1. 교육과정 수립하기
2. 자원 확인하기
3. 명확한 기대와 목적(과정과 내용) 정의하기
4. 기술적인 어려움 다루기
5. (협력적이고 개인적인) 활동 구조화하기
6. 시간계획 수립하기
7. 평가 과정과 도구 만들기

이러한 것들은 이러닝 경험의 이전과 이러닝 경험이 진행되는 동안 둘 다에서 깊이 있게 고려되어야 한다. 설계 단계 동안에 교수자는 타당한 구조(목적, 기대)를 제공하는 데 최선을 다해야 하고 그들이 할 수 있는 한 최대한 발전해 가는 학생들의 요구를 예상해야 한다.

구체적인 설계 제안이 따라오겠지만 기술적인 어려움을 다루는 것에 대한 논평은 여기에서 하는 것이 적절하겠다. 테크놀로지가 명료해야 한다는 것은 쉽게 말할 수는 있지만 이것은 이상적인 것이며 훈련과 지원에 근거를 두어야 한다. 명료성의 이슈는 새로운 미디어와 표준이 끊임없이 도입되는 것에 의해 더욱 어려워진다. 원격에 있는 학생들을 위한 테크놀로지 훈련과 지원을 제공하는 것은 특별히 도전적인 것이 될 것이다(테크놀로지와 관련된 훈련은 중요하지만 CoI 이론적 프레임워크의 핵심에서 외생적인 것임을 유의해야 한다).

테크놀로지를 사용하는 현직 교수자를 위해 면대면 세미나와 워크숍이 흔히 이루어지지만, 온라인 지원에 대한 고려 또한 있어야 한다. 학생들을 위해서 그들이 보다 테크놀로지에 편안해질 수 있도록 하는 특별한 노력이 필요할 것이다. 테크놀로지 활용 훈련이 처음에 예측했던 것보다 더 많은 시간이 걸린다는 것을 우리의 경험은 보여 준다. 가장 큰 성공은 훈련이 한 번에 조금씩 단계적으로 제공되고 새로운 훈련이 즉시 적용될 때 성취된다.

사회적 실재감

완전히 온라인으로만 이루어진 이러닝은 고립감이 동반될 수 있기 때문에 교사에게 가장 우선적이고 중요한 도전 중의 하나는 사회적 실재감을 형성하는 것이다. 개별 학생들이 환영받는다고 느끼고 그들에게 학습자 커뮤니티의 일원이라는 것을 다시 한 번 확신시키는 것은 중요하다. 이러한 소속감과 안전감은 개방적 커뮤니케이션을 촉진하고 그룹 응집성을 창출한다. 사회적 실재감은 협력적 학습경험에서 필수적이고, 인지적 실재감을 만드는 데에도 중요한 요소다.

사회적 실재감의 관점에서 그룹의 발달적 역동성을 이해하는 것은 도움이 된다. 비록 그룹들의 응집성과 발전 정도는 상당히 다르지만 그룹 역동성에 대한 통찰은 사회적 갈등 또는 동기의 감소를 예측하는 데 유용할 수 있다. 그룹들이 상대적으로 체계적인 방식으로 진화한다는 것을 확인시켜 주는 몇 가지 그룹 발달 이론이 있다(Pratt, 1981). 이 사실은 전에 6장에서 논의했던 Akyol과 Garrison(2008)의 연구에 의해서도 확인되어 왔다.

초기에 응집성 있는 탐구공동체를 형성하고자 한다면 학생들이 소속되어 있다고 느껴야 한다. 중간에 또는 생산적인 단계에서는 반드시 갈등이 있고 해결을 위한 요구가 있을 것이다. 언제 그리고 어느 정도로 갈등이 드러나게 될지를 예측하는 것은 어렵다. 사람들은 이것의 어려움을 알아야만 하는데 그 이유는 이 과정이 명확하고 분명한 방식으로 드러나지 않을 수 있고 개방적 커뮤니케이션과 그룹 응집성에 좋지 않은 영향을 줄 수 있기 때문이다. 만일 학생들이 그들의 학습을 위하여 통제권과 책임을 가지고 있다면 교수자들은 도전과 갈등을 기대해야만 한다. 핵심은 이러한 갈등들을 타협과 존중을 가지고 건설적으로 다루어야 한다는 것이다. 그룹의 유대감이 형성됨에 따라 마지막이 중요해진다. 이행을 위한 준비와 정서적 마무리는 반드시 다뤄야 하는 이슈들이다(Pratt, 1981). 이러한 역동성의 고려는 인지적 실재감을 수립하기 위한 분위기를 조성한다.

어떠한 갈등은 불가피한 것이고 회의론과 비판적 성찰이 독려된다면 유해한 것도 아니다. 목표는 신뢰를 구축하는 것이지 존중감을 가진 반대나 비판을 막는 것은 아니다. 여기에 교사들이 학생들로부터의 도전에 그들 자신을 개방함으로써 적절한 행동의 모델이 될 수 있다. 비실시간 이러닝에 내재한 성찰과 대화의 특성과 유사하게 학생들은 독립적이면서도 공동체의 부분이 되어야 한다. 즉, 그들은 상호 이해에 기여하면서도 의미를 구축하는 데 있어 인지적 독립성을 유지하도록 허용되고 독려되어야 한다.

첫 번째 세션에 대한 준비가 어떠한 교육적 경험에서도 중요하지만 이러닝 맥락에서는 결정적이다. 역설적으로 사회적 실재감을 형성하는 수단은 실질적으로 교육적인 관심과 이슈들이어야 한다. 확실히 참여자들이 그들 자신을 소개하도록 허용하는 특별한 노력이 이루어져야 하지만 첫 번째 세션이 단지 사회적인 이벤트에 머물러서는 안 된다. 사회적 실재감을 수립하는 목적은 유목적적인 비판적 탐구공동체를 증진시키는 것을 지원하기 위함이라는 것을 기억해야 한다. 채팅방, 협력적 과제, 그리고 주제와 관련된 비판적 탐구의 사용을 통해서 학생들은 신뢰를 얻을 수 있고 시간이 지남에 따라 관계를 발전시킬 수 있다. 한 번 사회적 실재감이 형성되면 이것은 학문적 도전의 성장과 함께 배경으로 물러나게 될 것이다.

학생의 동기가 처음에는 높지만 이러한 동기가 수업 과정 전체에 걸쳐 상당한 정도로 유지되는 것은 응집성과 협력의 기능이다. 참여를 꺼리는 학생들을 집중시킬 뿐만 아니라 참여시키고 또는 과도한 참여자들의 기여를 어떻게 제한할 것인가를 고려해야 한다. 모든 학생이 이러닝 환경에 편안함을 느끼지는 않을 것이며 그들은 규칙과 에티켓을 알 필요가 있을 것이다. 여기에 의견 제시의 길이와 빈도에 대한 명확한 기대가 수업이 시작되기 전에 제공되어야 한다. 비록 모든 학생이 그들의 동료로서 똑같은 빈도로 참여할 필요는 없지만 학생은 정기적으로 접촉해야 한다는 것을 알아야 한다. 개인적 차이를 위한 적응(조정)이 이루어져야 하며 이것이 왜 참여를 기반으로 한 성적 부과에 대한 결정이 신중하게 이루어질 필요가 있는지를 말해 준다.

교사가 사회적 실재감을 구축하는 데 있어 가장 큰 도전은 적절한 시기에 적절한 어조를 만들어 내는 것이다. 적절한 어조는 보살핌과 감성적 지원으로부터 질문과 분석적 응답에 이른다. 대화의 어조는 인지적 실재감의 이슈와 목표에 대응되어야 한다. 교수자가 가끔은 옆에 있는 안내자가 되고(즉, 촉진자) 가끔은 무대 위의 현자(즉, 직접 교수)가 되며 또 다른 때에는 적극적인 중재자 역할 중의 어떤 것도 할 수 있다. 모든 이러한 역할들은 구체적인 교육적 목표를 염두해 둔 교수 실재감을 요구한다.

교수 실재감의 첫 번째 하위 요소인 설계와 조직화는 다음과 같은 것들을 확립하는 특별한 실재감을 구축해야 한다.

1. 신뢰와 환영받는 느낌
2. 비판적 커뮤니티에의 소속감
3. 통제감
4. 성취감
5. 담화에 기꺼이 참여하려는 의지
6. 대화적 어조
7. 탐구하는 태도

설계 단계에서 고려되어야 하는 사회적 실재감을 수립하기 위해 제안된 활동에는 다음과 같은 것들이 포함될 수 있다.

1. 약력을 포함하여 교수자로부터의 소개 이메일
2. 약력과 기대를 공유하는 학생의 웹페이지

3. 소그룹에서 기대를 논의하고 협상하기
4. 비형식적인 커피숍 토론 게시판
5. 네티켓과 행동규칙

인지적 실재감

궁극적으로 어떠한 교육적 경험도 목적은 학습이다. 그러나 무분별하거나 우연한 학습이 아니다. 이 책의 전제는 이러닝이 목표가 없고, 비성찰적인 의견의 교환 이상이라는 것이다. 고등교육은 성찰적 사고와 고차원적 학습결과에 가치를 둔다. 이러한 학습결과를 성취하는 데 요구되는 비판적 사고 과정은 교수자와 학생들 간의 복합적이고 지속적인 커뮤니케이션을 필요로 한다. 이러닝 환경에서 대화적 쓰기 과정의 분석과 수용은 필수적이다.

학습과정에 구체적인 통찰을 제공하기 위하여 우리는 탐구공동체와 실천석 탐구 모델과 관련된 인지적 과정에 초점을 맞춰 왔다. 인지적 실재감은 실천적 탐구(Practical Inquiry: PI) 모델에 의해 설명되는 비판적 성찰과 대화를 통해 직접적으로 만들어진다. 인지적 실재감과 관련된 PI의 네 가지 단계는 다음과 같다.

1. 사고 촉발 이벤트와 어리둥절함 또는 의견 충돌
2. 관련 정보의 수집과 교환을 통한 이슈 또는 문제의 탐색
3. 유의미한 방식으로 아이디어들을 연결시킴으로써 이러한 정보들의 통합 또는 이해
4. 직접적 혹은 대리적 방식으로 아이디어들을 적용하고 테스트함으로써 이슈 해결

비록 학생들이 이러한 단계를 거쳐 발전해 나갈 능력이 있지만, 이것은 어떤 안내 없이는 일어나지 않을 것이며 이것은 교육적 경험의 설계와 조직화를 할 때 고려되어야만 한다.

촉발과 탐색의 단계로부터 통합과 탐구의 해결 단계로의 전환은 과제의 특성에 달려 있을 것이다. 교수 실재감은 통합과 해결의 단계로의 이동을 확실하게 하는 데 있어 필수적이다. 전체 그룹을 토론을 위한 더 작은 그룹으로 분할하는 것은 인지적 실재감과 사회적 실재감을 수립하는 데 매우 유익할 수 있다.

교수 실재감과 관련된 것은 인지적 과제에 알맞게 다양하고 적절한 학습활동을 설계하는 책임이다. 효과적인 교육적 경험을 설계할 때 사례 기반 연구의 사용과 개발을 특별히 고려해야 한다. 사례연구는 학생들이 연관 지을 수 있는 실제 세계의 관점으로부터의 토론에 초점을 둔다. 사례연구는 크고 작은 토론 그룹을 사용할 수 있고 학생들이 의미 도출의 책임을 가지도록 독려하고 학생이 토론을 조정하도록 하는 기회를 제공한다. 이러한 방식으로 사용되어 사례 기반 연구는 교사가 중요한 이슈를 탐색하고 조직화한 개념(큰 아이디어)을 소개하고 해결에 도달하기 위해 완벽한 맥락을 제공할 수 있다.

인지적 실재감 설계의 관점으로부터 두 가지 이슈(내용과 평가)가 두드러진다. 먼저, 고차원적 학습성과가 가치 있는 것이라면 학생들이 과도한 내용으로 과부하되지 않도록 해야 한다. 너무 많은 내용을 다루는 학습의 가장 큰 위험은 학습 목표가 정보를 습득하는 것이라는 메시지를 직간접적으로 전달한다는 것이다. 학생들은 성찰하고 내용을 이해하고 다른 참여자들과 이해를 공유해야 할 시간을 가져야 한다. 인지적 과제는 변화할 것이지만, 성찰과 담화 간의 반복 과정은 유지된다. 이러닝에서 가상적으로 무제한의 정보에 접근하게 되면서, 학생들이 세부적인 내용 때문에 초점을 잃지 않도록 하기 위해서는 정보를 조직화하는 데 상당 부분의 사고가 이루어질 필요가 있다.

둘째, 인지적 실재감은 평가와 성적에 의해 강력한 영향을 받는다. 단순하게 말해서, 평가는 의도하는 학습성과에 적합해야 한다. 만일 교육적 목적이 고차원적 학습성과라면 과제는 그에 적합해야 하고 시험은 이러한 수준의 학습을 평가해야만 한다. 학생들이 정보의 기억에 대해 시험을 보고 성적을 부여받을 때, 비판적 담화를 강조하는 것만으로는 충분치 않다. 담화와 참여의 수준은 급격하게 떨어질 것이고 학생들은 그들의 제한된 시간을 보상받을 수 있는 활농—정보의 동화—에 투자할 것이다. 활동과 평가 간의 불일치는 모두에게 좌절감을 주고 이러닝의 잠재력을 제한한다. 우리가 하고자 하는 것이 정보를 전달하고 회상을 평가하는 것이라면 우리는 협력적 구성주의의 교육경험을 지원하는 이러닝의 능력이 필요하지 않다.

비실시간 커뮤니케이션은 본질적으로 성찰(구성주의)과 담화(협력) 모두를 가능하게 한다. 교사의 도전은 언제, 어떤 것을 강조할 것인지를 아는 것이다. 학습경험의 초기에는 상당한 구조와 지원이 인지적 실재감을 만들기 위해 요구된다. 명확한 내용 이해라는 목적을 넘어서서 실천적 탐구(PI) 모델의 메타인지적 지도를 제공하는 것에는 강력한 이점이 있다. 따라서 학생들은 의미를 구성하고 그들의 학습활동과 과제의 진전을 이해하는 책임을 인식하게 된다. 고려할 만한 한 가지 기법은 학생들이 탐구의 단계에 따라 그들의 토론글에 이름을 붙이도록 하는 것이다. 이것은 탐구과정의 지식과 조절 모두를 창출할 것이다. 학생들은 과정이 진행됨에 따라 더 큰 인지적 실재감(예, 책임감)이 기대된다는 것을 이해할 필요가 있다. 설계와 조직화와 관련된 인지적 실재감의 이슈는 다음과 같다.

1. 첫 단계에서 인지적 발달과 지식의 평가에 대한 고려
2. 교육과정의 조직화와 한계
3. 적절한 학습활동의 선택
4. 성찰을 위한 시간의 제공
5. 소규모 토론 그룹과 세션의 통합
6. 비판적 사고 과정에 대한 모델과 성찰의 기회 제공
7. 고차원적 학습 평가 루브릭의 설계

인지적 실재감을 구축하기 위해 설계 단계에서 고려할 활동을 제안하면 다음과 같다.

1. 질문을 유도하고 문제를 기반으로 한 학습활동 계획하기
2. 소규모 그룹 사용하기
3. 과제에 참여하고 완성할 수 있는 시간 허용하기
4. 학생들이 강력한 학습경험을 공유하게 하고 왜 이것이 중요한지 토론하게 하기

5. 인터넷으로부터 정보를 협력적으로 찾고, 분석하고, 종합하는 웹퀘스트(WebQuest) 활용

담화 촉진

담화는 이러닝 경험의 핵심이다. 상호작용과 담화는 이러닝의 강점이고 탐구공동체 교육경험의 정수다. 촉진은 교육적으로 가치 있는 담화를 창조하고 관리하는 핵심적인 책무다. 의미를 구성하고 이해를 확인하기 위한 담화 촉진은 너무 적거나 너무 과도한 개입 사이의 섬세한 균형을 요구한다. 담화 촉진은 처음에 참여와 성찰적 토론을 촉발할 분위기를 요구한다.

사회적 실재감

교육은 그 정의상 사회적인 것이다. 사회적 실재감의 필요는 이러한 현실의 파생물이다. 사회적 실재감은 고등교육의 학습경험에서의 핵심인 탐구공동체를 창출하는 데 있어 필수적이다. 교육은 내용을 전달하고 동화하는 것 이상을 의미한다. 그것은 성찰과 질문, 분석 그리고 아이디어를 테스트하는 것에 관한 것이다. 이러한 기본적인 활동들은 개인적인 소속감이 없거나 표현이 개방되지 못하고 상대적인 위험으로부터 자유롭지 못한 그룹 내에서는 활성화되기 어렵다. 고립감이나 타인과 연결되지 못한 느낌은 비판적 탐구를 독려하거나 지원하지 못하며, 인정과 성취감을 제공하는 공유된 경험으로부터 얻어지는 동기를 불러일으키지 못할 것이다. 이러한 정서적이고 대인관계적인 요소 없이 학생들의 참

여와 학습을 유지시키는 인지적 태도와 기술을 실현하기는 어렵다.

사회적 실재감을 인지적 실재감 없이 논의하는 것은 매우 어렵다. 예를 들어, 개인의 메시지에 응답하거나 동의를 표현하는 것은 사회적 실재감과 인지적 실재감 모두를 증가시킨다. 협력적 구성주의의 교육경험에서 너무나 필수적인 인지적 상호작용은 사회적 관계와 그룹 응집성에 근거를 두고 있으며, 그것에 의해 유지된다. 실천적 탐구는 성찰과 담화 간의, 그리고 개인적 세계와 공동의 세계 간의 분리할 수 없는 상호작용이다. 이러한 이유로 사회적 실재감과 인지적 실재감을 분리하는 것은 실제에서는 발생하지 않는다. 그러므로 우리가 처음에는 사회적 실재감의 가이드라인과 제안에 초점을 두고 있지만 인지적 실재감의 이슈는 항상 존재한다.

이러닝 코스의 좋은 출발은 학생들이 간단한 약력을 올리도록 하는 것(채팅방이 선호된다)과 더불어 학생들을 소그룹으로 만들어 각 그룹이 내용과 과정의 기대에 대해 가질 수 있는 질문들을 찾아보도록 하는 것이다. 이러한 이슈들은 그다음에 반 전체로 가지고 올 수 있다. 이것은 교수자가 과정에 대한 학생들의 우려를 불식시키고 과정에 대한 기대를 서로 협상함으로써 비판적 탐구를 위한 적절한 분위기를 만드는 기회를 형성할 뿐만 아니라 학생들이 다른 학생과 테크놀로지에 익숙해지도록 할 수 있다. 개방적 커뮤니케이션을 통하여 교수자들은 그들의 사고 과정을 드러낼 수 있고 그럼으로써 메타인지적 인식을 증진시키고 그들 자신을 사적으로 학생들에게 좀 더 다가가기 쉽게 만들 수 있다. 비록 교수자는 학문적 자질의 측면을 드러내면서 전문가로서 남아 있어야 하지만 어느 정도의 사적인 관심은 따뜻하고 편안한 환경에 기여할 수 있다. 학생들은 안전하다고 느껴야만 하지만, 토론은 목적적이고 인지적으로 도전적이어야 한다. 이러한 이유로 순전히 사회적이거나 사적인 대화는 환영받지만, 채팅방이나 커피숍에서 이루어지는 것이 최선이라는 것을 명확하게 할 필요가 있다.

사회적 실재감을 촉진하고 탐구공동체를 수립하기 위한 제안은 다음과 같다.

1. 참여자들이 토론에 들어오면 그들을 아는 척하고 환영하라.
2. 토론을 지도하면서 독려하고 지원하라.
3. 교사로서 자신의 개성을 표현하고 학생들이 상황에 적절한 정도로 교사를 한 사람으로서 알게 하라.
4. 학생들이 적어도 일주일에 세 번은 로그온하도록 권장하라.
5. 학생들이 특정한 글에 응답을 할 때는 글을 올린 학생을 아는 척하도록 독려하라.
6. 적절한 시기에 참여한 것에 대해 칭찬하라.
7. 대화를 하듯 커뮤니케이션하고 지나치게 형식적인 커뮤니케이션을 하지 마라.
8. '침묵을 지키고 있는 사람들'이 참여하도록 독려하라.
9. 감정을 표현하라. 하지만 비방은 피하라.
10. 적어도 친밀하게 되기 전까지는 유머를 사용하는 것에 유의하라.
11. 학생들이 교사에게 이메일로 갈등이나 걱정을 알리도록 독려하라.

인지적 실재감

인지적 실재감은 교육적 경험의 핵심이다. 즉, 학생들이 이슈나 문제를 이해하고 적절한 정보를 찾고 정보를 연결, 통합하며 이해를 적극적으로 확인하는 것을 포함하여 협력적이고 성찰적인 과정에 참여하는 탐구공동체를 창출하고 유지하는 것이다. 여기에서의 핵심은 과정을 관리하고 이해의 깊이를 모니터링하는 것이다. 이것은 담화를 촉진하고 초점을 맞추며 필요할 때 적절한 통찰과 정보를 제공하고 공동의 이해와 통찰을 추구하는 것을 포함한다.

탐구공동체 관점으로부터의 첫 번째 도전은 학생들의 주의를 얻고 그들이 의미 있게 토론에 참여하도록 하는 것이다. 학습 목표와 주제에 따라 이것에 접근하는 두 가지 전형적인 방식이 있다. 첫 번째 접근은 관련된 읽기 자료나 사례연구와 함께 한두 개의 흥미로운 질문을 제공하는 것이다. 목적은 학생들이 핵심 질문이나 이슈를 정의하고 적절한 정보를 찾으며 의미 있는 연결이나 규칙을 제안하고 해결방안에 동의하게 하는 것이다. 학생들은 추가적인 관련 정보를 위해 웹을 탐색하도록 할 수 있는데 찾은 정보를 보고하거나 추후 사용을 위해 즐겨찾기를 해 놓을 수 있을 것이다. 여기에서 교수자는 중재자나 안내자가 된다. 이 접근은 규칙을 만드는 데 강조점을 둔 귀납적인 것이다. 두 번째 접근은 그 특성상 보다 연역적인 것이고 보다 정돈되거나 잘 정의된 주제 분야에 적합하다. 이 접근의 목적은 모델 또는 프레임워크(아마도 경쟁적인 모델들)를 제공하고 학생들이 그들에게 익숙한 맥락에서 적용방안을 테스트해 봄으로써 깊이 있게 이해하도록 도전하는 것이다.

핵심적인 요소와 과제는 흥미를 일으키도록 촉진하고 학생들이 적극적으로 참여하고 비판적으로 논의에 도전하고 수업의 내용을 이해하는 데 책임을 지는 의미 있는 담화를 촉진(촉발하기, 유지하기, 요약하기)하는 것이다. 온라인으로 강의를 하는 것(즉, 내용 전달)은 이러닝의 가능성과 역량을 무효화하는 것이다. 그리고 가장 해롭게도, 학생들을 정보의 수동적 수용자로 만들어 버린다. 비판적 탐구는 내용 구체적이고 교수적 전문성과 내용적 전문성을 가진 촉진자가 이끌 필요가 있다. 즉, 그들은 주제에 대해 알아야만 하고 또한 교수적인 전문성도 가져야 하고 대체적으로 텍스트 기반 비실시간 학습 환경에서 비판적 담화를 중재할 노하우도 가지고 있어야 한다. 깊이 있는 이해를 촉진하는 것은 질문, 주요 개념의 탐색, 연결 만들기, 새로운 아이디어나 개념을 더하기, 프레임워크 구성하기, 오개념 진단, 그리고 검토와 요약이 반드시 필요하다. 이것은 언제 통제권을 주고받아야 하는지, 언제 학생들의 의견을 독려해야 하는지, 언제 정보를 제공해야 하는지 알 것을 요구한다.

탐구의 후반부로 담화가 진행될 때는 특별한 주의가 이루어져야 한다. 해결이 요구되지 않는 과제 그리고 지나치게 수동적인 촉진 접근 때문에 많은 이러닝 교육경험은 탐구의 단계에서 교착상태에 빠지고 학생들은 어떤 순서를 만들고 딜레마를 해결하는 혹은 그러지 못하는 그들 자신만의 방법에 남겨지게 된다. 여기에 촉진자는 해결책이 있을 것이라는 것을 명확하게 염두에 두고 있어야 한다. 이 해결책은 주제나 과제가 얼마나 잘 정의되어 있느냐에 따라 예측 가능할 수도 있고 그렇지 않을 수도 있다. 어떤 경우든 탐구의 과정을 통해 수그러들지 않는 담화의 형성이 있어야 한다. 그것은 단순한 선형적 과정이거나 모든 단계가 동일한 중요성을 가진다는 것을 의미하지는 않는다. 실제로는 단계 간의 반복이 있고 어떤 단계에서는 다른 단계에서보다 더 많은 시간을 소비하게 될 것이다. 예를 들어, 덜 정의된 주제 영역에서는 초점이 탐색이나 통합에 맞춰지고, 잘 정의된 주제 영역에서는 초점이 주로 해결책이나 특정한 문제에 대한 해답을 찾는 것에 맞춰질 것이다.

이 과정에서 변치 않는 것은 성찰을 활성화하고 안내하는 담화에 대한 필요다. 이것은 흔히 더 작은 그룹에서 가장 잘 이루어진다(이러닝 맥락에서는 제약이 아니지만). 이러한 토론은 촉진자가 초대되지 않는다면, 그룹 전용의 공간이어야 한다. 각 그룹은 교수실재감을 위한 책임을 맡는 것으로 기대되며, 전체 학급에 이것을 보고하도록 요구된다. 여기에서 학생들은 그들의 학습경험을 자유롭게 공유하고 의미 구성을 시도한다. 그들은 또한 어떻게 비판적 담화를 촉진하는지 그리고 그룹의 진전을 이끄는지를 배우게 될 것이다. 소그룹 토론은 모든 탐구의 단계에서 더 많은 참여를 촉진하기 위해 사용될 수 있고 더 적은 토론글에 초점을 맞추고 의미를 구성하는 책임감을 개발하기 위해 사용될 수 있다. 그러나 더 큰 규모의 토론이나 전체 학생 토론 세션은 더 많은 아이디어와 관점의 다양성이라는 장점을 갖는다는 것을 주목해야 한다(McCarthy, Smith, & DeLuca, 2010).

주목했듯이, 소그룹은 학생들이 토론을 중재할 기회를 제공한다. 학생 중재는 교수자의 권위적 영향력을 약화시킬 수 있고 더 자유로운 토론을 장려할 수 있다. 하지만 학생이 중재한 토론은 필요한 수준의 내용 전문성이 부족할 수 있고 그 결과로 학습자들의 반응을 통합하고, 중요한 정보를 추가하며, 비판적으로 성찰적 논평을 독려할 만한 능력을 가지지 못할 수 있다. 중재는 학생들에게 매우 가치 있는 경험이 될 수 있지만, 학생들은 교수자로부터 어느 정도 안내와 관리를 받아야 한다(Rourke & Anderson, 2002). 학생들은 교수자에 의해서 방치되었다고 느끼면 분개할 수 있다.

학생들이 그들의 학습을 모니터링하고 조정하도록 독려하는 것은 메타인지적 의식을 높이기 위한 수단이다. 학생들이 비판적 사고와 탐구과정을 더 잘 이해하도록 하기 위해서는 메타인지적 의식을 높이는 것에 상당한 주의를 기울여야 한다. 메타인지적 의식은 탐구와 비판적 담화의 복잡성에 인지적 지도를 제공할 것이다. 실천적 탐구 모델은 교사와 학생들이 비판적 사고와 담화의 단계를 통해 진전하도록 안내할 수 있다. CoI의 이론적 프레임워크와 실천적 탐구 모델을 도입하는 데에는 담화에 참여하기 전에 많은 고려가 이루어져야 한다. 이것은 토론글의 특성과 질을 형성하는 데 강한 영향을 줄 것이다.

만일 학생들이 평생학습자가 될 것이라면 그들은 학습활동의 목적과 과정을 알아야만 한다. 우리가 학생들의 학습 전략과 전술의 성공을 그들 스스로 판단하도록 독려한다면 그들은 학습활동과 반응을 모니터링하고 조절할 기회를 제공받아야 한다. 즉, 학생들은 그 사고를 조절하기 위해서 자신들의 사고 과정을 인식할 필요가 있다. 이 인식은 이러닝 토론이 초기의 탐색 단계를 넘어서서 새로운 아이디어와 개념의 통합과 적용으로 이동하여 오래 지속되도록 할 것이다.

학생들이 자신의 메타인지적 인식, 지식, 모니터링과 조절 기술을 증가시키기 위한 훌륭한 기법은 자신의 댓글에 이름을 달게하고 다른 토론 댓글을 추적해 나가게 함으로써 자신의 온라인 글에 대해 생각해 보도록 격려하는 것이다(Pawan, Paulus, Yalcin, & Chang, 2003). CoI 이론적 프레임워크와 실천적 탐구 모델의 맥락 내에서 이것은 각 탐구의 단계에 따라 반응들에 이름을 붙이는 것을 의미한다. 이것은 더 높은 수준의 인지적 과정을 산출하는 것으로 보여진다(Valcke et al., 2009). 메타인지적 인식의 또 다른 실천적 장점은 학생들에게 그들이 적절한 시기에 진전하고 있지 않고 탐구 단계의 한곳에 정체되어 있다는 것을 알게 하는 것이다.

인지적 실재감 이슈는 담화 촉진과 관련하여 다음과 같이 요약할 수 있다.

1. 주요 이슈에 대한 토론에 집중하라.
2. 생각을 자극하는 질문을 하라.
3. 댓글에서 나오는 명확하지 않은 이슈를 규명하라.
4. 아이디어에 도전하고 성찰을 촉발시켜라.
5. 중재하되 과도하게 토론을 지시하지 마라.
6. 적용을 통해 이론적으로 또는 간접적으로 아이디어를 테스트하라.
7. 토론이 줄어들거나 그 목적을 다했을 때 다음으로 넘어가라.
8. 학생들이 실천적 탐구 모델의 단계별로 자신들의 논평의 특성에 따라 이름을 붙이도록 함으로써 메타인지적 인식을 촉진하라.

직접 교수

직접 교수의 요소는 명확히 이러닝을 교육적 경험으로 움직이게 한다. 지적이고 교수적인 리더십을 제공하는 것은 교수자의 책임이다. 고등교육에서 교수자에게는 지적인 분위기를 조성하고 교육과정을 설계하고, 탐구적인 학자의 특성을 본보기 보이며 학생들이 주제의 뉘앙스에 접하도록 하는 것이 기대된다. 이때의 어려움은 직접 개입을 하면서도 학생들이 이해하고 그들이 교류의 참여자가 되는 개방성과 진실성을 가지는 것이다. 스캐폴딩(즉, 고차원적 인지 기술을 개발하도록 일시적으로 지원)은 가장 많이 사회적으로 공유된(예, 협력적 구성주의) 인지적 학습 모델의 중요한 구성요소다. 이것은 자유방임주의나 수동적 집단 접근을 가지고는 성취되지 않는다.

사회적 실재감

표면적으로 직접 교수는 사회적 실재감을 감소시킬 것 같지만, 오히려 반대의 결과가 나타날 것이다. 첫째, 인지적 실재감과 사회적 실재감 이슈가 상호 의존적이라고 반복해서 말해 보자. 교수자들과 학생들이 직면한 인지적 도전에도 불구하고, 교육은 협력적이고 사회적인 제도다. 둘째, 직접 교수는 존중해 주고 위협적이지 않은 방식으로 개인들과 그룹을 관련시키는 사회적 실재감을 향상시킬 수 있다. 학생들은 교수 실재감을 매우 가치 있게 생각하지만 그들은 또한 질문을 편안하게 하거나 심지어 직접 교수에 도전하기도 해야 한다.

직접적인 개입을 정당화하는 또 다른 영역은 소수의 학생들이 토론을 지배하거나 다른 사람을 위협하고 그들이 참여하는 것을 막을 때다. 여기에서 직접 교수는 이러한 학생들이 다른 사람의 말을 경청하고 보다 많은 양의 담화를 성찰하도록 독려할 것이 요구된다. 유사하게, 매우 상호작용적인 이러닝 환경에서 관리될 필요가 있는 갈등이 일어날 수 있다. 만일 갈등이 수업의 역동성을 방해한다면 교수자의 개입이 요구될 수 있지만, 일반적으로는 사소한 다툼을 학생들 나름대로 해결해 보도록 남겨 두어야 한다.

시간이 지나면서 학생들은 점차 사회적이고 인지적으로 책임감을 갖게 될 것으로 기대할 수 있다. 그러나 어떤 학생은 개방적 커뮤니케이션과 담화가 심각하게 위태로워질 정도로 지장을 줄 수 있다. 그룹 응집성을 위하여, 학습활동에 지장을 주는 학생들은 개인적 커뮤니케이션을 통해 직접적으로 상대해야 한다.

직접 교수와 관련된 사회적 실재감의 이슈는 이전의 이슈들과 일관되어 있지만 코멘트들이 구체적이고 흔히 개인 학습자들을 향해 있을 때는 특별한 주의를 가지고 접근해야 한다. 몇 가지 제안은 다음과 같다.

1. 토론을 형성하되 장악하지는 말아라.
2. 존중을 보이며 피드백을 제공하라.
3. 교정적 코멘트를 가지고 건설적이게 하라.
4. 협상에 개방적이고 근거를 제공하라.
5. 갈등을 빠르게 사적으로 다루어라.

인지적 실재감

이러닝의 경험이 가상적이라는 특성이 바로 교수 실재감의 필요를 증가시킨다. 학생들은 인지적 이유나 혹은 시간의 제약 때문에 그리고 교육적 과정을 신속히 하기 위해 피드백과 지시가 필요하다. 내용 전문가로서 질문에 대해 설명하거나 오개념을 명확히 하는 것은 건설적일 뿐만 아니라 중요한 교수 실재감 책임이 된다. 이것에 따라서 우리는 아는 것이 많은 교수자는 내용에 대한 틀을 잡아 주거나 조직화된 프레임워크의 기반을 형성하는 특정한 개념에 주의를 기울이도록 하는 책임을 가지고 있다고 믿는다. 이러한 방식으로 학생들은 단절된 사실들을 넘어서고, 지속적인 지식 발달을 촉진하는 기초를 제공하는 스키마를 가지거나 구성할 수 있다. 그럼에도 불구하고, 이것은 적절한 개입을 필요로 할 것이다. 교수자의 역할은 참여자의 의견을 중립적으로 엮어 내는 것 이상이다.

직접 교수는 만일 학생들이 독립적으로 유용했다면 다르게 도달했을 것에 대해 학습자들이 그보다는 좀 더 높은 수준의 인지적 발달을 하도록 하는 의도를 가지고 접근해야 한다.

이것은 직접 교수와 형성적 피드백의 권유를 요구한다. 깊이 있고 의미 있는 학습은 오개념의 진단에 달려 있고 교수자가 직접적인 개입으로 사용할 수 있는 형성적 평가의 다른 형태들에 달려 있다. 이러한 것들은 교수 실재감의 중요한 형태다.

반면에 강의와 교수자의 가치와 관점을 그대로 따르는 것은 테크놀로지와 교육적 과정을 잘못 사용한 것이다. 너무 많은 직접 교수는 상호작용을 분명히 감소시키고, 비판적 성찰을 제한하여 고차원적 학습경험에 손상을 줄 것이다. 학생들은 그들의 아이디어를 말하고 발달시킬 기회를 가져야 한다. 이것은 교수자의 참여가 요구되는 상황에서 또 다른 시기에는 토론에 지시가 필요하거나 종료를 해야 하는 섬세한 균형을 요구한다. 직접 교수는 대개 학생들이 자주 주제를 더 깊이 바라보도록 돕는다.

코스의 마지막에 담화 요소들을 요약하는 것 또한 중요한 직접 개입이 된다. 이러한 시점에서 중요한 개념을 끌어내고 학생들이 추가적인 학습 도전을 하도록 유도하는 것은 종종 적절하다. 이것은 인지적 실재감과 사회적 실재감의 관점 모두에서 중요하다. 인지적으로 이것은 성취감을 창출하고 코스의 평가를 제공한다. 사회적으로 이것은 마무리하는 기회를 제공하고 다른 사람들에게 작별 인사를 하게 한다.

직접 교수와 관련된 인지적 실재감 이슈는 다음과 같이 요약할 수 있다.

1. 분석과 토론을 위한 대안적 아이디어들과 관점을 제안하라.
2. 직접적으로 답변하고 모두가 받아들일 수 있도록 탐구 내용을 자세히 설명하라.
3. 불확실성을 인정하라.
4. 아이디어 간의 연결을 만들어라.
5. 지식 구조를 협력적으로 구성하라.
6. 토론을 요약하고 진행하라.
7. 종결을 하고 추가적인 학습을 예시하라.

3. 결 론

이 장의 초점은 교수 실재감의 실천적인 측면에 두었다. 각 3개의 교수 실재감 하위 요소들(설계, 촉진 그리고 직접 교수), 사회적 실재감과 인지적 실재감에 관련된 이슈들이 논의되었고 가이드라인이 제공되었다. 그러나 이러닝은 빠르게 변화되는 영역의 연구와 실천이다. 이러한 이유로 만일 교수자들이 현재의 흐름을 유지하고 싶다면 가르치는 학자들일 필요가 있다. 이것은 이러닝의 교육적 경험을 설계하고 전달하는 부가적인 업무 부담과 결합되었을 때 상당한 도전이 됨을 나타낸다. 이 도전을 더 복잡하게 하는 많은 행정적 책임들과 조직적 이슈들 또한 고려될 필요가 있다.

Chapter 10

사정과 평가

1. 이러닝 사정하기
2. 과정 평가
3. 결 론

Chapter 10

사정과 평가

이 장에서는 이러닝의 질을 보증하기 위한 사정(査定, assessment)과 평가(評價, evaluation)의 중요한 역할을 검토하였다. 사정과 평가라는 용어는 경우에 따라 동의어로 사용되고 있으나 우리는 두 용어 간에 차이를 두고자 한다. 사정은 학생들의 학습과정과 결과를 결정하는 역할을 언급하기 위하여 사용된다. 따라서 사정은 필연적으로 다면적이며, 기능과 행동적 역량의 획득, 복잡한 문제에 대해 비판적이고 창의적인 해결안을 적용하는 능력을 포함한 인지적 기술을 적용하는 역량, 탐구공동체의 맥락에서 요구되는 비판적, 지지적 또는 열정적 능력을 포함하는 태도 등을 포함한다. 일반적으로 사정은 학생들에게 형성적 피드백을 제공하고, 교육과정의 마무리에서 학생과 교수자 모두에게 학습성취에 관한 총괄적 정보를 제공하기 때문에 교육과정을 통하여 이루어진다.

반면, 평가는 일련의 수행이나 학습결과의 기준에 따라 단원, 교육과정 또는 프로그램을 비교하는 행위를 언급하기 위하여 사용된다. 이러한 기준은 종종 외부의 에이전트나 기관들에 의해 설정된다. 그러나 교사와 학생들의 관심 또한 평가정책 내에서 중요한 영향력을 갖는다. 종합적인 평가는 학습 측정, 만족도, 비용과 비용 효과성의 측정 및 모든 관련 이해관계자나 참가자에 의해 정의된 프로그램 성공에 관한 기준을 포함한다.

1. 이러닝 사정하기

교육적 경험에서 평가의 중요성은 아무리 강조해도 지나치지 않는다. Rowntree(1977)가 진술한 것과 같이 "교육시스템에 관한 진실을 발견하고자 한다면, 사정의 절차를 살펴보아야 한다" (p. 1). 이것은 교육적 교류의 엄청난 진실이며 불변의 것 가운데 하나다. 근본적으로 사정은 학습을 규정한다는 일반적인 함의를 갖는다. 특히, 우리가 심층적이고 유의미한 방법으로 학습에 접근하기를 바란다면 더욱 그렇다(Garrison & Archer, 2000). 교육적 경험에 있어서 사정의 교수적 중요성과 영향력에 관한 한 이러닝도 예외가 아니다.

여기서 이러닝에 대한 논의의 초점은 교육적 조망에서 비롯되며 많은 이론과 캠퍼스 기반 교육을 위하여 개발되어 온 질 높은 교육적 경험의 실제는 이러닝을 위한 사정을 설계하는 데 직접적인 관련을 갖는다. 그러나 교육이 실행되는 맥락이 설계와 전달에 영향을 미치는 것 또한 사실이다. 이러닝 맥락에서 사정은 커뮤니케이션 매체의 효과, 물리적 근접성 및 교실에서 피드백을 위해 사용되는 보디랭귀지의 부족, 학습과정 전반에 걸친 제한된 교수자의 감독, 분산된 상황에서 시험에 대한 인증과 부정행위의 문제, 그리고 수업 후 상호작용과 같은 비형식적 활동의 감소를 포함하는 많은 요소에 의해 복잡하게 되었다.

사정은 이해와 성취를 나타냄으로써, 효과적인 교수와 학습에 직접적으로 연결된다. 사정이 성공적으로 이루어지려면, 먼저 의도된 학습결과에 적합해야 한다. 예를 들어, 학습 목표가 개념의 심층적 이해와 비판적 사고 능력을 개발하는 것이라면, 사정의 초점은 정보의 조각을 회상하는 것이 아니라 이해와 사고에 맞추어야 한다. 그러므로 사정은 학습이 이루어지는 동안 오개념을 진단하고 의도된 학습결과의 질을 평가해야 한다. 이러한 철저한 사정의 형태는 모든 교육적인 경험에서 핵심적이며 이러닝 환경에서도 마찬가지로 도전적이다. 그러나 그 도전들은 이러닝의 상호작용적이고 협력적인 특징들의 효과적인 활용과 협력을 위한 잠재성과 부합되는 활동 및 사정의 사용을 통해 완화될 수 있다.

사정의 기능

이러닝 맥락에서 사정의 어려움에도 불구하고, 이러닝의 특성과 잠재성을 고려할 때, 협력학습을 사정하는 데 초점을 둘 필요가 있다. 불행히도 고등교육의 전통에서 사정은 내용 이해와 교수자 중심의 기법에 중점을 둔 것이었다. 만약 이러닝의 협력적 잠재성을 이용하고자 한다면 협력학습을 인정하고 보상하는 기법을 포함할 필요가 있다. 협력학습이 사정 절차를 통하여 가치가 존중되지 않거나 반영되지 않는다면, 실제적 참여와 고차원적 학습은 제대로 시행되지 못할 것이다. 협력적 구성주의와 성찰적 학습을 지지하는 이러닝의 강점을 고려할 때, 이러닝은 "사정의 방법에 대해 급진적인 재고를 요구한다"(Swan, Shen, & Hiltz, 2006, p. 46).

협력학습은 내용 습득이라는 목적을 위한 수단 이상을 의미한다. 협력학습은 심층적 이해와 지속학습을 촉진하는 메타인지적 인식을 의미한다. 이러한 이유로 적어도 협력적 과정의 특성과 질에 대해 형성적 피드백과 사정을 하는 것은 중요하다. 학생들은 협력적 교류에 관하여 무엇이 잘 되고 있고 어떤 점에서 어려움을 겪는지 진술하도록 요청받아야 한다. 그러나 협력학습을 사정하는 것은 개인적 학습을 사정하는 것으로 소모되어서는 안 된다. 협력적이고 개인적인 학습에 대한 사정은 실천적 탐구에 내재하는 공유된 그리고 사적인 세계를 반영한다. 협력적이고 개인적인 성취에 대한 성적을 제공하기 위한 방법이 고안되어야 한다. 협력적 과제를 사정하는 것도 고려해야 한다. 이러한 것을 시행하기 위한 하나의 방법은 그룹이 완성된 최종 결과물을 제출하고 각각의 참여자는 협력 프로젝트에 대한 특정한 기여를 제출하는 것이다. 다른 방법은 자기평가(self-assessment), 동료평가(peer-assessment), 그리고 그룹 프레젠테이션이다.

CoI 이론적 프레임워크는 교육적 교류와 지속적인 피드백 제공의 필요성을 언급한다. 형성적 사정은 교육 목적 및 목표의 달성에 대하여 학생들의 발전에 관한 피드백을 제공한다. 형성적 사정은 동기를 부여하고 학생들이 효과적이고 효율적인 방법으로 학습하도록 안내한다. 학생들은 그들의 유목적적인 활동들이 인정받고 보상될 때 학습을 지속하기가 용이하다. 그러므로 형성적 사정은 흔히 학생들에게 그들의 상당하고 도전적인 협력적, 성찰적인 학습노력에 대해 피드백을 제공함으로써 본질적으로 중요한 역할을 한다.

사정은 또한 외적인 벤치마킹을 제공함으로써 내면화되도록 중요한 기능을 한다. 지식이 외적 및 내적으로 모두 정의되기 때문에 사정은 학습성취의 외적 측정이 학습과정(메타인지)의 개인적인 이해와 부합되는 통합된 메커니즘을 제공한다. 그러한 메타인지적 인식은 학습자의 책임감과 통제를 향상시키고 학습자가 지속학습을 할 수 있도록 보다 더 준비시킨다. 학습자는 또한 사정 기법에 의해 동기를 갖게 된다. 유능한 교육자는 학습자가 생산적인 학습활동에 성공적으로 참여하도록 동기를 부여하기 위하여 전략적으로 사정 기법을 사용한다. 성공적인 학습자는 거의 대부분 사정의 기한과 활동에 따라 학습 속도와 노력의 정도를 조절한다. 교육적 학습경험에서 사정의 가치를 분명히 하려면 우리는 지금의 논의를 이러닝 상황에서 사정이 가장 잘 활용되는 평가 수단으로 전환해야 한다.

참여에 대한 사정

사정이 의도한 학습결과를 성취하는 데 유용하게 되려면 교육과정의 목표 및 활동들과 연관되고 조화를 이루어야 한다. 우리 중 많은 사람이 학생들을 위하여 풍부하거나 제안된 활동들을 고안한 경험을 가지고 있지만, 대부분의 학생들이 너무나 도구적으로 집중되어 있고 선택 과제를 하기 위한 다른 책무에 너무 바쁘다는 것을 깨닫게 될 뿐이다. 이 책 전체에서 우리는 대개 비동시적 텍스트 상호작용을 통해 지원되는 이러닝 탐구공동체에 참여하는 동안 인지적 실재감, 사회적 실재감, 교수 실재감의 통합을 위하여 논의해 왔다. 그러므로 교육적 과제와 활동들은 기대하는 학습결과의 핵심이 되어야 하고, 그에 따라 평가되어야 한다. 노력을 보상과 연관시킬 필요성이 제기되면서 우리는 어떻게 최상의 평가를 해야 하는지 그리고 학생들의 탐구공동체의 핵심적인 활동이라 할 이러닝 컨퍼런스와 토론 게시판에 어떻게 참여를 보상해야 하는가의 질문에 직면한다. 학생들이 학습 프로그램의 핵심 요소인 온라인 토론에의 참여를 인식해야 한다는 것은 명확하다. 그러므로 사정활동은 이러닝 활동 내에 통합되어야 한다. 그러나 교사들은 과도한 사정과 개인적인 간섭으로 지나치게 담화를 구조화하는 것을 주의해야 한다. 이러닝 환경에서 사회적 실재감은 학생들이 기꺼이 반응하고 인지적 성장 면에서 서로 지원하도록 충분히 환영하고 긍정적이어야 한다. 반면, 지나치게 많은 사정은 학생들로 하여금 토론이 '교사의 도구(teacher tool)'이며 자신들의 개인적인 또는 그룹의 교육적 요구에 부합하도록 통제나 조정 능력을 가질 수 없다는 결론에 이르게 할 수 있다. 만약 학생들이 자기주도적이 되도록 촉진되고 메타인지적 인식을 갖고 있다면 이들은 사정에 어느 정도 관심을 가져야 한다.

학생들은 그들의 참여와 학습결과는 교수자가 참여에 대해 배정한 성적과 관련이 있다고 인식한다. 참여에 대한 보상은 대부분의 교실에서 이루어지는 교육과 다르며, 교실에서는 출석과 참여에 대해 성적을 부과하지 않는 것이 일반적이다. Jiang과 Ting(2000)은 대학생의 일반적인 학습과 네트워크로 이루어지는 학습을 비교한 보고서에서 학생들이 인식하는 학습은 토론 시 참여에 주어지는 성적과 그들의 결과적인 참여가 유의한 상관관계에 있음을 확인하였다. 그러므로 교사들이 비공식적으로는 학생과 교사 간의 빈번한 상호작용을 통해서 그리고 공식적으로는 피드백이나 사정을 통해서 학생들의 참여에 가치를 두는 것은 중요하다.

이러닝 탐구공동체 접근에 있어서 담화는 학습과정의 최우선적인 요소다. Palloff와 Pratt(2005)은 학습과정에 이러한 강조점을 두고자 한다면 이 과정에서 참여가 평가되어야 하고 적절하게 보상되어야 한다는 것을 논의하였다. 대부분의 학생들은 시간이 부족하고, 중요하지 않거나 교육과정의 목적과 성적을 산출하는 사정에 부수적인 것으로 여겨지는 활동에는 참여하려고 하지 않는다. 이러한 이유로 학생들이 논점에 대한 가이드라인이나 사정기준을 진술한 배점 루브릭, 참여에 대한 최종 점수의 비율에 대한 안내를 제공받는 것은 상당히 중요하다. 연구에 의하면, 효과적인 토론은 사정과 관련이 있고, 보다 구체적으로 사정 루브릭에 의해 이루어진 토론은 "토론의 기준이 제공되지 않은 학급에서의 토론보다 더 많이 글이 게시되고, 더 많은 단서 그리고 매우 깊은 수준의 토론이 이루어졌음"(Swan, Schenker, Arnold, & Kuo, 2007, p. 78)을 제안하는 증거를 보여 주고 있다.

[그림 10-1]과 같은 루브릭은 학생에 의해 중재된 온라인 토론의 평가를 위해 설계된 것이다. 이것의 목적은 토론을 중재하기

위한 핵심 요소 또는 책임 그리고 각각의 요소와 연관된 양질의 특성과 수행수준을 확인하기 위한 것이다. 이 루브릭은 블렌디드 러닝을 주제로 블렌디드 학습과정을 가르칠 때 저자의 동료인 Norm Vaughan이 제작하였다. 개발될 또 다른 루브릭은 실천적 탐구 모델의 단계에 따라 참여의 질을 사정할 수 있어야 한다. 예를 들면, 세로의 칸은 탐구의 3단계, 즉 탐구, 통합, 해결로 이루어져 있다. 반면, 수행수준은 관련성(연결 글에 포함되는), 명확성(간결성), 논의(참고)에 의해 판단될 수 있다. 토론 루브릭의 더 많은 아이디어는 Swan, Shen과 Hiltz(2006)에서 볼 수 있다.

대부분의 학습과정관리시스템은 교사들이 많은 수의 로그온과 온라인 포럼에 기여한 것을 모니터링하도록 허용하는 트래킹 기능을 제공한다. 그러므로 학생들의 참여에 대하여 신속하게 데이터를 축적하는 것이 가능하다. 그러나 포스팅의 숫자를 표로 만드는 것은 의미 있는 기여나 학생의 성취와 성장을 정확하게 측정하지 못한다. 우리는 형식적 학습에서 일부 학생들이 학습에 대해 '도구적' 태도를 수용하는 경향성을 인식하고 있다. 그 점에서 그들은 단지 교사에 의해 정의된 학습결과에 전략적으로 집중한다. 많은 우수한 교육연구에서 시행하는 것과 같이 질적으로 우수한 학생 사정은 다면적이며 다양한 측정도구를 사용한다. 다음에서 참여와 기여를 평가하는 몇몇 수단을 검토하고자 한다.

학생명:

요소	초기	발전	성취	점수
참여	1점 단지 온라인 토론 포럼의 하나에 기여하고 참여	3점 온라인 토론 포럼에 세 가지 정도 기여하고 참여	5점 5개의 온라인 토론 포럼에 각각 기여하고 참여	
조정	1점 초기 온라인 토론 포럼 질문 머리글 올리기	3점 여러 토론 포럼 질문 글 올리기	5점 여러 토론 포럼 질문 글을 올리고 다른 학생의 글에 반응	
요약	3점 온라인 토론 포럼의 일반적인 수준의 요약 제공	5점 토론으로부터 도출된 중요한 아이디어 요약	7점 토론으로부터 도출된 중요한 아이디어 및 미해결되고 논쟁이 되는 주제와 토론에서 얻은 주요 개념 요약	
자원	1점 자원과 인용의 완성되지 않은 목록	2점 APA 방식으로 인용된 자원의 주요한 목록	3점 APA 방식으로 인용된 자원의 광범위하고 관련 있는 목록	
총점				/20

[그림 10-1] 토론 루브릭

이러닝 커뮤니케이션의 근거가 되는 컴퓨터시스템은 학습자의 게시글을 양적으로 분석하는 데 공정하고 쉽게 사용할 수 있다. 메시지의 질을 판단하는 몇몇의 지침이나 피드백 기제를 가지고 많은 수의 게시글을 측정하는 교수자는 보통 학생들을 참여하도록 하는 데 성공한다. 그러나 이러한 사정이 담화와 학습결과의 질에 영향을 미치는지는 명확하지 않다. 교육적으로 보다 바람직한 학생 참여에 대한 사정은 맥락 내에서 글을 게시하는 학생 참여에 대한 질적인 판단의 결과이어야 한다. 맥락 내에서 메시지를 사정하는 업무를 시행하고자 한다면, 가능한 한 뚜렷하게 사정기준을 만들어야 하고, 학습과정의 초기에 이러한 기준을 공유하도록 해야 한다.

교사들의 어려움은 학습자와 교육기관의 요구에 부합하는 객관적이고 반복 가능한 방법으로 기준을 사용할 수 있어야 한다는 것이다. 그와 같은 과제는 달성될 수 있다고 주장되고 있지만, 실행적인 관점에서 보면 교사들의 업무 부담이 상당하기 때문에 그와 같은 활동을 추천하는 것에 주의를 기울여야 한다.

모든 형식적 교육과정의 궁극적인 목적은 학습자가 자신의 학습을 인식하도록 유도하는 것이므로 이러닝 활동에서 학생들이 그들 자신의 유의미한 참여의 증거를 갖는 것이 가능하다. 학생들은 자신들이 탐구공동체 안에서의 기여와 발전에 대해 성찰할 기회를 가져야 한다. 이것은 온라인 저널이나 블로그의 형태로 공유될 수 있다. 또 다른 전술은 PI 모델의 단계에 따라 그들의 기여에 대해 메타인지적인 표시를 하는 것이다. 그것은 기여의 질을 사정하기 위한 자원이 될 수 있다.

학생들 자신의 포스팅은 학습활동의 성찰과 사정을 위한 기초로 사용될 수 있다(Davie, 1989; Paulsen, 1995). 일반적으로 학생들은 학습과정의 말미에 그들 자신이 포스팅한 것으로부터 학습과정에 이르기까지 인용한 '성찰의 조각'들을 구성함으로써 그들의 기여와 학습의 증거를 분명히 보여 주도록 요청받는다. 학생들은 그들의 기여를 나타내는 인용을 찾도록 돕는 안내를 받아야 한다. 참여를 하지 않은 학생들은 자신의 포스팅에서 어떤 명확한 증거를 제공할 수 없을 것이 분명하다. 그러므로 일반적으로 낮은 평가점수를 받게 된다. 대안적으로 학생은 적절한 포스팅의 선택적 추출을 통해 학습을 보여 줄 수도 있다. 그러므로 간접적으로 참여한 학생(글을 올리기 않고 읽기만 한 학생)을 위한 평가점수를 높이는 기회를 제공한다.

기여에 대한 자기사정은 학습과정의 특정한 기간 동안 중재 기능을 수행함으로써 보다 명확하게 될 수 있다. 그들은 학급에 대한 자신들의 기여와 교수 실재감에 대한 자신의 기여를 인용함으로써 담화를 설명하도록 요청받을 수 있다(요약, 환영인사, 학습자극 및 다른 기여들). 그들은 또한 자신들의 메타인지적 지식과 능력에 관해 성찰하도록 요청받을 수 있다. 학생들은 또한 사회적 실재감, 인지적 실재감, 교수 실재감 지표의 요약을 제시받을 수 있고 그들의 포스팅이 가장 유의미하게 기여한 세 가지 범주를 설명하도록 요청받을 수 있다.

다양한 사정활동

우수한 탐구공동체의 이러닝 경험은 담화와 성찰을 유발하도록 개인적으로 또는 공동으로 작업하는 일련의 균형 있는 학습활동을 포함한다. 이러닝 환경은 점점 더 많은 수의 잠재적 활동을 지원할 수 있다. 왜냐하면 온라인 테크놀로지가 텍스트, 음성 그리고 동시적이고 비동시적인 형태로 발생하는 멀티미디어 상호작용의 더 많은 조합을 지속적으로 발전시키고 지원하기 때문이다. Palloff와 Pratt(2009)는 수행사정(위키), 실제적 사정(현실세계 사례 연구), 포트폴리오 사정(저널 또는 블로그) 그리고 온라인으로 이루어지는 테스트와 퀴즈를 포함하는 활동의 예를 제시하였다. 이에 더하여 전문 커뮤니티로서 이러닝 교사들은 새로운 학습활동을 고안하고, 테스트하며, 공유하였다.

고등교육에서 일반적인 과제는 학생들이 특별히 흥미 있어 하는 관련 논문을 발견하고, 읽고, 비평하는 것이다. 이것은 학생들이 적절한 저널들을 조사하고, 흥미 있는 논문을 선정하며, 논문의 심층적 의미를 파악하기 위해 읽고, 간단한 리뷰와 비평을 작성하도록 한다는 몇몇의 이점을 갖는다. 학생들을 안내하고 그러한 작업을 공정하게 평가하는 것은 사정 루브릭의 사용을 통해 상당히 촉진될 수 있다. [그림 10-2]는 Norm Vaughan에 의해 개발된 것으로 읽기 과제를 사정하기 위해 설계된 루브릭이다.

능동적 학습과 실제적 사정에 대한 강조와 일관되게 이러닝에서 학습결과물의 포트폴리오, 작품의 사용이 증가되고 있다. 포트폴리오는 "학생들이 그들의 성취를 조직, 종합하고 커뮤니케이션하도록 요구함으로써 중요한 개념의 이해 또는 핵심 기술을 숙달했다는 증거"(Swan, Shen & Hiltz, 2006, p. 53)다. 학습결과물의 구성은 매우 기본적이고 명확한 방법으로 습득된 지식을 보여 준다. 이것은 협력적인 기여뿐만 아니라 개인적인 이해의 설명을 포함할 수 있다. 또한 포트폴리오 사정은 학생들이 그들 자신의 학습목표에 중요한 참여를 허용하는 전략에 적합하다. 학생들은 개인적이고 협력적인 학습경로를 시작할 수 있고 포트폴리오에 설명된 결과물 또는 증거를 통하여 자신들의 성취를 나타낼 수 있다. 이러닝 과정에서 올려진 글들은 포트폴리오의 매우 유용한 요소 중 하나로서 사용될 수 있다. 그리고 교사들은 학생들에게 주석을 달거나 요약하도록 하여 모인 의견들에 대해 성찰적 · 메타인지적 코멘트를 더하도록 요청할 수 있다.

학생명:

요소	초기	발전	성취	점수/평가진술
종합/요약	1점 완성되지 않은 종합-요소의 누락	2점 종합의 모든 요소가 제시되었으나 완전하게 작성되지 않음 - 원리에 대한 질문, 논의, 이론 진술 - 이론적 프레인위크 - 방법론 - 연구결과물 - 결론 또는 제언	3점 완전하고 충분히 발전된 글의 종합	
비평	1점 완성되지 않은 비평-요소의 누락	3점 비평의 모든 요소가 제시되었으나 다음의 토론을 포함하여 완전하게 작성되지 않음 - 연구결과물의 타당도와 신뢰도 - 결론과 제언에 동의하는 이유	6점 완전하고 충분히 발전된 글의 비평	
성찰	1점 완성되지 않은 성찰-요소의 누락	3점 성찰의 모든 요소가 제시되었으나 다음의 토론을 포함하여 완전하게 작성되지 않음	7점 완전하고 충분히 발전된 글의 성찰	

성찰		- 보고서로부터 알게 된 것에 대한 진술 - 자신의 블렌디드 러닝 과정/프로그램을 발전시키기 위하여 보고서의 발견, 결론, 권고를 어떻게 적용할지에 대한 아이디어		
조직	1점 아이디어가 분명한 형태로 제시되지 않고 글에 대한 비평은 조직화 되지 못함	2점 아이디어는 분명하게 제시되어 있으나 학생들이 요점을 찾는 데 너무 오래 걸리고 보고서 조직화가 부족함	4점 보고서 비평이 분명한 아이디어와 간략한 진술의 논리적인 형태로 조직됨	
보고서 비평에 대한 동료 검토	2점 완성되지 않은 검토-요소의 누락	6점 동료 검토의 모든 요소가 제시되었으나 다음의 언급을 포함하여 완전하게 작성되지 않음 - 글에 대한 비평을 검토한 것으로부터 무엇을 배웠는가? - 이 비평에서 좋았던 점은? (그리고 그 이유) - 이 비평을 한 사람과 공유하고 싶은 권고나 조언은 무엇인가?(예, 향후 아이디어, 다음 보고서 비평을 향상시키기 위한 방법)	10점 완전하고 충분히 발전된 글의 비평에 대한 동료 검토	
총점				/30

[그림 10-2] 보고서 비평 루브릭

학생의 학습을 사정하기 위해 사용되는 각각의 활동과 전략은 방법론적이고 인식론적인 제한을 가진다. 이러한 전략이 사용되는 동안 우리는 그들이 개인적이고 협력적인 맥락에서 예시되는 것과 같이 지식의 복잡한 영역을 측정하는 것을 시도하고 있다. 사정 전략은 "그룹 상호 의존성과 개인적 책무성을 모두 보장하는 것이 중요하다"(Swan, Shen, & Hiltz, 2006, p. 53). 상호 의존적 책임은 자원의 공유와 사용을 기록하는 것과 같이 직접적인 것일 수 있다. 즉, 이러한 사정의 성공적인 시행은 상당한 어려움이 있다. 또한 교사들은 학생들이나 대학 당국이 그들에게 도전하도록 허용하는 투명하고, 신뢰할 수 있으며, 실제적인 방법으로 이러한 사정을 시행하도록 강력히 요구받고 있다. 단일 사정활동에 지나치게 의존하는 것에서 비롯된 고유한 오류를 감소시키기 위하여, 좋은 교수자들은 학습과정 동안 다양한 사정을 시행한다. 예를 들면, 퀴즈, 간단한 응답, 보다 길게 생각을 표현한 답변, 그리고 학기말 보고서 등의 다양한 사정 형식, 개인에서부터 그룹 과제까지에 걸쳐 요구되는 협력의 정도, 자기 또는 동료 평가에서 교사 평가에 이르는 평가자의 역할, 그리고 광범위한 이론적 이해에서부터 새로운 지식의 실천적인 적용 평가에 이르기까지 다양한 사정이 이루어져야 한다.

이러닝 교육에서 문제 기반 탐구학습 활동에 대한 관심이 증가하고 있다. 문제 기반 탐구학습은 실제 영역에서 비롯된 실제 이슈와 관심을 가능하면 밀접하게 반영한 비구조적인 문제를 학생들에게 직면하게 하는 학습에 초점을 둔다. 문제 기반 탐구학습에서 교사의 역할은 첫째, 실제적 문제를 구성하는 것이다. 이러한 문제들은 교육과정이나 학생들이 습득하도록 기대되는 지식이나 역량에 관한 지식 영역에 기초한다. 교수자는 학생들이 문제에 대한 해결책을 발견하는 데 사용할 수 있는 일련의 자원을 적절하게 탐색하고 사용할 수 있게 한다. 앞서 제시한 바와 같이 사례연구는 문제 기반 활동의 훌륭한 예다. 그들은 지식 보급 기반 교육접근에서 발견되는 콘텐츠 수용자와는 반대로 학생들이 문제해결자로서 자신들의 학습에 능동적으로 참여하도록 격려한다.

문제 기반 탐구학습 과정 동안, 교사들은 코치와 역할모델로서 행동한다. 코칭의 기능은 학생들이 적절한 수준에서 문제를 공략하도록 돕고, 그들의 잠정적인 해결방안을 구조화하고 문서화하는 것을 도우며, 학생들이 다른 방법으로 자신들의 학습활동을 조직하도록 돕는다. 물론, 문제 기반 탐구학습은 불가피하게 비생산적으로 잘못된 시작과 잘못된 경로를 포함한다.

그러나 교수자는 탐구과정의 이 중요한 요소를 중단시켜서는 안 된다. 그러므로 교수자는 문제해결에서 공동의 탐구자로서 행동하고, 중재 없이 문제를 해결하는 학생들의 능력이 성장함에 따라 배경으로 사라진다.

문제 기반 탐구학습 맥락에서 학생 사정은 전통적인 내용 습득에 관한 교육결과를 사정하는 것보다 도전적이다. 문제 기반 탐구학습은 학습의 심층적 수준을 유발하고 학생의 자기주도적이고 메타인지적 학습능력을 발전시키도록 한다. 이와 같이 지식 보유의 간단한 측정은 이러한 중요한 영역에서 학생들의 성장을 사정할 수 없다. 이러한 까닭으로 다양한 사정활동은 종종 문제 기반 탐구학습에서 형성된다. 이들은 학생들이 문제에 대한 자신들의 해결방안을 설명하거나 글로 제시하는 프레젠테이션, 학생들이 자신의 기여와 다른 그룹 구성원의 기여를 사정하는 자기평가 및 동료평가, 문제해결책을 기록하는 개념도의 개발과 이러한 해결책을 달성하는 데 사용한 과정을 포함할 수 있다.

이러닝 맥락에서 문제 기반 탐구학습은 교실수업 장면에서 편성된 것과 큰 차이는 없다. 그러나 대부분의 문제 기반 탐구학습 활동이 그룹조사를 허용하도록 구성되기 때문에, 그룹 동기화, 문서 관리, 토론 그리고 과제할당이 이루어지도록 지원되어야 한다.

오디오 또는 텍스트 채팅을 통한 실시간 활동의 제공은 학생들이 효율적으로 그룹활동을 계획하고 시행하는 데 도움이 된다. 단지 비동시적 상호작용에 기초한 환경에서 그룹들이 과제를 신속히 할당하고 그들의 문제해결 활동을 계획하는 것은 종종 어렵다. 시간은 적절히 분배되어야 하고 촉진은 초기에 제공되어야 한다.

마지막으로 커뮤니티 기반 학습모델의 고유한 장점 중 하나는 학생들과 함께 사정의 비판적 역할을 토론할 수 있는 가능성이다. 대부분 고등교육의 사례에서 이러닝의 사정은 교사가 정의한 기준의 기계적 채점으로 축소되어서는 안 된다. 이보다 인터넷의 고유한 커뮤니케이션 능력은 학생들이 사정의 유형에 대해 언급하고 초점을 두며 협상하도록 하는 데 사용할 수 있다. 그러므로 학생들은 그 목적을 이해하고, 이것이 학습 목표를 적절하게 반영하고 안내하는 것을 이해할 수 있다. 만약 학생들이 그들의 학습에 통제권을 더 갖는 것으로 기대된다면 내용과 과정에 대한 어떤 선택권이 주어져야 한다. 이 통제는 목표에 대한 선택을 넘어서서 어떻게 이 목표가 측정될 수 있는지에 대한 선택으로 확장되어야 한다.

2. 과정 평가

학생 학습의 사정은 온라인 과정 평가의 핵심 요소다. 그러나 이것은 이러닝에 관련되어 있는 교육자가 우려하는 요인 중 하나이기도 하다. 이러닝 맥락은 복잡하고 많은 구성요소로 이루어져 있기 때문이다. 양질의 교육적 경험이 실현되어야 한다면 모든 요소는 끊임없이 서로 함께 작동해야 한다. Palloff와 Pratt(2009)는 온라인 과정을 평가할 때 활용할 수 있는 여덟 가지 요소를 목록화하였다.

- 과정 경험에 대한 인식
- 과정에 대한 오리엔테이션
- 내용의 질과 양
- 토론과 상호작용
- 참여와 수행에 대한 자기평가
- 과정관리시스템
- 기술적 지원
- 자원에 대한 접근

학습과정에 대한 적절한 평가는 분명히 도전적인 시도다.

평가는 이러닝 프로그램의 전략적 의도를 결정하면서 시작된다. 이에 이러닝 과정이 개발되고 전달되는 이유를 분명하게 확인하는 것은 효과적인 평가를 위해 특히 중요하다. 전통적으로 원격교육 과정은 지리적 또는 시간적 거리를 이어 줌으로써 형식교육의 기회에 대중적인 접근을 증가시키기 위하여 제공되고 있다. 접근성이 이러닝의 구성요소인 반면, 이러닝의 잠재성은 상호작용과 협력적 능력의 기능으로서 질적인 이슈와 관련이 있다. 교육기관들은 수입 증가, 학생에 대한 점유비율 증가 및 유지 그리고 기관 차원 또는 국가적 인식이나 명성을 위한 수단으로 이러닝 활용을 시도한다. 분명히 이러닝의 잠재성에 대한 지식은 이러한 목표의 성취를 측정하기 위한 기제를 수립하기 위해 중요하다. 이러한 목표는 종종 감추어지고 암묵적이 된다(Anderson, 2001). 그러므로 교육자의 최우선적인 역할은 이와 같이 숨겨진 의제를 명확하게 하는 것이다.

주도적인 평가의 다른 요소는 과정의 내용을 면밀히 살피는 것이다. Sims(2001)는 어떠한 과정의 콘텐츠도 학습자가 등록하기 전에 과정 개발자나 교수자에 의해 사전에 제작된 불변의 내용으로부터 과정이 진행됨에 따라 학생과 교사의 기여에 의해 전적으로 구성되는 콘텐츠의 연속선상에 존재한다고 지적하였다. 이러한 콘텐츠의 개별 요소들은 다른 요소들과 조화를 이루어야 한다. 그리하여 잘 결합하고 쉽게 이해되는 패키지가 결과적으로 나타난다. 예를 들어, 글쓰기 스타일은 일관성이 있고, 과정에 등록한 일반적인 학습자의 읽기 수준과 적절한 어휘를 사용하여 친숙한 정도에 일치해야 한다. 과정 자료의 내용은 정확해야 하고 모든 저자들은 학생들이 토론활동에 영향을 미칠 편견을 인식해야 한다. 이것이 상식적인 요구로 보이지만 학습자가 협력적 환경에서 내용에 대한 의견을 말할 때 문제가 될 수 있다.

이러닝 자료의 효과적인 평가는 과정에 포함된 교수 설계에 대한 면밀한 검토를 요구한다. 이러닝 과정은 교수적 편견과 제작자의 이해를 반영한다. 일반 교육 설계에 기반하고 있으나 구성주의의 가면을 쓰고 있는 이러닝 콘텐츠의 많은 예가 있다. 설계에 차이가 있음에도 불구하고, 모든 과정은 선행경험 및 학습자의 지식과 연합되어야 하며, 일관성 있고 분명하고 완전한 경로와 절차가 제공되어야 한다. 또한 담화를 위한 기회, 학생과 교사가 그들의 학습과 기대하는 결과에 접근할 수 있는 방법을 제공해야 하고 이러한 결과들이 성취되는 방법을 분명하게 설명해야 한다.

이 장의 요점은 과정 평가는 학습에 대한 사정의 질, 양 그리고 철저함을 평가하는 것을 다루어야 한다는 것이다. 이전에 논의한 바와 같이 사정은 많은 학습활동을 유도하고 다양한 방법으로 과정—적어도 학생 참가자에 의해 인식된 것과 같은—을 정의한다. 과정의 주도적인 평가는 사정활동들을 면밀히 살펴보고, 명시적 과정의 목표와 잠재적인 목표들을 얼마나 정확하게 측정했는지에 주목하는 것이다. 대부분 양질의 과정은 개인과 그룹 작업의 사정을 모두 포함하는 다양한 사정 양식을 가질 것이다. 평가가 규율이나 커뮤니티의 규범과 달리 실제적 수단이라는 것 또한 관심사다.

학생지원의 정도는 과정 평가의 다음 요소를 형성한다. 학생들은 각기 고유한 특성을 갖고 있기 때문에 이러닝이 이루어지는 동안 학습을 방해할 수 있는 무제한의 이슈들이 있다. 이러한 방해를 극복하기 위하여 다양한 학생지원서비스가 양질의 이러닝 과정과 함께 제공될 수 있어야 한다. 이러한 자원들은 콘텐츠(일부 학생들을 위한 보충 활동과 다른 학생들을 위한 콘텐츠의 풍부화), 기술적 이슈(특히, 전달을 위해 사용된 테크놀로지가 새롭거나, 정교하거나,

복잡한 경우), 개인적 이슈(상담 지원의 다양한 유형)에 중점을 둘 필요가 있다.

과정 평가의 최종 영역은 학습결과들이 도달한 정도를 사정하는 것과 관련된다. '학습자는 과정에 만족하는가?' '인증기관들은 과정이 성공적으로 완성되었는지를 보증할 수 있는가?' '교사들은 과정과 관련된 업무 조건과 업무 부담에 만족해하는가?' '적절히 준비가 된 메커니즘이 있어서 이후 반복되는 기간 동안 과정이 지속적으로 향상될 수 있는가?' 이것은 또한 과정이 학생들에게 적합한지, 교육기관에 비용 효과적인지, 그리고 학생들에게 변화를 가져오는지를 평가하는 데 적절할 것이다.

3. 결 론

이상에서 제시된 토론의 수준에서 이러닝 경험에 대한 가치의 판단은 단순히 학생들의 수행결과나 과정의 가치에 대한 인식을 평가하는 것 이상의 폭넓고 복잡한 주제다. 엄격한 평가는 탐구공동체 환경에서 이러닝의 개발과 전달의 복잡성과 참신성을 반영함으로써 정당화된다. 이것은 오직 우리가 매우 복잡한 이러닝 이슈를 이해할 수 있도록 하는 엄격하고 체계적인 평가노력을 통해 달성된다.

Chapter 11

조직적 이슈

1. 전략적 혁신
2. 인프라
3. 리더십
4. 결 론

Chapter 11

조직적 이슈

많은 고등교육기관은 의도적으로 이러닝에 대한 그들 자신의 입장을 취하기 시작하였다. 그들은 이러닝과 관련된 비전, 정책, 목표들을 신정함에 있어서 리더가 되고자 혁신에 관련된 홍보에서부터 선도적인 위치에 서기 위해 신중한 노력을 기울여 왔다. 교육기관들은 중재된 커뮤니케이션 환경인 유비쿼터스 맥락에서 무엇이 우수한 학습경험을 구성하는지 질문하고 개념을 재정의하기 시작하였으며 그러한 혁신이 어느 면에서 진정으로 가치를 더하는지 이해하기 시작하였다. 고등교육기관을 특징짓는 것이 무엇인가 하는 질문의 대답은 단순히 학습내용에 접근하는 것이 아니라 학습의 맥락과 과정(예, 학습자 커뮤니티) 측면에서 점차 나타나고 있다. 고등교육기관의 핵심 가치와 문화를 돌이켜 보면, 그들은 수동적인 강의에서 벗어나야 할 필요를 인식하고 있으며 이러닝이 학술문화와 학습 환경을 현격히 향상시키는 기폭제와 수단이 될 것임을 깨닫고 있다.

이러닝에 대한 기대는 변화하고 있으며 고등교육기관이 이러닝 혁신의 결과로서 변혁을 이루어 가고 있다는 것은 의심할 여지가 없다. 그러나 문제는 어떻게 변혁이 시도되고 운영되어야 하는가다. 교육기관들은 새로운 혁신에 적응하는 그들의 신속성을 감소시키지 않으면서 앞으로 나아가도록 비전과 전략적 방향성을 발전시켜야 하는 도전에 직면해 있다. 이러한 도전에 대응하기 위해서는 통찰력 있고 유능한 조직적 리더십이 요구된다.

1. 전략적 혁신

이러닝은 실험의 일종이 아니다. 이러닝은 고등교육의 주류로 진입하였고 전략적 자산으로 인식되고 있다. 그 이유는 고등교육이 강의와 정보 제공에 지나치게 의존하는 것과 같은 근본적인 결함을 해결해야 한다는 긴급한 요구를 인식했기 때문이다. 중요한 함의는 교육의 진정한 부가가치는 단순히 코스의 내용이 아니라 학습경험과 소통의 질에서 비롯된다는 것이다. 요약하면 혁신의 목적은 학습 환경의 질이 개선되어야 한다는 것이다. 고등교육에서 경쟁은 질에 관한 것이 될 것이고 이러닝은 이러한 도전의 중심에 있게 될 것이다. 그러나 이러닝을 이해하고 또한 이러닝이 어떻게 핵심 가치를 제공하며 학습의 질을 제고하는가를 이해하는 데에는 더 많은 시간과 노력이 소요되어야 한다. 현재의 상황을 유지하기 위해 너무나 많은 노력이 소요되고 있으며 학습경험의 질을 개선하는 전략을 개발하는 데 주어지는 시간은 너무나 적다.

Katz(2010)는 디지털 시대가 고등교육을 재편할 것이고 "오늘날 전통적인 학문적 조직의 리더는 고등교육기관 이면의 근본원리들을 다시 생각해야 한다."(p. 52)라고 진술하였다. Katz가 다시 생각해야 한다고 주장한 한 가지 영역은 '장소'의 가치에 대한 것이다. 전통적으로 고등교육기관은 지식이 물리적으로 존재하는 저장소라는 면에서 '장소'로 정의된다. 분명히 디지털 시대에 이러한 명제는 더 이상 유지되지 않는다. 문제는 "어떻게 장소가 하나의 요소로 학생의 경험에 포함되도록 전달하는가"(Katz, 2010, p. 53)다. 그러나 장소는 물리적인 실재감 이상의 의미를 갖는다. 이것은 학문적 커뮤니티에 연결되거나 소속된 느낌을 의미한다. 전통적 교육경험의 관점에 의하면, 장소는 처음에 블렌디드 러닝(면대면과 온라인을 통합한)을 포함하는 것으로 주장될 것이며 그 후 이러닝의 가능성을 통한 학문적 커뮤니티로 확대될 것이다.

교육기관이 캠퍼스에 기반하고 있기 때문에 이러닝과 관련이 없다고 말하는 것은 더 이상 설득력이 없다. 이러닝은 널리 확대되고 있으며 면대면이든 블렌디드 또는 온라인이든 모든 교수와 학습을 변화시킬 것이다. 무엇보다 중요한 것은, 이러닝은 학습자의 커뮤니티를 촉진하고 연구를 교육과정에 통합시킴으로써 고등교육의 전통적 가치와 정신을 고양시킬 진정한 잠재성을 가지고 있다는 것이다. 강의와 같이 참여를 제한하는 수업으로 이루어지는 전통적인 고등교육의 교수·학습은 교육기관에 교육적으로 심각한 불이익을 제공한다. 이러닝은 대부분의 고등교육기관 내에서 수동적 정보 전달 접근에 대한 본질적인 믿음을 약화시키고 있다. 간단히 말하면, 교육기관의 발전을 위한 도전은 혁신적인 테크놀로지를 수용하는 것이다.

전통적인 고등교육기관에서 이러닝은 도전적 테크놀로지다. 왜냐하면 이러닝은 강의라는 테크놀로지를 유지하는 데 위협이 되기 때문이다. 이러닝과 같은 혁신적인 테크놀로지는 기존에 설립된 기관에 불가피하게 위협이 되며, 장기적 관점에서 그들 기관이 이러닝에 적응하지 못한다면 소멸의 원인이 될 것이다(Christensen, 1997). Christensen에 의하면, 혁신적인 테크놀로지는 가장 유력했던 기관이 실패하는 원인이 되었는데 이는 그들 기관이 어떤 이유에서든 그 테크놀로지의 수용을 거부했기 때문이다. 이러한 기관들의 도전은 기술적 변화의 기간 동안 그들 스스로 변화하는 것이다. 그러한 근본적인 변화는 최근 고등교육에서 이루어지고 있다. 이러닝은 보다 편리하고, 많은 경우 비용이 적게 드는 향상된 교육적 접근이라는 주장이 단순한 과장이 아니라는 것이 그 어느 때보다 분명해지고 있다. 많은 교육기관의 생존은 이러한 변화를 요구하는 도전에 어떻게 진지하게 대응하는가에 달려 있다.

성공적인 전략은 상대적으로 적은 위험 영역, 즉 테크놀로지를 이해하고 시행하며, 실패하더라도 초기에 그리고 비용이 적게 들도록 하는 방안을 발견하는 것이다. 비즈니스의 관점에서 Christensen (1997)은 "혁신자의 과제는 이러한 혁신이 현재 고객의 요구를 위험에 빠뜨리지 않고 신중하게 시행하도록 보장하는 것이다."(p. xxiv)라고 제안하였다.

새롭고 혁신적인 테크놀로지에 대한 관심은 현재 시장에서 호

> 의적인 위치를 유지하도록 기관의 핵심이 되는 기존의 테크놀로지에 대해 충분한 주의를 배제해서는 안 된다(Archer, Garrison, & Anderson, 1999, p. 24).

이러한 관점은 교육기관에 잘 적용된다. 이러닝의 혁신이 이루어질 때, 캠퍼스 기반의 학습자의 정당한 요구 그리고 교수와 교육기관의 핵심 가치가 인식되어야 하다. 그러지 않으면 혁신적인 테크놀로지는 기관 자체의 위험에도 불구하고 상당한 저항을 받게 될 것이다. 학문적 리더십은 건전한 정책의 개발과 혁신에 관한 주인의식을 가지고 시작해야만 하는 매우 도전적인 과제를 안고 있다.

정책 개발

많은 대학은 비록 단편적이기는 하나 이러닝을 위해 신중한 투자를 하고 있다. 그러나 전략적인 지침, 일관적인 접근 및 지속적인 헌신이 부족하기 때문에 근본적인 변화를 보여 주는 사례는 거의 없다. 혁신적인 테크놀로지로서 이러닝을 배양하는 것과 더불어 교육기관의 정책은 방향을 제공하고 기존의 테크놀로지와 대규모 교육기관의 기득권 변화라는 장기적이고 어려운 과정을 촉진하는 충분한 자원에 초점을 두도록 개발되어야 한다.

정책자료와 전략 계획의 몇몇 주제는 다음을 포함해야 한다.

1. 비전
    - 배경 이해
    - 핵심 가치 정의
    - 전략적 목표 설명
2. 요구와 위험 요소 평가
    - 이슈 확인
    - 도전 요소 확인
    - 최적의 실천기준 확인
3. 교육적 원칙과 결과 설명
4. 새로운 계획과 전략 실행
    - 기관 우선순위에 연결
    - 실행위원회 구성
    - 실천공동체 확인
5. 인프라
    - 멀티미디어 교실 설계
    - 행정적 절차 기술
6. 지원서비스
    - 전문가 개발 제공
    - 학습자 지원 제공
7. 자원, 보상, 포상
8. 벤치마킹과 연구
    - 성공기준 설정
    - 진전 정도 평가
    - 지침과 업적 홍보

이러한 각각의 요점에 대해 자세히 토론하기에는 충분한 지면이 허락되지 않지만 이러닝 비전과 전략 계획이 효과적으로 창출되고 시행되는 것을 보장하도록 제안되어야 하는 몇 가지 이슈가 있다. 첫째, 비전과 전략 계획에는 몇 가지 달성 가능한 목표와 교육기관 리더의 지원을 받는 새로운 계획이 있어야 한다. 전략들은 실제적으로 구현되어 감에 따라 반드시 재검토되고 다시 형성될 필요가 있는 융통성 있는 활동으로 보여야 한다. 둘째, 선임 리더를 포함하는 총체적인 절차 전반에 걸쳐 협력적인 리더십이 있어야 한다. 보다 포괄적인 접근을 취하는 것이 신뢰를 형성하고 주인의식을 창출하는 기회를 제공하게 될 것이다. 셋째, 현재의 상태와 진행과정을 유지하기 위한 연구와 평가가 필요하다. 이것은 실제로 전략의 시행이 내부적으로 또는 외부적으로 새로운 아이디어와 함께 지속적으로 알려져야 한다는 첫 번째 요점의 필연적인 결과다. 마지막으로, 성공이 공유되고 지원이 지속되는 협력적 리더십(이러닝 우선순위를 갖도록 보장하는)을 유지하기 위한 커뮤니케이션에 상당한 노력을 기울여야 한다.

영구적인 혁신은 top-down으로 발생하는 것도 bottom-up으로부터 성장하는 것도 아니다. 대개 효과적인 변화는 고위 경영진 및 하부 직원과 지속적으로 협력하는 전문성을 갖춘 헌신적 중간급 리더들이 실제적인 전략을 시도하는 위치에서 이루어지는 반복적인 과정이다. 비전은 전략적이고 실제적인 가치를 가져야 하며 필수적으로 보여야 한다. 또한 리더십이 이러한 비전을 시행하려면, 잠재적인 이익과 성공이 보장된다는 것을 입증할 수 있어야 한다. 이것은 고위 리더들에게 성공을 확신할 수 있는 평가자료가

지속적으로 제공되어야 한다는 것을 의미한다. 오직 이러한 헌신이 체제적인 이러닝 통합을 이끌어 가는 정책과 자원이 될 것이다.

2. 인프라

비전과 전략 계획이 체제적이어야 한다는 것은 분명하다. 단편적인 또는 임시변통적인 방법으로 전략 계획의 요소를 선택하는 것은 적합하지 않다. 계획의 모든 요소들은 일관적이고 시기적절한 방법으로 통합되어야 한다. 이러닝 문화의 필수요소를 최적으로 통합할 체계와 개념적인 접근은 이러닝의 핵심에 있는 실천공동체와 함께하는 학습경험이다. 학습관리시스템은 이러닝을 위해 가능한 환경을 창출하고 많은 기능을 제공할 수 있다. 고등교육이 지식을 보존하고 보급할 뿐만 아니라 지식을 창출하는 것임을 인식했을 때 이러한 것은 놀라운 일이 아니다. 학습관리는 저장소와 교육과정을 연결하는 데 필요한 '미들웨어'다. 궁극적으로 이것은 이러닝을 수용하고 지속가능성을 제공하는 실천공동체의 권한을 향상시킬 인프라다.

이와 동등하게 중요한 것은 교사와 학생들이 교육과정, 교육과정 관리, 교수적 과정에 관한 정보와 지식을 관리하고 공유할 수 있는 실천공동체에 대한 인식과 통합이다. 지식관리는 지식(실천지식에 뿌리를 둔 노하우)의 창출과 적용에 관련한 협력적 탐구공동체를 기반으로 형성된다. Rosenberg(2001)가 언급했듯이, "커뮤니티의 중요성은 아무리 강조해도 지나치지 않으며" 이것의 진정한 힘은 "사람들이 정보를 제공하고 공유하기 위해 내용과 상호작용하는 것 이상을 수행하는 기회를 창출한다."(p. 80)고 언급하였다. 그것은 지식관리가 커뮤니티 구성원들이 새로운 아이디어를 고안하고, 발전시키고, 혁신하도록 촉진한다는 것이다.

이전에 시사한 바와 같이 이러닝과 관련된 기반시설에 대한 교육기관의 투자는 고위 행정기관의 전폭적 지원을 필요로 할 뿐만 아니라 지위와 비전을 가진 이의 리더십을 필요로 한다. 성공적인 혁신은 강력한 리더십을 요구한다.

3. 리더십

고등교육이 변화와 효과적인 테크놀로지 사용에 저항할 것인가에 대해 각기 다른 입장을 갖는다는 것이 일반적인 이해다(Duderstadt, Atkins, & Van Houweling, 2002). 그러나 오늘날 고등교육 내의 변화에 대한 요청은 이전과는 다르다(Piper, 2008). 유지되어야 하는 고등교육의 전통이 있는 반면, 교수가 시대에 뒤떨어졌거나 학생을 교육과정에 참여시킬 필요가 있을 때 변화에 대한 요청은 정당한 것이다. 교수와 학습에 많은 혁신이 요구될 때, 고등교육에서 찾아볼 수 없는 것은 리더십이라는 주장이 있다.

이러닝은 고등교육에서 교수 · 학습 변혁의 중심에 있다. 근본적인 변화의 시기에 성공적인 변혁(transformation)은 효과적인 리더십에 기인한다. 이러닝이 주류 고등교육기관에 완전히 통합되기 위해 요구되는 핵심적인 리더십의 가치와 특성이 있다. 리더가 가져야 하는 필수적인 가치와 개인적 덕목은 성실성과 개방성이다. 성공적인 리더들은 사람들을 공정, 정직, 개방, 존중으로 대한다. 이러한 가치와 덕목은 여러 방면으로 나타날 수 있다. 우리가 여기서 강조하는 특성은 비전, 헌신, 결단력 그리고 재능을 알아보는 능력이다. 이러한 리더십의 속성은 다른 사람들이 가치 있는 변화를 위해 지식과 실천을 제공하도록 자신감을 심어 준다.

우선, 리더십은 비전과 변화를 옹호하는 의지를 가져야 한다. 이러한 비전은 이해할 수 있고 성취 가능한 전략적 목표와 행동으로 바뀌어야 한다. 그다음, 리더십은 실천에 대한 헌신과 어려운 결정을 하는 의지를 보여 주어야 한다. 실천에 대한 헌신은 결단력을 반영한다. 결단력은 신념을 요구하고 비전과 실천을 중재하며, 변화를 위해 필연적인 것이다. 결단력은 조정이 이루어져야 할 것이라는 기대를 향해 나아가는 용기를 나타낸다. 미래는 결코 예측될 수 없으며 결과적으로 놀라움과 실패는 시대의 변화에 따라 반드시 발생하게 된다. 리더십은 이와 같은 걸림돌을 예측하고 그것들을 수용하며 그것들로부터 배우고, 앞으로 나아가는 것이다.

혁신은 흔한 것이나 진정한 변혁은 드물게 일어난다. 이러닝의 총체적 잠재성을 수용하는 것은 피할 수 없는 저항을 극복하기 위하여 지속적인 헌신을 요구하는 변혁적 과정이다. 결단력은 바람직하거나 심지어 신중하게, 항상 많은 정보나 자문 없이도 기회를 포착하기 위해 적시에 결정을 내리는 용기를 갖는 것이다. 리더십은 경청하고 매우 신중하게 성찰해야 하는 것이 중요하지만 처음에 필요한 필수적인 단계를 취하는 것을 두려워해서는 안 된다. 혁신과 변화는 의견의 일치에서 비롯되는 것이 아니며 그보다 의견의 일치는 개방적 커뮤니케이션과 협력의 결과다.

개방적 커뮤니케이션과 경청 능력은 아이디어를 확인하고 개선할 수 있다. 또한 협력의 가치는 개인적인 창의성, 책무성 그리고 실천을 북돋울 수 있다. 성공적 리더십의 가장 큰 비결은 사람들의 재능을 깨닫고, 그 재능을 협력적으로 작업하는 것이다. 재능을 대체할 수 있는 것은 없다. 실행에 필요한 모든 것은 적소에 배치된 핵심적이고 헌신적인 재능 있는 사람들이며 이들이 전이될 수 있는 가치 있는 혁신을 시도하기 위해 함께 일하고자 하는 것이다.

협력적 리더십

변화는 강력한 리더십을 요구한다. 고등교육은 변화에 대한 책임을 요구할 뿐만 아니라 새로운 유형의 리더십을 요구하고 있다. 변화는 리더십의 핵심이 되고 있으며, 다른 모든 점에서 우리가 요구하는 것은 좋은 행정가들이다. 이러닝과 관련된 근본적인 변화는 새로운 아이디어와 새로운 리더십을 통한 접근에 달려 있다. 시대에 뒤떨어진 교수법을 해결하기 위한 이러닝의 성공적인 실행은 협력적 리더십이라는 새로운 접근으로 예견될 수 있다. 협력적 리더십이란 모든 수준의 교육기관에서 리더들이 협력하는 것이다. 이것은 협력적으로 개발된 비전과 계획을 통해 의견과 주인의식을 창출하는 것을 장려함을 의미한다. 또한 협력적 리더십은 결과에 대한 책임을 공유하는 것을 의미한다. 리더십에 대한 이러한 접근을 통하여 진정한 책임이 지속될 수 있다.

우리는 리더의 드러난 개인적 자질, 즉 비전, 성실, 개방성 그리고 용기와 같은 것들을 알고 있다. 그러나 이러한 개인적인 자질만으로는 더 이상 충분하지 않다. 리더십은 단지 리더의 뛰어난 자질에 대한 것이 아니다. 이러한 특성들은 공유된 목적과 협력이 이루어지는 문화에서 명확하게 드러날 수 있다. 단독으로 조직의 변화를 조정하는 카리스마 있는 리더들은 대개 허구적이다. 아마도 오늘날 리더의 가장 중요한 특성은 진정한 욕구와 전략적 목표를 향해 협력적이고 건설적으로 일하는 능력이다. 고등교육에서 효과적인 리더십은 공유된 헌신과 생산적 관계를 발전시켜야 한다. 협력적 리더십은 아이디어를 탐색하고 해결책을 시험하기 위해 신뢰하는 분위기에서 집단이 목적을 갖고 함께하도록 한다. 협력적 리더십은 탐구공동체의 리더십에 필적할 만하다.

협력적 리더십의 역동성과 관련하여 CoI 이론적 프레임워크와 연관된 개념으로부터 많은 것을 배울 수 있다. 협력적 리더십은 전략적 변화에 초점을 두고 긴급한 문제에 대해 해결책을 발견하고자 하는 목적 의식과 헌신을 창출하고자 하는 커뮤니티에서 발생한다. 해결책에 대한 이러한 탐색은 탐구과정의 핵심이다. 탐구는 개인들이 문제를 해결하고 비전과 전략적 방향성에 주인의식을 갖도록 기여하는 수단을 제공한다. 여기서의 목표는 탐구공동체의 시각, 그리고 특히 탐구공동체의 세 가지 요소를 통하여 리더십을 탐색하는 것이다.

개방적 커뮤니케이션과 신뢰를 통한 목적의식 그리고 결속력을 창출하는 것이 진정한 리더십의 과제다. 이것들은 탐구공동체에 필수적인 것으로 발견되어 온 사회적 실재감의 특성이다. 이것은 또한 정직하게 도전을 다루고 변화를 위한 아이디어를 공유하는 안전한 환경을 창출하기 위한 수단이다. 다른 사람들이 헌신과 책임감을 공유하도록 허용하는 유일한 협력적 리더십이 고등교육에서 교수와 학습을 변화시키기 위해 요구되는 일치된 노력이라는 것을 깨닫게 될 것이다. Weigel(2002)은 "학생과 교수자 모두를 위해 교육을 흥미로운 경험으로 만들어 주는 건전한 탐구공동체는 고립, 두려움, 텃세 그리고 힘겨루기에 의해 만들어진 조직 문화에서는 거의 뿌리를 내릴 수 없다."(p. 127)고 하였다. 불행히도 많은 고등교육기관에서는 이러한 사례가 너무나 빈번하다. 고립과 두려움은 오직 개방된 의사소통, 유대감, 신뢰할 수 있는 관계를 통해서만 극복될 수 있다.

딜레마나 문제를 해결하기 위한 협력은 탐구과정의 핵심이며 리더십의 목적이다. 실천적 탐구(인지적 실재감)는 새로운 아이디어가 나타나고 실험되는 협력적 과정이다. 이것은 협력적 리더십이 발휘되는 현장이다. 협력적 리더십은 비전을 강요하거나 강제로 작성된 액션플랜에 대한 것이 아니다. 이것은 참가자가 우선 이슈를 이해하고 사실을 명확히 하며 합의를 위하여 비판적으로 해결안을 분석하는 과정이다. 그러나 비전에 대한 동의는 단지 시작일 뿐이다. 탐구의 절차는 참가자가 실행 및 지속 가능한 전략적 액션플랜을 창출하는 것으로 새롭게 시작한다. 이것이 헌신과 수용이 필수적인 지점이다. 교수와 학습의 변화에 있어서 교육기관 커뮤니티 내의 의사소통은 지속되어야 한다. 전략적 액션플랜의 관점에서 전략적 목표를 설정하고, 인센티브를 제공하며, 부족한 자료에 집중하고, 전문성 개발을 제공할 필요가 있다.

탐구공동체는 교수 실재감 요인을 통하여 확인된 것과 같이 강력한 리더십을 가지고 있어야 한다고 인식되고 있다. 교수 실재감은 협력적 리더십의 본질이다. 이것은 교사 실재감이 아니라 교수 실재감으로 명명되어 왔는데 이는 다른 사람들이 탐구공동체에서 리더십 역할을 가정하는 잠재성과 책임감을 가지고 있기 때문이다. 공동체의 모든 구성원은 리더십 기능에 참여할 필요가 있다. 동시에 강력한 방향성이 있어야 한다는 것을 명확하게 깨닫게 된다. 이것은 강력한 리더의 역할을 반영한다. 즉, 리더는 협력적으로 작업하지만 학습과정이 진전되고 목표가 신속한 방법으로 실현되는 것이 요구될 때 통제하는 역할을 해야 할 책무성을 인식해야 한다. 만약 학생들을 학습과정에 유의미하게 참여하도록 하는 데 변혁적 변화 요구를 다루고자 한다면, 탐구공동체에서 교수 실재감의 특성은 고등교육에서 매우 필요한 협력적 리더십을 형성하는 특성들과 같다.

이 장에서 리더십에 대한 결론을 내리기 전에 우리 자신이 전통적으로 변화에 저항해 온 교육기관이 직면한 중요한 변화에 대한 도전을 상기하는 것이 유용할 수 있다. "새로운 질서를 시도하는 것보다 시행하기 어려운 것이 없고, 성공을 의심하는 것이 없으며, 다루기에 더 위험한 것이 없다."(Machiavelli, in Green, 1998, p. 396)라는 유명한 말이 있다. 이것은 확실히 고등교육에서 교수·학습 변화에 관한 공정한 언급일 것이다. 요점은 이러닝 수용에 관한 도전과 '새로운 질서'에 영향을 미치는 리더십에 요구되는 용기를 깨달을 필요가 있다는 것이다.

도전을 유지하는 데 있어서 이러닝의 수용에 관한 변혁은 반드시 점진적인 접근을 취할 것이라는 기대는 현실적이다. 이러닝이 하룻밤 사이에 마술과 같이 고등교육의 교수·학습을 변혁시킬 것이라는 생각은 비현실적이다. 협력적 리더십만큼 중요한 것은 고등교육의 변화이며, 그것은 지속가능한 것이어야 한다는 것이다. 고등교육의 현실 가운데 하나는 리더십이 빈번하게 변화하고 있다는 것이다. 새로운 리더가 프로세스를 위한 새로운 아이디어와 에너지를 가져오는 것은 이점이 될 수 있지만 너무 빈번하다면 교원의 의욕상실 위험은 말할 것도 없고 시간, 자원 그리고 추진력 등의 상당한 투입이 손실된 채 새로운 우선순위로 전환하는 것을 의미한다. 리더는 우리가 혁신이 확대되고 전파되는 것을 기대할 때까지 시간을 주어야 한다(Gladwell, 2002).

변화에 대해 주목해야 할 또 다른 점은 이러닝 혁신이 강의에 직접적인 도전이 되고 있다는 것이다. 기본적으로 강의는 대부분의 교수들이 알고 있거나 경험해 본 유일한 모델이기 때문에 강의에 대한 의문을 제기하는 것을 받아들이기가 어렵다. 또한 강의법을 사용하지 않는다는 것은 두 배로 도전적인 일인데 그것이 방대한 양의 강의 내용을 전달하지 않기 때문이다. 이에 더하여, 학습에 대한 탐구 기반과 참여적 접근에 필수적인, 다양하고 새롭게 등장한 커뮤니케이션과 정보 테크놀로지에 대처하는 도전, 그리고 이러한 움직임은 교수들에게 받아들일 수 없는 대결이 될 수 있다. 교수에게 전문성 개발과 지원 없이 이러한 테크놀로지를 어떻게 사용하는지 배울 시간을 확보하도록 요구하는 것은 거의 비현실적이다. 이것은 대부분 교수들에게는 애당초 가망이 없는 것이다.

그러므로 교수들은 이러닝 과정을 설계하고 전달하는 모든 과정을 지원받아야 한다. 교수 설계자와 테크놀로지 지원 전문가는 교수들을 위해 이러닝 모든 단계에 도움을 주어야 한다. 여기서 다시 CoI 이론적 프레임워크는 워크숍을 조직하고 코스 재설계 과정을 통하여 교수들에게 안내를 제공하는 데 매우 유용할 수 있다 (Vaughan & Garrison, 2006). 이를 위한 아이디어로는 교수가 탐구 공동체의 핵심 요소를 안내 받을 수 있는 커뮤니티를 창출하고 그들이 자신들의 학생을 위해 창출할 필요가 있는 신뢰 가능한 환경을 경험하도록 하는 것이다. 이러한 절차를 통하여 지속되는 지원 네트워크가 창출될 수 있다. 그러나 지원은 교육과정을 근본적으로 재설계하는 위험을 감수하고 상당한 시간과 에너지를 투여하는 교수에게 인센티브와 함께 학술적 인정이 동반되어야 한다.

마지막으로, 교수·학습에 대한 혁신과 새로운 접근 수용 가능성의 주요한 요소는 근본적인 변화를 위해 분명히 요구되어 온 통찰력 있는 리더십과 헌신이어야 한다. 결정을 미루는 것은 핑계일 뿐이다. 변화에 대한 요구와 방향은 이를 보고 이해하려고 선택한 리더들에게는 명확하다. 듣기 좋은 말로 학생들이 고등교육에서 가장 중요한 이해관계자라지만 현실은 종종 뭔가 매우 다른 얘기를 한다. 실제로 우리가 말하는 수업, 즉 강의는 참여와 교수와의 커뮤니케이션을 제공하는 최소한의 조정을 하면서 단순히 확대되어 왔다. 지금은 협력적 리더십과 실천을 위한 헌신의 때다.

4. 결 론

정보시대와 지식사회의 결합으로 교육기관은 이러닝의 전략적 통합에 보다 큰 관심을 집중하도록 준비해야 한다. 고등교육기관은 그들의 근본과 이상을 재발견할 필요가 있으며, 이것은 상당한 저항에 직면하는 비전과 전략 계획을 구성하고 커뮤니케이션하도록 요구될 가능성이 있다. 성공하고자 한다면, 리더들은 변화의 역동성을 이해하고 작더라도 성공적으로 시작할 준비가 되어야 한다. 그들은 이러닝이 어떻게 미래의 도전과 수요에 부합할 수 있는지를 시도하면서 혁신적인 테크놀로지로서 이러닝을 이해하고 배양해야 한다.

Chapter 12

미래의 방향

1. 첫 10년
2. 두 번째 10년
3. 미래의 연구
4. 결 론

Chapter 12

미래의 방향

우리는 교육적 경험으로 가장하고 있는 테크놀로지와 무의미한 적용에 현혹되는 것을 멈추어야 한다. 우리가 21세기의 첫 10년간 경험해 온 많은 것은 유비쿼터스와 저렴한 테크놀로지에 의해 가능해진 개인 정보와 커뮤니케이션에 대한 심취였다. 우리는 사회적 네트워킹을 통해서 어떻게 커뮤니케이션할 수 있고 언제 어디서 우리의 의견을 표현할 수 있는지에 있어서 상상할 수 없는 발전을 보아 왔다. 앞으로의 도전은 어떻게 이러한 테크놀로지의 발전이 고등교육의 이상과 가치를 위해 사용될 수 있느냐를 이해하는 것이다.

저장용량과 대역폭의 비용 감소는 이 세기 첫 10년 동안의 커다란 기술적 진보다. 이것은 거대한 데이터베이스를 제공하였고 가상적으로 정보에 즉각적인 접근을 하게 한다. 그러나 이러한 진전은 대개 오락과 사회적 커뮤니케이션을 위한 것이었다. 이 테크놀로지를 성찰과 아이디어 공유, 담화에의 참여를 위해 사용하는 일부의 사람도 있지만 대부분은 지식의 창출에 참여하지 않고 사회적 네트워크에 의해 가능해진 무작위적인 사실들과 자극적인 정보 조각들의 소비자였다. 커뮤니케이션 테크놀로지가 사회를 변화시키는 혼란의 10년이었다. 또한 교육기관에게는 이러한 테크놀로지의 발전이 무엇을 의미하는지의 측면에서 혼돈의 10년이었다.

교육적 관점에서 하나의 긍정적인 결과는 사회가 매개된 커뮤니케이션의 유비쿼터스적 실재감을 받아들이게 된 것이다. 테크놀로지의 채택은 더 이상 과거에 그랬던 것과 같은 저항을 가져오지 않는다. 우리의 대부분은 새로운 테크놀로지에 겁을 내고 흔히 좌절감을 느끼기도 하지만 이제 이 사회에서 테크놀로지의 필연적인 역할에 대하여 받아들이게 되었다. 이것은 비즈니스와 가정에서는 확실히 사실이지만, 교육 분야에서의 테크놀로지의 영향력은 주변적인 것으로 남아 있고 그것의 가능성도 대개는 실현되지 못하였다. 문제는 과거의 교육자들이 테크놀로지에 너무 중점을 두고 고등교육에 존재하는 일반적인 교육적 실천의 단점, 한계, 불만족에 대해 충분한 검토를 하지 않았다는 것이다. 여기서 의문은 테크놀로지가 무엇을 할 수 있는지가 아니라 교육적 요구가 무엇이냐다. 즉, 우리는 어떻게 테크놀로지가 결점을 다루고 정당한 교육적 목적을 지원할지에 대한 질문을 하기 전에 우리의 교육적 요구에 대해 충분히 분석하지 않았다.

마지막 분석에서 이러닝은 테크놀로지에 관한 것이 아니다. 이것은 우리가 진정으로 고등교육적 경험으로서 가치 있어 하는 것에 관한 것이다. 새롭고 최근에 등장한 테크놀로지만큼 강력하고 또 강력하게 될 테크놀로지의 채택은 항상 고등교육의 이상에 접근하는 것이어야 한다. 이상은 또한 개인이 지식의 창출과 구성에 기반을 둔 사회에 적응하는 능력을 발전시켜 줄 것이다. 이러한 관점에서 많은 학부의 강의는 존재적 위기를 마주하고 있고 그 결과 고등교육은 중대한 변화의 도전에 직면하고 있다. 이러닝 탐구공동체는 고등교육에서 학습에 대한 접근을 중요하게 전환시킬 변화의 프레임워크다.

이러닝을 채택함으로써 긍정적인 교육적, 기술적인 현실주의의 시기로 들어섰다. 즉, 이러닝의 거대한 잠재력에 대한 이해의 측면에서 현실주의적이지만 또한 여전히 대학교육을 지배하는 뿌리박힌 수동적 정보 전달의 접근을 변화시키는 교육적이고 교수학적인 도전에 대한 인식이기도 하다.

1. 첫 10년

이러닝의 첫 10년은 새로운 것을 경험하는 데 소비되었다. 초점은 테크놀로지를 다루는 학습과 그것이 무엇을 할 수 있는지를 살펴보는 것에 맞추어 있었다. 그러나 불가피하게 발생된 것은 테크놀로지가 교수학을 앞서 버렸다는 것이다. 교육에서 많은 사람이 교육 현장을 위해 인터넷과 커뮤니케이션 테크놀로지의 영향에 대하여 성찰하도록 강요받았다. 몇몇에서는 어떻게 커뮤니케이션 테크놀로지의 잠재력이 교육 환경을 향상시키는 데 활용될 수 있을지를 이해하기 위한 혁신과 실험의 시기도 있었다. 동시에 이러닝은 새로운 온라인 학습기관들이 번성하면서 과도하게 선전되었을지 모른다. 그러나 이들 중 대부분은 살아남지 못하였고 이러닝은 캠퍼스 기반의 고등교육기관에 제한된 영향만을 주었다. 우리가 그것의 특성과 교육적 가능성을 완전히 파악해 보려고 시도했던 첫 10년 동안에 이것은 분명히 사실이었다.

그러나 고등교육에서 이러닝의 채택을 위한 전환점은 블렌디드 또는 하이브리드 교육 설계의 아이디어였다. 즉, 온라인과 면대면 접근의 사려 깊은 통합이다. 블렌디드 러닝의 잠재력에 대한 증거는 고등교육에 종사하는 많은 사람의 눈을 뜨게 만들었고 이러닝을 그다음 단계로 올려놓는 것에 확신을 제공하였다(Means, Toyama, Murphy, Bakia, & Jones, 2009; Twigg, 2003). 그러나 그것이 고등교육에서 이러닝 접근을 통합하는 어려움을 완화시키지 않았다.

21세기의 첫 10년 동안 이러닝은 충분히 발달한 상태가 되었다. 이것은 수십 년 간의 컴퓨터 컨퍼런싱에 대한 실험과 인터넷 출현으로부터 발전되었다. 탐구공동체의 프레임워크 발표(Garrison, Anderson, & Archer, 2000)는 이러닝의 특정한 적용으로부터 교육적 목적을 위한 비실시간 협력의 포괄적인 숙고로의 이행을 나타냈다. 이것은 또한 사회적 실재감에의 집착으로부터 협력적 구성주의 교육 환경에서 사회적 실재감, 인지적 실재감 그리고 교수 실재감의 역동적 상호작용을 고려하는 관점으로의 전환을 나타냈다. 탐구공동체의 이론적 프레임워크를 사용한 10년간의 연구가 이루어진 후에 우리는 온라인과 블렌디드 학습자 커뮤니티를 만들고 유지하는 과정에 대해 상당히 많은 이해를 하게 되었다.

이 10년의 마지막은 웹 2.0이라는 용어에 의해 특징지워졌고 협력을 위한 플랫폼으로서 웹에 초점을 맞추었다. 웹 2.0이라는 기술적인 초점에도 불구하고, 이 도구들은 다양한 사회적 네트워킹 애플리케이션을 위한 문을 열었고 지속 가능한 탐구공동체를 창출하는 기회를 열었다. 이것은 우리가 다음 10년으로 이동하면서 경험하게 될 학습자 커뮤니티와 관련된 교육적 이상의 실현이다. 탐구공동체의 창출과 지속이라는 이상은 이 세기의 두 번째 10년의 이러닝으로 개념적 전환을 나타낸다.

2. 두 번째 10년

고등교육에서의 근본적인 변화와 심지어 대학 캠퍼스의 종말(Tapscott, 1996)에 대한 예측은 이 세기의 전환기에 두드러졌으나, 전혀 일어나지 않았다. 이것은 기술적 혁신의 영향력을 예측하는 것이 왜 불가능한지를 말해 준다. Katz(2010, p. 44)는 기술적인 변화에 관한 미래를 예측하는 것의 한계를 설득력 있게 나타내었다.

> 미래에 대한 시각은 항상 구름 낀 것이었다. 우리는 유리를 통해서 어둡게 본다. 변화의 속도는 과장하면서, 이미 존재하는, 혹은 상상한 적 없는 기술에 의해 초래되는 변화의 막대함은 축소해서 말해 왔다는 것을 나중에 발견한다.

기껏해야 우리는 미래를 위해서 어떻게 준비해야 하는지에 대해 실제적인 가치를 제공하기 위해서 현재로부터 추론을 할 뿐이다. 앞에서 논의한 대로 테크놀로지 그 자체에 대한 심취 때문에 디지털 혁명은 고등교육의 주류에 도달하지 못했다. 그러나 이것이 이야기의 끝은 아니다. 보다 더 신뢰할 만한 예측은 교육학의 산업화 모델(주로 강의의 형태로 진행되는)이 쓸모없어지고 대학의 변화가 필연적이라는 것이다. "더 늦어지면 끔찍하게 될 것이다." (Tapscott & Williams, 2010, p. 16)

> 인터넷이 사람들 사이에 지식을 교환하는 컨테이너와 글로벌 플랫폼으로서 가장 지배적인 지식 인프라가 되고 있고 새로운 학생 세대가 고등교육의 매우 다른 모델을 요구함에 따라 대학은 고등교육에 대한 지배력을 상실하고 있다(Tapscott & Williams, 2010, p. 16).

저자들은 더할 수 없는 최악의 상황이 오고 있으며 어떻게 교수자들과 학생들이 상호작용하는지에 초점을 맞추어야 한다고 주장한다. 고등교육은 "강의만으로는 살아남을 수 없다"(Tapscott & Williams, 2010, p. 20).

21세기의 두 번째 10년은 세기의 전환기에 있었던 예측의 신화나 과장으로부터 벗어나는 것으로 특징지워질 것이다. 그것은 우리가 새로운 교육적 모델을 위한 인터넷의 잠재성과 커뮤니케이션 테크놀로지의 가능성을 깨닫기 시작하는 10년이 될 것이다. 또한 이것은 교육적 커뮤니티의 문화가 변화되기 시작하고 특정한 기관들이 과장된 광고를 구분해 내고 협력적 탐구를 현실로 하기 위한 비전과 요구를 전환하는 시간일 것이다. 고등교육 코스와 프로그램은 블렌디드 러닝 접근을 통합함으로써 시작될 것이다. 이러닝은 주류로 흡수될 것이고 지속 가능한 학습 커뮤니티의 실현 측면에서 고등교육의 전통적인 이상을 달성하는 핵심이 될 것이다. 이러닝은 교실과 캠퍼스 생활 모두에서 학문적 생활의 필수적인 측면이 될 것이다. 참여는 학문적으로나 사회적으로 새롭고 더 풍부한 의미를 가지고 올 것이다.

우리가 고등교육에 있어 기술적 청소년기에 들어섬에 따라, 교육자들은 더 많은 이해와 목적을 가지고 테크놀로지를 적용하는 측면에 대해 더 많이 알게 되고 책임감을 가지게 되었다. 기술적 진보가 계속되면서 교육자들에게 더 많은(그리고 비용이 덜 드는) 커뮤니케이션 기회를 제공하고 테크놀로지의 본질적인 적용을 보게 될 것이다. 우리가 어떻게 변화하는 사회의 요구에 부응하는 교육적 경험을 설계하고 전달하는지에 대해 변화에 대한 요구를 받아들이게 되면서, 이것은 확실히 고등교육 분야에서의 사례가 될 것이다. 질에 대한 우려와 적합성의 이슈를 다루기 위한 부담이 교육적 커뮤니티에 지워져 왔다. 그러나 교육적 커뮤니티의 많은 사람은 교육경험의 변화 요구에 계속 저항할 것이다. 교육적 리더들은 이것을 기꺼이 받아들이지 않을 것이다. 이것은 막대한 자원의 도전과 변화 관리에 대한 함의를 갖는다. 동시에 더 큰 교육적 커뮤니티(학생을 포함하여)는 그들이 수동적 정보 전달 모델로부터 전환되면서 점점 더 민감해질 것이다.

이러닝의 전망에 대하여 Pittinsky(2003)는 "대학들은 개별화되고, 응집성 있으며, 캠퍼스 커뮤니티에 오래된 건물만큼 중요하고,

교육과정에서 사회적 네트워크에 새롭게 초점을 맞추도록 하는 유비쿼터스 웹 환경을 유지할 것이다."라고 예언하였다(p. 215). 첫째, 이 예측은 대체로 실현되었다고 조심스럽게 이야기될 수 있다. 분명히, 대부분의 대학들은 학생들이 개별화된 포털을 만들 수 있는 유비쿼터스 웹 환경을 가지고 있다. 여기에서 보고된 탐구공동체 이론적 프레임워크에 대한 10년의 연구는 일관성 있는 커뮤니티가 학문적이고 사회적인 목적을 위해서 만들어질 수 있고 만들어지고 있다는 것을 나타낸다.

미래에 대한 추정으로 우리는 사회적 미디어가 점차로 학생들이 만날 수 있고 소속감과 기관에 대한 충성도를 창출할 수 있는 '대학 건물(university quad)'이 되고 있다는 것을 알 수 있다. 이러한 공동체 의식은 학생의 만족과 학업 지속에 중요하다는 것이 제시되어 왔다. 미래를 보았을 때, 이것은 사회적 미디어에 중요하게 기여할 것이다. 일반적으로 웹 2.0 테크놀로지는 보다 정교하고 강력한 도구가 될 것이고 고등교육에 강력한 영향을 주게 될 것이다. 특별히 이러한 사회적 미디어는 학생을 환영하고 교육적 가치를 강화하며 학생과 학습 커뮤니티의 학문적 목적을 지원하는 관계를 성장시키는 기관의 환경을 창출하는 데 있어서 핵심적인 요소가 될 것이다. 네트워크로 연결된 캠퍼스에서의 생활은 모든 사람의 목적에 도움이 된다.

3. 미래의 연구

탐구공동체의 이론적 프레임워크는 지난 10년간 이러닝에 대한 광범위한 연구에서 성공적인 기폭제와 안내가 되어 왔다(Swan & Ice, 2010 참조). CoI 이론적 프레임워크는 적절한 가설들을 형성하고 연구결과를 해석하는 데 매우 유용했다. 여기에 보고된 연구결과들에 기초하여 우리는 일반적으로 이러닝의 미래 연구를 위해 충분히 성숙된 영역과 탐구공동체의 이론을 특별히 확인하고자 한다.

사회적 실재감

사회적 실재감은 컴퓨터 컨퍼런싱의 출현으로부터 연구의 초점이 되어 왔지만, 여전히 탐구공동체의 역동성에 대한 중요성과 그것이 교수 실재감과 인지적 실재감과 갖는 관계를 이해해야 하는 작업들이 이루어져야 한다. 사회적 실재감은 교수 실재감과 인지적 실재감 간의 중요한 중재변인으로 제시되어 왔다(Garrison, Cleveland-Innes, & Fung, 2010; Shea & Bidjerano, 2009a). 이것은 사회적 실재감이 그룹 응집성과 지속성에 상당한 영향을 미치는 중요한 동기적 변인이라는 것을 제안한다. 이러한 관점에서 사실, 사회적 실재감이 지속성의 중요한 예측변인이라는 증거가 있다(Diaz, Swan, Ice, & Kupczynski, 2010).

사회적 실재감의 다면성은 상대적으로 안정적이지만(Garrison, 2009b; Kim, 2011) 이 측면들을 더 확실하게 하고 정제할 필요성이 있다. 보다 구체적으로, 사회적 실재감의 역동적이고 점진적인 특성의 측면을 이해하는 것은 상당한 도전이다. 탐구공동체가 발전되어 감에 따라 각 측면의 차별화된 영향과 중요도의 순서는 무엇인가? 예를 들어, 탐구공동체를 만들고 그룹 응집성을 수립할 때 학문적 정체성(과정 목표)과 공유된 사회적 정체성(대인관계) 가운데 무엇이 우선되어야 하는가? 그룹 또는 과정의 정체성이 과정을 시작할 때는 더욱 중요하지만 사회적 정체성이나 개인적 관계는 탐구공동체를 지속적으로 유지하는 데 도움을 준다는 증거가 있다(5장 참조).

인지적 실재감

인지적 실재감과 관련된 연구의 영역은 인지적 실재감의 단계에 의해 측정되는 학습과정과 실제 학습성과 간의 관계를 탐색하는 것이다. 구체적인 고차원적 학습성과를 측정하는 데는 어려움이 있지만 CoI 이론적 프레임워크는 학습성과를 위한 모델로서 실패하지는 않았다(Akyol, Garrison, & Ozden, 2009). PI 모델과 학습성과 간의 연관관계를 제시해 온 초기 증거들을 여기에서 반복할 필요 없이(Akyol & Garrison, 2011a), 이것은 활발한 연구가 요구되는 영역이다. 아래에 기술한 대로, 양적인 도구의 개발은 그들이 각 실재감들 그리고 전체적으로 탐구공동체와 관련을 맺으면서 학습성과에 대한 많은 연구의 가능성을 열었다.

인지적 실재감 연구에 대한 또 다른 흥미로운 영역은 메타인지 영역이고, 그리고 실천적 탐구에서의 메타인지 역할이다. 성공적인 탐구의 과정에는 강력한 메타인지 요소가 분명히 존재한다. 6장에서 논의한 대로 해결의 단계에 도달하는 탐구를 위해서 학생들은 메타인지적 인식에 대한 좋은 감각을 가지고 있어야 한다. 탐구의 과정은 탐구 싸이클과 기대에 대한 메타인지적 인식과 함께 상당히 촉진될 수 있다. 메타인지의 개발을 돕기 위해서 메타인지적 구성(구조)의 개발이 지속될 필요가 있다. 그와 같은 구조를 가지고, 메타인지와 PI 사이클(인지적 실재감) 간의 관계를 엄격하게 탐색하고 메타인지적 인식의 개발 측면에서 교수 실재감과의 관계를 탐색하는 것이 가능해진다.

교수 실재감

지난 10년 동안 CoI 이론적 프레임워크의 연구에서 하나의 일관된 발견은 탐구공동체의 발달에 있어 교수 실재감이 가지는 수요하고도 핵심적인 역할에 관한 것이다(Akyol & Garrison, 2008; Diaz et al., 2010; Garrison et al., 2010; Shea & Bidjerano, 2009a). 사회적 실재감과 인지적 실재감 모두를 수립하고 유지하며 고차원적 학습을 하는 데 있어서 교수 실재감의 역할은 핵심적이다. 이 연구는 실재감들 간의 인과적 관계를 수립하기 위한 새로운 연구 흐름에 대한 요구를 제시한다. 특별히 교수 실재감의 역할과 그것의 하위 요소인 설계, 촉진, 지시에 초점을 둔다. 이것은 탐구공동체의 역동성을 더 잘 이해하는 데 있어서 가장 중요하다.

교수 실재감 연구의 또 다른 영역은 교수 실재감 구조의 측면들과 관련되어 있다. 연구들은 세 가지 측면의 교수 실재감 구조를 타당화해 왔지만(Garrison & Arbaugh, 2007), 다른 연구들은 교수 실재감이 학생들에 의해 두 가지 측면으로 인식될 수 있다고 제안해 왔다. 이것은 2개의 다른 연구들에서 교수 실재감의 하부 요소의 조합을 제안하고 있으나 그 세 가지 측면들 간에 서로 다른 두 가지의 조합을 제안함으로써 복잡해진다. 즉, 하나의 연구에서는 학생들이 촉진과 직접 교수 간에 구분을 하지 못하였고(Shea, Li, & Pickett, 2006), 또 다른 연구에서는 학생들이 설계와 직접 교수를 조합하는지 아닌지에 대하여 의문이 제기되었다(Ice, Arbaugh, Diaz, Garrison, Richadson, Shea, & Swan, 2007). 교수 실재감의 구조에 대한 불확실성은 또 다른 연구에서 요인 부하량이 "교수 실재감 항목을 두 가지로 나누는 것처럼 보인다."(Diaz et al, 2010, p. 27)라고 진술함으로써 강화되었다.

실제적으로 말해서, 교수 실재감의 또 다른 연구 영역은 학습과정이 진행되는 동안 촉진과 직접 교수 간의 균형에 대한 것이다. 학습 초기의 과도한 직접 교수는 학생들의 참여를 방해한다는 증거가 있다. 담화의 지침을 조절하고 형성하는 것은 학습이 진행됨에 따라 적절하게 균형을 갖추어야 하는 중요한 교육적 책임이다. 이와 관련하여 교수자가 비판적 담화와 메타인지적 사고에 모범을 보이는 것이 중요하고 그것을 언제 해야 하는지 고려해야 한다.

과정 설계와 학습자의 특성이 세 가지로 구분되는 교수 실재감의 측면을 확인하는 데 영향을 줄 것이라고 하지만, 더 많은 연구가 요구되는 것은 분명하다. 이 문제를 연구하기 위한 한 가지 접근은 학생의 관점에 대한 통찰을 얻기 위해 질적인 방법을 사용하는 것이다(Diaz et al, 2010). 또한 질적인 관점은 교수 실재감과 인지적 실재감에 관한 사회적 실재감의 역할을 이해하는 데도 유용할 수 있다(Diaz et al, 2010). 즉, 왜 학생들은 사회적 실재감을 보다 더 중재적인 변인(Garrison et al., 2010; Shea & Bidjerano, 2009a)으로 보고 다른 실재감보다 덜 중요하다고 여기는가(Diaz et al, 2010)에 대한 의문을 해결할 수 있다. 그리고 CoI 설문조사와 같은 양적 도구를 개발하는 만큼 질적인 접근도 포기하지 말아야 한다는 것을 아는 것도 유용할 것이다. 질적인 접근은 객관적인 도구를 가지고는 불가능한 통찰과 설명을 제공할 수 있다.

CoI 설문조사

탐구공동체의 이론적 프레임워크의 요소들을 측정하기 위한 양적 도구를 개발하려는 작업은 지난 수년간 계속되어 왔다. 이것은 방법론적 가능성이 많아지고 엄격해지면서, 시간과 신뢰성 측면에서 글로 된 기록을 분석하는 것의 본질적인 한계를 다룰 필요가 있다는 것을 반영한다. 2장에서 살펴본 바와 같이, 여러 기관들에 의한 최근의 연구들은 CoI 이론적 프레임워크의 요인구조의 타당화와 관련된 조사 도구를 제공하고 있다. CoI 설문조사의 타당화는 CoI 연구에 있어서 중대한 변화를 나타낸다. 그리고 어떠한 기관들, 학문분야들, 인구학적 집단, 테크놀로지들을 망라한 많은 연구에 대한 가능성이 열린 것이다.

CoI 설문조사는 또한 "개별적으로 그리고 집단적으로 요소들 간의 관계와 상호작용에 대한 개념적 개선의 필요성"(Garrison & Arbaugh, 2007, p. 165)을 다루는 수단과 엄격성을 제공하였다. 미래 연구의 또 다른 영역은 특히 교수 실재감 측면에서 설문 항목의 일부를 개선하는 데 있다. 교수 실재감의 구조는 뚜렷하게 남아 있지만 이 중의 일부 항목을 개선하는 작업이 필요할 것이다(Arbaugh, Cleveland-Innes, Diaz, Garrison, Ice, Richardson, Shea, & Swan, 2008; Diaz et al., 2010). 최종적으로 보다 실용적인 관점에서 형성적인 진단 목적을 위해 사용될 수 있는 단축 버전의 설문을 구성하기 위한 예비 작업이 진행되고 있다. 그와 같은 도구는 학습자 커뮤니티 발전을 평가하고자 하는 실천가들에게 가치가 있을 수 있다.

또한 CoI 설문조사 도구는 학문적 차이를 연구하기 위한 유용한 도구가 될 수 있다. 이 연구는 탐구공동체의 요소에 대한 학생들의 인식에 있어 주제의 영향을 연구하기 위해서 Arbaugh, Bangert와 Clevland-Innes(2010)에서 보고된 학문분야의 프레임워크를 사용한다. 더 연구되어야 할 하나의 영역은 직접 교수와 관련되어 있는 '경성(硬性)의 순수학문 분야들'을 위한 협력적 구성주의 철학에 기초한 CoI 이론적 프레임워크의 적합성이다(Arbaugh et al., 2010, p. 43). 우리는 인지적 실재감의 효과가 학문분야의 차이 때문인지 또는 설계와 리더십 접근과 같은 보다 미묘한 교수 실재감 때문인지를 알 필요가 있다. 예를 들어, 학습 접근에 대한 학문적 차이를 보여 주는 한 연구는 인지적 실재감의 차이는 교수 실재감 때문인 것으로 보인다고 제시하고 있다(Garrison & Cleveland-Innes, 2005). 관련된 연구 영역은 PI 모델을 사용하여 귀납적 또는 연역적 관점에서 그들의 주제에 접근하는 학문분야를 조사하는 것이다. 이것은 비구조화된 내용을 이해하는 데 순수한 연성(軟性)의 사회과학에 적용될 것이다. 그리고 구체적인 문제해결을 하는 경성의 응용학문이 적용될 것이다. 그럼에도 불구하고, CoI 이론은 학문적 영향을 탐색하는 일관된 프레임워크를 제공하고 많은 연구 주제와 가설에 대해 개방되어 있다.

마지막으로, 고등교육에 있어 높은 관련성을 가진 잠재력 있는 생산적인 연구 영역은 블렌디드 러닝이다. CoI 이론적 프레임워크는 면대면과 온라인 학습 접근의 특성을 이해하는 데 사용되어 왔다. CoI 설문조사는 학문분야와 테크놀로지에 걸쳐 커뮤니케이션 양식을 연구하는 매우 가치 있는 도구가 될 수 있다. 탐구공동체를 창출하고 유지하기 위해서 언제 그리고 어떤 주제 분야에서 직접 혹은 중재된 커뮤니케이션을 사용하는 것이 유리한가?

방법론

CoI 프레임워크가 빠르게 활용되고 성공하게 된 이유 가운데 하나는 동반된 방법론 때문이다. 이 방법론은 온라인 탐구공동체의 글들을 분석하기 위해 사용되었다. 사용된 분석의 단위와 협의되어야 하는 코드화와 같은 이슈에도 불구하고(Garrison, Cleveland-Innes, Koole, & Kappelman, 2006), 이 방법론은 온라인 탐구공동체의 요소와 역동성을 이해하는 데 있어 중요하다. 이것은 탐색적이고 기술적인 이러닝 연구의 단계로서 설명될 수 있다. 그러나 CoI 프레임워크의 보다 엄격한 수준으로 향하기 위해서는 양적 연구 접근과 포괄적인 이러닝 이론으로서 그것의 타당화가 필요하다. 이러한 변화는 CoI 설문조사의 개발과 예측적 분석과 증가된 설명력을 제공하는 광범위한 실증적 연구에 의해서 나타난다.

요약하면, 이렇게 많은 흥미롭고 중요한 연구 질문과 이러닝과 관련된 가능성 있는 가설들이 나오고 있다는 것은 CoI 이론적 프레임워크의 힘에 대한 증거다. 이 작업의 핵심은 깊이 있고 의미 있는 이러닝 접근과 학습성과를 지원하는 탐구공동체를 창출하고 유지하는 세 가지 실재감들의 구성과 상호작용에 대한 우리의 이해를 증가시키고자 하는 목적이다. 또한 각 실재감의 측면들과 탐구공동체의 발전과 함께 중요도의 순서를 탐색하는 것이 중요하다.

이러닝 환경을 창출하고 유지할 CoI 이론적 프레임워크의 잠재성을 완전히 실현하기 위해서는 많은 연구와 개발이 요구된다. 그러나 이것은 CoI와 이론적 프레임워크로서의 현재 가치와 가능성을 제거해 버리는 것은 아니다.

4. 결 론

우리가 테크놀로지의 선동적인 요소와 재미있지만 사소한 적용에 초점을 두는 것으로부터 변화할 때 교육적 변화에 대해 저항을 보이는 사람들은 옆으로 물러날 것이다. 진지한 교육자들은 새롭게 등장하는 커뮤니케이션 테크놀로지의 가능성과 그 교육이 커뮤니티, 담화 그리고 성찰에 대한 것임을 인식하게 될 것이다. 정보를 수동적으로 전달하는 형태의 현재 상태는 더 이상 적절하거나 수용 가능하지 않다는 것에 더 많이 합의하고 있다. 우리는 최근에 등장하는 새로운 커뮤니케이션 테크놀로지를 사용한 협력적 교수 설계가 보다 의미 있고 만족스러운 교육적 경험을 위한 수단이라는 것을 인식하기 시작하였다.

고등교육에서 이러닝의 거대한 잠재성은 커뮤니티의 복원과 비판적 담화다. 이러닝의 지속적인 능력은 웹의 정보 접근에의 폭과 담화의 깊이를 교육적 경험으로 통합시킨다는 것이다. 여기에서 표현된 블렌디드 러닝은 온라인 탐구공동체에 의해 가능해진 담화와 성찰의 깊이와 정보 접근의 폭을 결합한다. 그러나 이것은 정보에의 접근과 사회적 상호작용에 대한 고착으로부터 가치 있는 탐구공동체를 창출하는 테크놀로지의 사용으로 진전해 나가는 것이다. 교육기관들과 교육 지도자들의 새로운 역할과 책임은 전통적인 고등교육 경험의 이상을 회복하는 학습 커뮤니티의 잠재성을 보여 줄 수 있는 모델을 제시하고 촉진하는 것이다.

고등교육에서 이제 우리가 필요한 것은 혁신과 변화다. 단지 테크놀로지의 혁신이 아니라 접근의 폭과 커뮤니티의 깊이를 제공할 수 있는 교육적 혁신이다. 우리는 이러닝이 나타내는 시공간의 전환을 인식해야 한다. 이러닝은 경계를 허무는 능력을 가졌고 교육 참여자들을 탐구공동체로 함께 모이게 한다. 이러닝 커뮤니티는 모든 참여자들이 의미를 만들고, 협력적으로 이해를 확인하고 지식을 나누는 데 참여하는 곳이다. 하지만 결국, 엄격한 연구들을 통해서 CoI 이론적 프레임워크의 다면적이고 역동적인 요소들을 확인해야 하는 많은 작업이 남아 있다. 확실히 이론적 기반을 강화하기 위해서 더 많은 작업이 요구된다(Jezegou, 2010). 이 책은 이론적이고 경험적인 연구와 이 프레임워크의 실천적인 함의에 대한 높아진 관심을 다루는 데 있어 영감과 안내를 제공하는 역할을 할 것으로 희망한다.

이러닝은 학습에 대한 블렌디드 접근을 채택함으로써 고등교육에서 발판을 마련할 것이다. 블렌디드 맥락에서 이러닝은 발달된 상태가 되었고 이 10년 동안에 계속 성장할 것이다. 이러한 발달은 점진적인 과정을 통해서 고등교육을 변화시킬 것이 분명하다. 원격교육의 주류는 여전히 대량의 전달 모델을 채택하면서 분투하고 있다. 그러나 원격교육 맥락에서 이러닝은 성장과 수용을 손에 넣었다고 확신해 왔다. 전통적인 고등교육기관들은 면대면과 완전한 온라인 경험의 강점을 활용한 다양한 형태의 블렌디드 러닝 중에서 이러닝 선택의 범위를 제안하는 것으로 진화하고 있다. 어떠한 형태의 이러닝 경험도 없는 순수한 면대면 과정은 급격하게 이례적인 것이 되고 있다.

결국, 기술적 혁신은 눈이 부시게 황홀했지만 교육적으로 가치 있는 결과를 직접적으로 드러내지는 못하였다. 교육자들은 테크놀로지의 신화와 과장된 광고를 넘어서서 창조적인 지식사회에서 교육적으로 우리가 가야 할 곳이 어디인지를 알아내기 위해 노력하고 있다. 고등교육은 교수학적 이상과 기술적 가능성의 융합을 보게 될 새로운 시대의 문턱에 도착하였다. 그 결과는 고등교육의 변혁이 될 것이다.

부록

탐구공동체 도구 개발

다중 기관 표집을 사용한 탐구공동체의 측정 검사

부록

탐구공동체 도구 개발

다중 기관 표집을 사용한 탐구공동체의 측정 검사

J. B. Arbaugh(a), Martha Cleveland-Innes(b), Sebastian R. Diaz(c), D. Randy Garrison(d), Philip Ice(e), Jennifer C. Richardson(f), Karen P. Swan(g).

a. College of Business, University of Wisconsin Oshkosh, 800 Algoma Blvd., Oshkosh, WI 54901, United States
b. Athabasca University, Canada
c. West Virginia University, United States
d. University of Calgary, Canada
e. American Public University System, United States
f. Purdue University, United States
g. Kent State University, United states

1. 도 입

현재에 이르기까지 적어도 356회 인용된(Google Scholar, 2008년 5월) Garrison, Anderson과 Archer(2000)의 탐구공동체(CoI) 프레임워크는 점차 온라인 학습의 효과적인 수행을 설명하고 제시하는 데 큰 영향을 주고 있다. 그러나 프레임워크의 타당성 및 신뢰할 수 있는 측정이 이루어질 수 없다면, 온라인 학습이론에 미치는 이 프레임워크의 영향력은 제한될 것이다. CoI 프레임워크는 질적 연구를 통해 광범위하게 시험되고 있으나(Anagnostopoulos, Basmadjian, & McCrory, 2005; Garrison & Cleveland-Innes, 2005; Oriogun, Ravenscroft, & Cook, 2005; Schrire, 2004) 프레임워크의 개별적인 요소들은 실증적으로 시험되고 있는 반면(Richardson & Swan, 2003; Shea, Fredrickson, Rickett, & Pelz, 2003; Wise, Chang, Duffy, & del Valle, 2004), 프레임워크의 모든 요소들을 동시에 시험하는 연구의 수는 매우 제한적이다(Arbaugh, 2007; Garrison, Cleveland-Innes, & Fung, 2004).

이러한 우려는 최근 여러 연구자들에 의해 지속적으로 지적되고 있으며(Arbaugh, 2007; Garrison, 2007; Garrison & Arbaugh, 2007; Ho & Swan, 2007), 한편 프레임워크의 측정방법을 개발하기 위한 작업이 진행되고 있다. 그러나 초기의 실증 연구들이 단일 기관 사례를 이용하여 시행되었다는 사실은 이들 연구의 일반화 가능성을 제한한다.

본 연구는 다중 기관의 사례를 이용한 CoI 프레임워크 측정도구의 개발과 테스트에 관해 보고함으로써 이러한 관심을 다루고자 시도되었다. CoI에 관한 양적 접근 요구와 프레임워크의 보다 효율적인 측정방법에 대해 다루고자 할 때(Arbaugh, 2007; Garrison, 2007; Ho & Swan, 2007), 이 연구의 프레임워크 측정은 이후에 연구자들이 CoI 및 수업 결과와 같은 변인들의 관계를 조사하는 데 도움이 될 것으로 기대된다(Shea, Li, & Pickett, 2006).

본 논문은 다음과 같이 구성되었다. 이전 논문에서 인터넷과 고등교육은 CoI 프레임워크에 대해 광범위한 적용범위를 제공해 왔기 때문에(Arbaugh & Hwang, 2006; Garrison et al., 2000; Goertzen & Kristjansson, 2007; Shea et al., 2006; Vaughan & Garrison, 2005) 첫 번째 장에서는 이 프레임워크에 대한 간단한 개요를 제공하였다. 본 논문의 두 번째 장에서는 34개 문항으로 구성된 도구를 테스트한 방법과 결과를 논의하였다. 본 논문의 마지막 장에서는 본 연구의 결과를 논의하고 추후 연구를 위한 잠재적 함의를 논의하였다.

2. 탐구공동체 프레임워크-개요

CoI 프레임워크는 온라인 학습의 연구를 안내하기 위해 처음 제안되었다(Garrison et al., 2000). 이것은 온라인 학습경험의 역동성을 이해하기 위한 협력적 구성주의 관점을 제공하였으며 탐구공동체 내의 담화와 성찰을 지원하는 고등교육의 전통적 가치와 일치한다.

CoI 프레임워크 세대를 위한 기폭제는 컴퓨터 컨퍼런싱을 탐구하던 초기에 사회적 실재감에 주안점을 두는 것이었다.

그 당시 확인된 요구는 형식적 온라인 교육경험에 대한 종합적인 안목을 갖는 것이었다. 해결방안은 사회적 실재감, 인지적 실재감, 교수 실재감이라는 세 가지의 매우 상호 독립적이면서 중첩되는 실재감을 제안하는 것이었다. 이 요소들이 중첩되는 핵심에는 심층적이고 유의미한 교육적 경험이 있다.

CoI 프레임워크에 의해 제공된 순서에도 불구하고, 이 프레임워크가 폭넓게 받아들여지는 주요한 이유는 아마도 탐구공동체를 구성하는 각각의 실재감을 측정하기 위한 방법론적 지침 때문이다. 엄격한 정의와 실제 활용상의 명확함을 요구하는 첫 번째 실재감은 사회적 실재감이었다. 근본적인 사회정서적 관점을 확대하면, 사회적 실재감은 최근에 "커뮤니티에 일체감을 갖는 참여자의 능력(예, 학습과정), 신뢰할 수 있는 환경에서 목적을 가지고 커뮤니케이션하는 능력, 그리고 개인적인 특성을 표출하는 방법으로 상호 간의 관계를 발전시키는 능력"으로 확인되었다(Garrison, 2009). 방법론적 관점으로부터 사회적 실재감의 세 가지 범주(개방적 커뮤니케이션, 그룹 응집성 그리고 개인적/정서적 표출)는 개념을 조작하는 데 사용되었다.

인지적 실재감의 근본적인 정의는 가장 안정적이다. 이것은 사고 촉발 이벤트, 탐색, 통합 그리고 해결안/적용의 네 단계로 구성된 실천적 탐구 모델에 의해 정의되었다(Garrison, Anderson, & Archer, 2001). 이와 같이 인지적 실재감은 구성주의 교육경험 내 협력적 지식 형성의 유목적적 특성을 반영한다. 비록 이러한 모델을 사용한 인지적 실재감에 초점을 둔 연구의 수는 제한적이지만 이 모델은 모든 학문에 걸쳐 학습 프로세스의 발전적 특성을 측정하는 데 성공적이다.

교수 실재감은 형식교육에서 탐구공동체의 만족감과 성취에 중요한 것으로 제시되어 왔다(Garrison & Arbaugh, 2007). 다른 실재감과 마찬가지로 교수 실재감은 다차원적이며 설계, 촉진, 직접 교수라는 세 가지의 책무성 영역으로 구성되어 있다. 이들 각각은 학습경험의 유목적적인 특성이라는 측면에서 사회적 실재감 및 인지적 실재감의 통합으로 구성되어 있다. 선행연구는 양적 방법론의 기법이 교수 실재감의 구조를 타당화할 것을 제안한다(Garrison & Arbaugh, 2007).

비록 대부분의 연구들이 게시글을 분석하는 기본 방법을 따르고 있음에도 불구하고, 이 프레임워크는 그간 많은 연구에서 사용되었다. 이 탐색적이고 해석적인 접근은 확실히 유용한 결과를 보여주었지만, 아마도 온라인 탐구공동체 연구에 대해 설명적인 접근에서 추론적인 접근으로 전환해야 하는 시기일 수 있다. 이것은 모든 교육기관과 학문 영역에서 온라인 학습과 블렌디드 러닝의 대규모 연구를 시행하도록 허용할 것이다. 이것이 시도되기 위해서 우리는 온라인 학습과 블렌디드 러닝에 관한 연구를 확장할 잠재성을 갖는 구조적으로 타당하고 인간의 정신을 측정할 수 있는 완전한 조사도구를 개발할 필요가 있다. 그러한 도구는 각각의 실재감 구조와 그들의 상호 관련성을 연구하는 수단을 제공할 것이다.

3. 연구방법 및 결과

34개 문항으로 구성된 탐구공동체 프레임워크 조사도구는 2009년 여름에 4개의 기관에서 실시되었다. 미국과 캐나다에 위치한 기관들이 참여하였으며, 연구 참가자들은 교육 또는 경영 분야의 대학원 수준의 과정에 등록된 학생들이었다. 287명 학생들이 이 조사에 자발적으로 참여하였고 43%의 응답률을 나타냈다.

서열반응(ordinal responses)은 '0=매우 부정'에서부터 '4=매우 긍정'의 척도를 사용하여 점수화하였다. 34개 문항에 대한 평균 반응은 16번 문항(온라인 또는 웹 기반 커뮤니케이션은 사회적 상호작용에 매우 훌륭한 매체다)의 2.90점에서부터 4번 문항(교수자는 학습활동을 위해 기한과 시간을 분명하게 안내하였다)의 3.63점까지의 범위에 있었다. 표준편차는 16번 문항에서 가장 높았고(SD=1.04), 1번 문항(교수자는 중요한 학습주제를 명확하게 의사소통하였다)에서 가장 낮았다(SD=0.66). 모든 반응률을 고려할 때, 교수 실재감 문항은 전체적으로 3.43의 평균점수(SD=0.61)를 나타냈다. 사회적 실재감 문항은 전체적으로 3.18의 평균점수(SD=0.65)를 나타냈으며, 인지적 실재감 문항은 3.31의 평균점수(SD=0.60)를 나타냈다.

34개 문항을 포함하는 CoI 검사의 3개 하위 척도(subscale) 구조를 타당화하기 위해 SPSS 15.0 버전의 주성분 분석(PCA)을 사용하였다. 주성분 분석은 다음과 같은 연구의 두 가지 조건에 부합하기 때문에 선택되었다. 첫째, 인지적 실재감 영역점수의 개발은 교수 실재감이나 사회적 실재감보다 유의하게 추가적인 것을 요구하였다. 인지적 실재감의 하위 척도는 상대적으로 새로운 것이었기 때문에 Gorsuch(1983)와 Thompson(2004)에 의해 제안된 내용이 적용되었고 분석을 위한 보다 보수적이고 설명적인 접근이 활용되었다. 둘째, 주성분 분석은 변량의 광범위한 분석과 요인의 특성에 관련된 중요 세부 사항을 나타내는 것이 가능하다(Tabachnik & Fidell, 2007).

교수 실재감, 사회적 실재감, 인지적 실재감 간의 연관 정도에 대한 가정에 따라(Garrison et al., 2004; Heckman & Annabi, 2005), 사각회전(SPSS에서 Direct Obliminal)은 요소 간의 상관관계 수준을 합리적으로 제한하기 위하여 지정된 초기값(default value) δ=0으로 사용하였다. 사각회전의 사용은 세 가지 실재감이 상호 의존적이라는 이론적 근거에 의해 정당화된다.

본 연구를 위한 표본의 크기(n=287)는 선행연구들에서 사용된 규칙에 따라 합리적으로 적용하였다. 본 연구는 문항당 5~10명의 참가자를 요구하는 Kass와 Tinsley(1979)의 제안에 부합하나, 문항당 적어도 10명 또는 그 이상이 되어야 한다는 제안에는 이르지 못하였다(Nunnally, 1978). 일부 연구자는 절대적인 표본의 크기로 n=300이 되어야 적합하다고 주장한다(Tabachnik & Fidell, 2007). 보다 구체적으로, Comrey와 Lee(1992)는 200명 정도의 표본 크기는 적정하며 300명은 좋음으로 평가하였다.

표집 적절성을 나타내는 Keyser-Meyer-Olkin(KMO) 측정은 0.96이고, 요인분석은 사용된 데이터에서 명확히 구분되고 신뢰할 수 있는 요인을 나타내야 한다. 개별 문항에 대한 각각의 KMO 값은 0.921부터 0.983에 분포하여 모두 매우 좋은 것으로 나타났다.

〈표 1〉과 [그림 1]은 주성분 분석에 대한 고유값과 스크리 도표다. SPSS 내의 3요인 추출을 규정할 때, 34개 문항의 요인 부하량은 교수 실재감, 사회적 실재감, 인지적 실재감의 CoI 개념적 프레임워크의 타당성을 지원한다. 이러한 3요인은 총 변량의 61.3%를 설명한다. 주성분 분석은 고유값 N1.0을 갖는 추가적인 네 번째 요인을 산출하였다. 그러나 각각의 스크리 도표는 첫 번째와 두 번째 요인의 고유값 크기가 두드러지게 감소되면서 추가적인 네 번째 요인의 가능성을 제시하지 못하였다. 이 3요인 솔루션 내 총 변량의 절반 이상(51.1%)은 첫 번째 요인에 대한 것이다.

〈표 1〉 주성분 분석에 대한 고유값

	초기 고유값			
요인	전체	변량 %	누적 %	전체
1	17.382	51.124	51.124	17.382
2	1.923	5.656	56.781	1.923
3	1.527	4.490	61.270	1.527
4	1.181	3.474	64.744	1.181

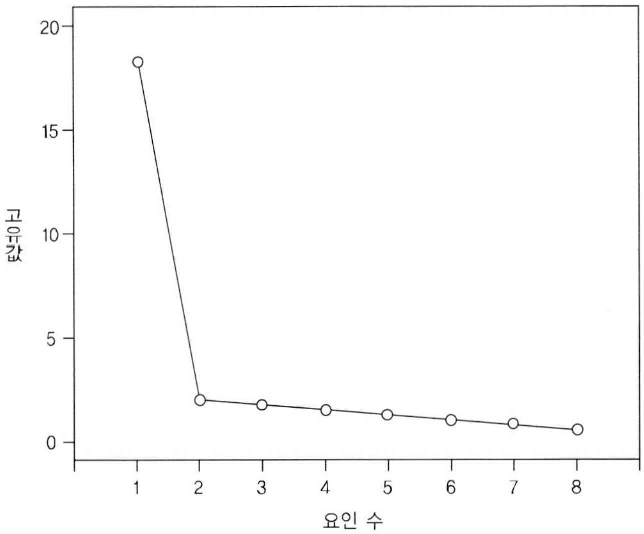

[그림 1] 스크리 테스트의 결과

〈표 2〉는 3요인 가가에 대한 34개 CoI 문항의 요인 부하량에 대한 목록이다. 이러한 결과는 SPSS에 의해 생성된 패턴 행렬을 반영한다.

비록 각각의 구조 행렬에 대한 요인 부하량이 약간씩 다르지만 두 산출물 행렬들부터의 결과는 3요인 모델을 지지한다. 도구의 설계와 일관되게, 문항 1~13(교수 실재감)는 요인 1에 가장 많이 부하되어 있으며 문항 14~22(사회적 실재감)는 요인 2에 가장 많이 부하되었다. 마지막으로 문항 23~34(인지적 실재감)는 요인 3에 가장 많이 부하되었다. Cronbach의 α는 교수 실재감에 0.94, 사회적 실재감에 0.91, 인지적 실재감에 0.95로 내적 일관성 일치를 나타냈다.

〈표 2〉 패턴 행렬

패턴 행렬[a]		요인		
		1	2	3
1	교수자는 중요한 코스의 주제를 명확하게 알려 주었다.	0.826	0.088	0.067
2	교수자는 중요한 코스의 목표를 명확하게 알려 주었다.	0.877	−0.021	0.046
3	교수자는 어떻게 코스의 학습활동에 참여해야 하는지에 대해 명확한 설명을 제공하였다.	0.592	0.246	−0.035
4	교수자는 학습활동을 위한 중요한 마감기한을 명확하게 알려 주었다.	0.611	0.078	0.040
5	교수자는 학습에 유익한 코스의 주제에 대해 찬성과 반대를 확인하는 데 도움이 되었다.	0.579	0.162	−0.138
6	교수자는 내 생각을 명확히 하는 데 유익한 방식으로 코스의 주제들을 이해하도록 수업을 지도하여 도움이 되었다.	0.575	0.091	−0.281
7	교수자는 코스의 참여자들이 지속적으로 생산적인 대화에 참여하도록 도와주었다.	0.633	0.149	−0.160
8	교수자는 코스의 참여자들이 학습에 도움이 되는 방식으로 과제를 지속하도록 도와주었다.	0.579	0.042	−0.285
9	교수자는 코스 참여자들이 새로운 개념을 탐구하도록 독려하였다.	0.523	0.099	−0.233
10	교수자의 행동은 코스 참여자들 간의 공동체 의식이 발전되도록 강화하였다.	0.569	0.174	−0.176

11	교수자는 학습에 유용한 방식으로 관련된 이슈들에 대한 토론에 집중하도록 도와주었다.	**0.425**	0.146	−0.374
12	교수자는 코스의 목적과 목표에 관련된 나의 강점과 약점들을 이해하도록 피드백을 제공하였다.	**0.649**	−0.123	−0.201
13	교수자는 적절한 시기에 피드백을 제공하였다.	**0.513**	−0.025	−0.103
14	코스의 참여자들을 알게 된 것은 이 코스에 대한 소속감을 갖게 하였다.	0.050	**0.619**	−0.233
15	나는 어떤 코스 참여자들에 대한 명확한 인상을 형성할 수 있었다.	0.172	**0.473**	0.013
16	온라인 또는 웹 기반 커뮤니케이션은 사회적 상호작용을 하기에 우수한 매체다.	−0.181	**0.674**	−0.226
17	나는 온라인 매체를 통해 대화하는 것이 편안했다.	−0.039	**0.814**	0.015
18	나는 코스의 토론에 참여하는 것이 편안했다	0.109	**0.788**	0.005
19	나는 코스의 참여자들과 상호작용하는 것이 편안하다.	0.286	**0.701**	0.038
20	나는 신뢰감을 유지하면서 코스 참여자들의 의견에 동의하지 않는 것이 불편하지 않았다.	0.103	**0.620**	−0.034
21	나는 코스 참여자들에 의해 내 관점이 인정받는 것을 느꼈다.	0.319	**0.556**	0.025
22	온라인 토론은 협동의식을 개발하는 데 도움이 되었다.	0.047	**0.561**	−0.340

23	제기된 문제들은 코스 이슈에 대한 나의 관심을 증가시켰다.	−0.099	0.172	**−0.785**
24	코스의 활동들은 나의 호기심을 자극하였다.	0.064	0.070	**−0.712**
25	내용과 관련된 질문들을 탐구하고자 하는 마음이 생겼다.	0.082	−0.031	**−0.770**
26	이 코스에서 제기된 문제를 탐색하기 위해 다양한 정보를 활용하였다.	0.078	−0.158	**−0.759**
27	브레인스토밍과 관련된 정보를 찾는 것은 내용과 관련된 질문들을 해결하는 데 도움이 되었다.	−0.106	0.130	**−0.794**
28	온라인 토론은 내가 다른 관점을 이해하는 데 있어서 소중하였다.	−0.096	0.286	**−0.699**
29	새로운 정보를 통합하는 것은 코스의 활동에서 제기된 질문들에 답을 하는 데 도움이 되었다.	0.101	0.043	**−0.716**
30	학습활동들은 설명과 해결안들을 구성하는 데 도움이 되었다.	0.128	0.030	**−0.732**
31	코스 내용과 토론에 대한 성찰은 이 수업의 기본적인 개념들을 이해하는 데 도움이 되었다.	0.008	0.237	**−0.640**
32	나는 이 코스에서 만들어진 지식을 테스트하고 적용하는 방식을 설명할 수 있다.	0.239	−0.097	**−0.619**
33	나는 실제에서 적용할 수 있는 코스의 문제에 대한 해결방안들을 개발하였다.	0.147	0.026	**−0.653**
34	나는 이 코스에서 산출된 지식을 나의 일이나 수업이 아닌 다른 활동들에 적용할 수 있다.	0.171	−0.041	**−0.687**

회전방법: 오블리민 Kaiser 정규화. .5 또는 그 이상인 설문 문항에 굵은 글씨로 표시하였음.
[a]12번 회전

4. 논 의

자료에 대한 주성분 분석 결과는 탐구공동체 프레임에 의해 측정된 교수 실재감, 사회적 실재감 그리고 인지적 실재감의 구인 타당도를 지지해 준다. 그러나 분석에서 가능한 수의 요인들을 허용했을 때, 스크리 도표는 확정적이지 못한 결과를 제시한 반면, 고유값은 네 번째 요인의 가능성을 나타내었다.

요인 부하량은 교수 실재감을 측정하는 데 사용된 문항들의 두 가지 측면적 경향을 제안한 최근의 연구들과 일관된다. Arbaugh (2007)와 Shea 등(2006)의 연구들에서 사전 수업활동(설계와 조직화)과 수업 중의 활동들(촉진과 직접 교수)이 구분되는 요인들로 적재되었다. Arbaugh(2007)는 이러한 적재가 이 활동들이 일어나는 기간의 시간적 경향을 반영할 수 있다고 주장하였다. 설계와 조직화와 관련된 대부분의 활동들은 코스가 시작되기 전에 일어나고 촉진과 교수는 코스가 진행되는 동안 발생되기 때문에 활동들의 타이밍이 프레임워크의 조작화에 영향을 주었을 가능성이 있다.

이 연구의 결과는 교수 실재감, 사회적 실재감, 인지적 실재감을 타당하게 측정함으로써 CoI 도구의 사용을 지지한다. CoI를 가지고 수행되는 이후 연구로서, 이 연구의 조사자는 요인들의 수가 선험적인 것을 명시화해 주지 못했을 때 요인분석 결과와 CoI 문항들의 의도된 구조 간의 불일치에 대해 추가적으로 탐색하기를 희망한다. 이러한 불일치는 단순히 특정한 설문 문항들이 어떻게 표현되었는지의 미묘함으로부터 기인한 것일 수도 있다. 반면에 그와 같은 불일치는 하부 측정 문항들이 만들어진 이론적 가정에 대한 보다 근본적인 이슈를 지적하는 것일 수도 있다.

요인 부하량 간의 비교는 어떤 경우에 교수 실재감을 측정하는 CoI 문항들의 단어 사용이 다소 정제될 필요가 있다는 것을 지지한다. 예를 들어, 1번과 12번 문항들은 주요인 적재가 명확하지 않다. 즉, 그들은 다른 문항들에 비해 다음으로 높은 적재값과 차이가 크지 않다. 이러한 적재값들은 그와 같은 문항들이 전반적으로 '명확하게' 요인을 뽑아내지 못한 것을 시사한다. 그리고 이것은 그들이 어떻게 문장으로 표현되었느냐에 있어서의 모호성 때문에 그랬을 것이다.

결과는 또한 교수 실재감을 구성하는 문항들에 있어 다른 문제점들을 지적한다. 요인 해법을 구체화하지 않았을 때, 〈표 3〉에 설명된 이들 네 가지 요인들 간에 존재하는 상관관계는 교수 실재감을 측정하려고 설계된 13개의 문항들 가운데 7개로 구성된 요인 1이 다른 교수 실재감 문항의 나머지를 포함하는 요인(r=0.348)과의 관계보다 인지적 실재감 요인(r=−0.479)과 더 높은 상관관계를 보여 주고 있다. 요인 1과 4가 밀접하게 관계되어 있다면 분리된 구조가 실제로 존재한다는 의심을 덜 할 것이다. 그러나 이러한 결과들은 응답자들의 지각을 통해 측정된 교수 실재감을 구성하는 문항들을 2개의 구분되는 구조로 측정했다는 것을 시사한다.

〈표 3〉 요인들 간의 상관관계

요인	1	2	3	4
1	1.000	0.318	−0.479	0.348
2	0.318	1.000	−0.568	0.382
3	−0.479	−0.568	1.000	−0.543
4	0.348	0.382	−0.543	1.000

그러나 교수 실재감 구조 그 자체의 타당성과 구조를 측정하기 위해 설계된 문항들의 타당성을 구분하는 것은 중요하다. 다시 말해, '중요한 것을 허섭스레기와 함께 버려 버리지' 않도록 하면서, 이 영역에서 수행된 가치 있는 연구들에 토대를 둔 구조 자체의 이론적 기반을 유지하면서 교수 실재감을 측정하는 데 사용된 CoI 문항들은 정제될 필요가 있을 것이다. 더욱이, 앞에서 설명한 대로 구조의 타당성은 측정이 일어난 맥락에 크게 좌우된다. 예를 들어, 응답사들에게 교수 실재감의 문항들이 나머지 사회적 실재감과 인지적 실재감을 측정하는 문항들과 독립적으로 설문을 시행하면 이 문항들에 대한 응답자들의 지각은 뚜렷하게 차이가 있을 것이다. 세 가지의 분리된 구조들을 하나의 도구로 통합하려는 시도에서 연구자들은 세 가지 구조 간의 상호작용으로부터 기인하는 의도하지 않은 새롭고 복잡한 현상이 발생될 위험성을 전제한다. 사실, 이 연구의 결과는 요인들 간의 상관관계에서도 입증된 것처럼 그와 같은 중첩이 있다는 것을 제안한다. 더욱이, 응답 대상자들을 고려했을 때, 연구자들은 설문을 액면 그대로 받아들이기보다는 학생들이 일반 대중보다 더 높은 지적 능력을 소유하고 있어 그들이 설문을 해 나가면서 그것을 불가피하게 해독하고

자 시도했을 것이라고 예상할 필요가 있다. 요약하면, 우리는 도구들을 타당화할 때 신중을 기해야 한다.

우리가 교수 실재감 구조에 대한 조사를 할 때 또 다른 시나리오를 고려할 필요가 있다. 온라인 학습 환경에서 실재감의 더 일반적인 구조일수록 교수 실재감, 사회적 실재감, 인지적 실재감 같은 하위 요인을 분리함으로써 더 깊이 있게 설명될 수 있다. 교수 실재감 구조의 잠재적 분기는 하위 척도의 구조에 있어서 반드시 약점으로 작용하는 것이 아니며, 강점이 될 수 있다. 즉, 이 요인은 총 변량의 더 큰 덩어리를 나타내기 때문에 연구결과는 교수 실재감의 하위 척도가 2개 또는 그 이상의 하위 척도를 가졌다는 것을 나타내는지도 모른다. CoI 프레임워크를 조작화하는 측정도구를 개발하는 초기에 하위 척도의 다면성이 반드시 약점이라는 것을 가정하지 않는 것이 중요하다. 더 많은 대상자와 다른 맥락에서 추가적인 연구가 이루어진다면 이 이슈를 분명히 하는 데 도움이 될 것이다.

교수 실재감의 개념화에 대한 잠재적 우려에도 불구하고, 이 연구의 결과들은 CoI 프레임워크를 조작화하려는 시도가 최소한 두 가지 측면에서 이전 연구들에 기반하여 만들어진 것을 제안하였다. 첫째, 인지적 실재감을 측정하는 설문 문항은 타당하지만 효율적인 방식으로 그 구조의 측면들을 담아낸 것으로 보인다. 둘째, 다양한 기관에서의 샘플은 결과에 대해 높아진 외적 타당도를 제공한다. 그러므로 이 도구는 코스의 성과변인에 대한 예측변인으로 CoI 요소들을 검토하는 연구와 어떠한 수업 특성들이 사회적 실재감, 교수 실재감 그리고 인지적 실재감의 발전을 독려하거나 저해하는지를 검토하는 연구들에서의 준거변인으로서 모두 사용될 수 있다. 우리는 다른 연구자들에게 이러한 측정들을 보다 더 개선하는 작업을 할 것을 권장한다.

우리는 또한 코스들을 비교하고 코스 내에서 등장하는 테크놀로지의 실행에 있어 종속적 측정으로서 CoI를 사용하는 탐구적 연구들을 장려한다. 이 영역의 초기 연구는 CoI가 특정한 전략들과 테크놀로지들의 영향을 결정하는 데 있어서 매우 효과적인 것으로 보여 준다(Ice, 2008). 이 특성에 대한 추가적인 실험연구 혹은 준실험연구가 온라인 환경에서 최상의 실행을 정의하는 데 많은 도움을 줄 것이다.

CoI 측정도구의 높아진 신뢰도와 타당도는 이 프레임워크에 흥미를 가진 연구자들뿐만 아니라 코스 설계자, 학위 프로그램 관리자, 교수자들에게도 함의점을 제공해 줄 것이다. CoI 측정이 더욱 정제됨에 따라 그들은 연구 목적 이외에도 코스와 프로그램 평가 도구로 사용되어야 할 것인가? 또한 교수 실재감의 구조에 대한 정의와는 별개로, 교수자들이 코스가 시작되기 전에 학생의 이해를 돕고 코스 내에서 적절한 수행을 적용하도록 도울 뿐만 아니라 일단 코스가 진행되면 코스 활동을 안내하도록 하는 데 있어 중요한 역할을 한다는 것을 우리의 연구결과는 제시해 준다.

참고문헌

Anagnostopoulos, D., Basmadjian, K. G., & McCrory, R. S. (2005). The decentered teacher and the construction of social space in the virtual classroom. *Teachers College Record*, 107, 1699–1729.

Arbaugh, J. B. (2007). An empirical verification of the community of inquiry framework. *Journal of Asynchronous Learning Networks, 11*(1), 73–85.

Arbaugh, J. B., & Hwang, A. (2006). Does "teaching presence" exist in online MBA courses? *The Internet and Higher Education*, 9, 9–21.

Comrey, A. L., & Lee, H. B. (1992). *A first course in factor analysis.* Hillsdale, NJ: Erlbaum.

Garrison, D. R. (2007). Online community of inquiry review: Social, cognitive, and teaching presence issues. *Journal of Asynchronous Learning Networks, 11*(1), 61–72.

Garrison, D. R. (2009). Communities of inquiry in online learning: Social, teaching and cognitive presence. In P. L. Rogers et al. (Eds.), *Encyclopedia of distance learning*, 2nd edition (pp. 352–355). Hershey, PA: IGI Global.

Garrison, D. R., Anderson, T., & Archer, W. (2000). Critical inquiry in a text-based environment: Computer conferencing in higher education. *The Internet and Higher Education*, 2, 87–105.

Garrison, D. R., Anderson, T., & Archer, W. (2001). Critical thinking, cognitive presence, and computer conferencing in distance education. *American Journal of Distance Education, 15*(1), 7–23.

Garrison, D. R., & Arbaugh, J. B. (2007). Researching the Community of Inquiry Framework: Review, issues and future directions. *The Internet and Higher Education, 10*(3), 157–172.

Garrison, D. R., & Cleveland-Innes, M. (2005). Facilitating cognitive presence in online learning: Interaction is not enough. *American Journal of Distance Education*, 19, 133–148.

Garrison, D. R., Cleveland-Innes, M., & Fung, T. (2004). Student role adjustment in online communities of inquiry: Model and instrument validation. *Journal of Asynchronous Learning Networks*, *8*(2). Retrieved September 1, 2004 from http://www.aln.org/publications/jaln/v8n2/v8n2_garrison.asp.

Goertzen, P., & Kristjansson, C. (2007). Interpersonal dimensions of community in graduate online learning: Exploring social presence through the lens of Systemic Functional Linguistics. *The Internet and Higher Education*, 10, 212-230.

Gorsuch, R. (1983). *Factor analysis*, 2nd edition. Hillsdale, NJ: Lawrence Erlbaum.

Heckman, R., & Annabi, H. (2005). A content analytic comparison of learning processes in online and face-to-face case study discussions. *Journal of Computer-Mediated Communication, 10*(2) article 7. http://jcmc.indiana.edu/vol10/ issue2/heckman.html.

Ho, C.-H., & Swan, K. (2007). Evaluating online conversation in an asynchronous learning environment: An application of Grice's cooperative principle. *The Internet and Higher Education*, 10, 3-14.

Ice, P. (April, 2008). The impact of asynchronous audio feedback on teaching, social and cognitive presence. Banff, Alberta: First International Conference of the Canadian Network for Innovation in Education.

Kass, R. A., & Tinsley, H. E. A. (1979). Factor analysis. *Journal of Leisure Research*, 11, 120-138.

Nunnally, J. C. (1978). *Psychometric theory*, 2nd edition. New York: McGraw-Hill.

Oriogun, P. K., Ravenscroft, A., & Cook, J. (2005). Validating an approach to examining cognitive engagement in online groups. *American Journal of Distance Education*, 19, 197–214.

Richardson, J. C., & Swan, K. (2003). Examining social presence in online courses in relation to students' perceived learning and satisfaction. *Journal of Asynchronous Learning Networks, 7*(1). Retrieved June 1, 2004 from: http://www.aln.org/ publications/jaln/v7n1/index.asp.

Schrire, S. (2004). Interaction and cognition in asynchronous computer conferencing. *Instructional Science: An International Journal of Learning and Cognition*, 32, 475–502.

Shea, P. J., Fredericksen, E. E., Pickett, A. M., & Pelz, W. E. (2003). A preliminary investigation of "teaching presence" in the SUNY learning network. In J. Bourne & Janet C. Moore (Eds.), *Elements of quality online education into the mainstream*, Vol. 4 (pp. 279–312). Needham, MA: Sloan–C.

Shea, P., Li, C. S., & Pickett, A. (2006). A study of teaching presence and student sense of learning community in fully online and web–enhanced college courses. *The Internet and Higher Education*, 9, 175–190.

Tabachnik, B. G., & Fidell, L. S. (2007). *Using multivariate statistics.* Boston: Pearson Education.

Thompson, B. (2004). *Exploratory and confirmatory factor analysis: Understanding concepts and applications.* Washington, DC: American Psychological Association.

Vaughan, N., & Garrison, D. R. (2005). Creating cognitive presence in a blended faculty development community. *The Internet and Higher Education*, 8, 1–12.

Wise, A., Chang, J., Duffy, T., & del Valle, R. (2004). The effects of teacher social presence on student satisfaction, engagement, & learning. *Journal of Educational Computing Research*, 31, 247–271.

참고문헌

Achenbach, J. (1999). The too-much-information age. *The Washington Post*, March 12, A23.

Akyol, Z., Arbaugh, J. B., Cleveland-Innes, M., Garrison, D. R., Ice, P., Richardson, J., & Swan, K. (2009). A response to the review of the community of inquiry framework. *Journal of Distance Education, 23*(2), 123-136.

Akyol, Z., & Garrison, D. R. (2008). The development of a community of inquiry over time in an online course: Understanding the progression and integration of social, cognitive and teaching presence. *Journal of Asynchronous Learning Networks, 12*(3), 3-22.

Akyol, Z., & Garrison, D. R. (2011a). Understanding cognitive presence in an online and blended community of inquiry: Assessing outcomes and processes for deep approaches to learning. *British Journal of Educational Technology*.

Akyol, Z., & Garrison, D. R. (2011b). Learning and satisfaction in online communities of inquiry. In S. Eom & J. B. Arbaugh (Eds.), *Student satisfaction and learning outcomes in e-learning: An introduction to empirical research*. Hershey, PA: IGI Global.

Akyol, Z., & Garrison, D. R. (2011c). Assessing metacognition in an online community of inquiry. *The Internet and Higher Education, 14*(3), 183-190.

Akyol, Z., Garrison, D. R., & Ozden, M. Y. (2009). Online and blended communities of inquiry: Exploring the developmental and perceptual differences. *International Review of Research in Open and Distance Learning, 10*(6), 65–83.

Akyol, Z., Ice, P., Garrison, D. R., & Mitchell, R. (2010). The relationship between course socio-epistemological orientations and student perceptions of community of inquiry. *Internet and Higher Education, 13*(1–2), 66–68.

An, H., Shin, S., & Lim, K. (2009). The effects of different instructor facilitation approaches on students' interactions during asynchronous online discussions. *Computers & Education, 53*, 749–760.

Anderson, T. (2001). The hidden curriculum of distance education. *Change Magazine, 33*(6), 29–35.

Anderson, T., & Mason, R. (1993). The Bangkok Project: New tool for professional development. *American Journal of Distance Education, 7*(2), 5–18.

Anderson, T., Rourke, L., Garrison, D. R., & Archer, W. (2001). Assessing teacher presence in a computer conferencing context. *Journal of Asynchronous Learning Networks, 5*(2), 1–17.

Arbaugh, J. B., Bangert, A., & Cleveland-Innes, M. (2010). Subject matter effects and the Community of Inquiry (CoI) framework: An exploratory study. *Internet and Higher Education, 13*(1–2), 37–44.

Arbaugh, J. B., & Benbunan-Fich, R. (2006). An investigation of epistemological and social dimensions of teaching in online learning environments. *Academy of Management Learning & Education, 5*(4), 435–447.

Arbaugh, J. B., Cleveland-Innes, M., Diaz, S., Garrison, D. R., Ice,

P., Richardson, J., Shea, P., & Swan, K. (2008). Developing a community of inquiry instrument: Testing a measure of the Community of Inquiry framework using a multiinstitutional sample. *Internet and Higher Education, 11*, 133–136.

Archer, W. (2010). Beyond online discussions: Extending the community of inquiry framework to entire courses. *Internet and Higher Education, 13*, 69.

Archer, W., Garrison, D. R., & Anderson, T. (1999). Adopting disruptive technologies in traditional universities: Continuing education as an incubator for innovation. *Canadian Journal of University Continuing Education, 25*(1), 13–30.

Baker, J. D. (2004). An investigation of relationships among instructor immediacy and affective and cognitive learning in the online classroom. *Internet and Higher Education, 7*(1), 1–13.

Bangert, A. (2008). The influence of social and teaching presence on the quality of online critical inquiry. *Journal of Computing in Higher Education, 20*(1), 34–61.

Benbunan-Fich, R., & Arbaugh, J. B. (2006). Separating the effects of knowledge construction and group collaboration in learning outcomes of web-based courses. *Information & Management, 43*(6), 778–793.

Bereiter, C. (1992). Referent-centred and problem-centred knowledge: Elements of an educational epistemology. *Interchange, 23*, 337–361.

Biggs, J. B. (1987). *Student approaches to learning and studying.* Melbourne, Australia: Australian Council for Educational Research.

Blanchette, J. (2001). Questions in the online learning environment.

Journal of Distance Education, 16(2), 37–57.

Bliss, C. A., & Lawrence, B. (2009). From posts to patterns: A metric to characterize discussion board activity in online courses. *Journal of Asynchronous Learning Networks, 13*(2), 15–32.

Boston, W., Diaz, S. R., Gibson, A., Ice, P., Richardson, J., & Swan, K. (2009). An exploration of the relationship between indicators of the community of inquiry framework and retention in online programs. *Journal of Asynchronous Learning Networks, 13*(3), 67–83.

Brook, C., & Oliver, R. (2007). Exploring the influence of instructor actions on community development in online settings. In N. Lambropoulos & P. Zaphiris (Eds.), *User–centered design of online learning communities*. Hersey: Idea Group.

Brown, J. S., & Adler, R. P. (2008). Minds on fire: Open education, the long tail, and learning 2.0. *EDUCAUSE Review, 43*(1), 16–32.

Brown, M. B., & Diaz, V. (2010). Mobile learning: Context and prospects. *A report on the ELI focus session*. ELI Paper 1, EDUCAUSE.

Brown, R. E. (2001). The process of community–building in distance learning classes. *Journal of Asynchronous Learning Networks, 5*(2), 18–35.

Buraphadeja, V., & Dawson, K. (2008). Content analysis in Computer –mediated communication: Analyzing models for assessing critical thinking through the lens of social constructivism. *American Journal of Distance Education, 22*(3), 130–145.

Burbules, N. (1993). *Dialogue in teaching: Theory and practice*. New York: Teachers College Press.

Caspi, A., & Blau, I. (2008). Social presence in online discussion groups: testing three conceptions and their relations to perceived learning. *Social Psychology of Education, 11*(3), 323–346.

Cecez–Kecmanovic, D., & Webb, C. (2000). Towards a communicative model of collaborative web–mediated learning. *Australian Journal of Educational Technology, 16*(1), 73–85.

Chapman, C., Ramondt, L., & Smiley, G. (2005). Strong community, deep learning: Exploring the link. *Innovations in Education and Teaching International, 42*(3), 217–230.

Christensen, C. (1997). *The Innovator's dilemma: When new technologies cause great firms to fail.* Boston: Harvard Business School Press.

Clark, B. R. (1998). *Creating entrepreneurial universities: Organizational pathways of transformation.* Guildford, UK: Pergamon.

Clark, R. E. (1983). Reconsidering research on learning from media. *Review of Educational Research, 53*, 445–459.

Clark, R. (1994). Media will never influence learning. *Educational Technology Research and Development, 42*(3), 21–29.

Cleveland–Innes, M., & Garrison, D. R. (Eds.). (2010). *An introduction to distance education: Understanding teaching and learning in a new era.* London: Routledge.

Cleveland–Innes, M., Garrison, D. R., & Kinsell, E. (2007). Role adjustment for learners in an online community of inquiry: Identifying the challenges of incoming online learners. *International Journal of Web–Based Learning and Teaching Technologies, 2*(1), 1–16.

Collison, G., Elbaum, B., Haavind, S., & Tinker, R. (2000). *Facilitating online learning: Effective strategies for moderators.* Madison, WI: Atwood Publishing.

Conrad, D. (2005). Building and maintaining community in cohort-based online learning. *Journal of Distance Education, 20*(1), 1-20.

Cotton, D., & Yorke, J. (2006). Analyzing online discussions: What are the students learning? In Proceedings of the 23rd Annual Conference of the Australasian Society for Computers in Learning in Tertiary Education: "Who's learning? Whose technology?" December, 2006, Sydney, Australia.

Davie, L. (1989). Facilitation techniques for the online tutor. In R. Mason & A. Kaye (Eds.), *Mind Weave* (pp. 74-85). Oxford: Pergamon Press.

de Leng, B. A., Dolmans, D. H. J. M., Jobsis, R., Muijtjens, A. M. M., & van der Vleuten, C. P. M. (2009). Exploration of an e-learning model to foster critical thinking on basic science concepts during work placements. *Computers & Education, 53*(1), 1-13.

Dewey, J. (1916). *Democracy and education.* New York: Macmillan.

Dewey, J. (1933). *How we think* (rev. ed.). Boston: D.C. Heath.

Dewey, J. (1938). *Experience and education.* New York: Collier Macmillan.

Dewey, J. (1967). Psychology. In J. A. Boydston (Ed.), *John Dewey: The early works, 1882-1898, Vol. 2* (pp. 204-213). Carbondale: Southern Illinois University Press. (Original work published 1887.)

Dewey, J., & Childs, J. L. (1981). The underlying philosophy of education. In J. A. Boydston (Ed.), *John Dewey: The later works, 1925-1953, Vol. 8* (pp. 77-103). Carbondale: Southern Illinois University Press. (Original work published 1933.)

Diaz, S. R., Swan, K., Ice, P., & Kupczynski, L. (2010). Student ratings of the importance of survey items, multiplicative factor analysis, and the validity of the community of inquiry survey. *Internet and Higher Education, 13*(1–2), 22–30.

Dubin, R. (1978). *Theory building* (2nd ed.). NY: The Free Press.

Duderstadt, J. J., Atkins, D. E., & Van Houweling, D. (2002). *Higher education in the digital age: Technology issues and strategies for American colleges and universities.* Westport, CT: Greenwood Press.

Dziuban, C., Hartman, J., Moskal, P., Sorg, S., & Truman, B. (2004). Three ALN modalities: An institutional perspective. In J. Bourne & J. C. Moore (Eds.), *Elements of quality online education: Into the mainstream* (pp. 127–148). Needham, MA: Sloan–C.

ELI. (2010). 7 things you should know about mobile apps for learning. Retrieved May 14, 2010 from http://www. educause.edu/Resources/7ThingsYouShouldKnow AboutMobil/204763.

E–learning in tertiary education: Where do we stand? (2005). Centre for Educational Research and Innovation, OECD Publishing. Retrieved July 28, 2010 from http://books.google.ca/books?id=8viUZBYLQysC&printsec=frontcover&dq=E–learning+in+tertiary+education:+Where+do+we+stand&source=bl&ots=2JkJ_99JbO&sig=eF7–9gJaIi–Px0EfuSGMUXI8–sE&hl=en&ei=Cs1RTI–QJM–EnQff3pS0Aw&sa=X&oi=book_result&ct=result&resnum=3&ved=0CB8Q6AEwAg#v=onepage&q&f=false.

Entwistle, N. J., & Ramsden, P. (1983). *Understanding student learning.* London: Croom Helm.

Evans, T., & Pauling, B. (2010). The future of distance education: Reformed, scrapped or recycled. In M. Cleveland–Innes & D. R. Garrison (Eds.), *An introduction to distance education: Understanding teaching and learning in a new era*. London: Routledge.

Fabro, K. R., & Garrison, D. R. (1998). Computer conferencing and higher-order learning. *Indian Journal of Open Learning, 7*(1), 41-54.

Feenberg, A. (1999). *Questioning technology*. London: Routledge.

Garrison, D. R. (1997a). Computer conferencing: The post-industrial age of distance education. *Open Learning, 12*(2), 3-11.

Garrison, D. R. (1997b). Self-directed learning: Toward a comprehensive model. *Adult Education Quarterly, 48*(1), 18-33.

Garrison, D. R. (2003). Cognitive presence for effective asynchronous online learning: The role of reflective inquiry, self-direction and metacognition. In J. Bourne & J. C. Moore (Eds.), *Elements of quality online education: Practice and direction* (pp. 29-38). Volume 4 in the Sloan C Series, Needham, MA: The Sloan Consortium.

Garrison, D. R. (2009a). Implications of online learning for the conceptual development and practice of distance education. *Journal of Distance Education, 23*(2), 93-104.

Garrison, D. R. (2009b). Communities of inquiry in online learning. In P. L. Rogers et al. (Eds.), *Encyclopedia of distance learning* (2nd ed.) (pp. 352-355). Hershey, PA: IGI Global.

Garrison, D. R., & Anderson, T. (1999). Avoiding the industrialization of research universities: Big and little distance education. *American Journal of Distance Education, 13*(2), 48-63.

Garrison, D. R., Anderson, T., & Archer, W. (2000). Critical inquiry in a text-based environment: Computer conferencing in higher education. *The Internet and Higher Education*, 2(2/3), 87-105.

Garrison, D. R., Anderson, T., & Archer, W. (2001). Critical thinking, cognitive presence and computer conferencing in distance education. *American Journal of Distance Education, 15*(1), 7–23.

Garrison, D. R., & Arbaugh, J. B. (2007). Researching the community of inquiry framework: Review, issues, and future directions. *Internet and Higher Education, 10*(3), 157–172.

Garrison, D. R., & Archer, W. (2000). *A transactional perspective on teaching and learning: A framework for adult and higher education.* Oxford, UK: Pergamon.

Garrison, D. R., & Cleveland–Innes, M. (2005). Facilitating cognitive presence in online learning: Interaction is not enough. *American Journal of Distance Education, 19*(3), 133–148.

Garrison, D. R., & Cleveland–Innes, M. (2010). Foundations of distance education. In M. Cleveland–Innes & D. R. Garrison (Eds.), *An introduction to distance education: Understanding teaching and learning in a new era.* London: Routledge.

Garrison, D. R., Cleveland–Innes, M., & Fung, T. S. (2010). Exploring causal relations among teaching, cognitive and social presence: A holistic view of the community of inquiry framework. *Internet and Higher Education, 13*(1–2), 31–36.

Garrison, D. R., Cleveland–Innes, M., Koole, M., & Kappelman, J. (2006). Revisiting methodological issues in the analysis of transcripts: Negotiated coding and reliability. *The Internet and Higher Education, 9*(1), 1–8.

Garrison, D. R., & Vaughan, N. (2008). *Blended learning in higher education.* San Francisco: Jossey–Bass.

Garrison, J. (1997). *Dewey and eros: Wisdom and desire in the art of teaching.* New York: Teachers College Press.

Gilbert, S. W. (2000). So, why bother? *AAHESGIT*, 49, Retrieved June 6, 2002 from http://www.tltgroup.org/whybother.htm.

Gladwell, M. (2002). *The tipping point: How little things can make a big difference*. NY: Little, Brown and Company.

Gorsky, P., Caspi, A., Antonovsky, A., Blau, I., & Mansur, A. (2010). The relationship between academic discipline and dialogic behaviour in open university course forums. *International Review of Research in Open and Distance Learning, 11*(2), 49-72.

Gorsky, P., Caspi, A., & Smidt, S. (2007). Use of instructional dialogue by university students in a difficult distance education physics course. *Journal of Distance Education, 21*(3), 1-22.

Green, R. (1998). *The forty-eight laws of power*. NY: Viking Press.

Gunawardena, C. N. (1991). Collaborative learning and group dynamics in computermediated communication networks. *Research Monograph of the American Center for the Study of Distance Education, 9* (pp. 14-24). University Park, Pennsylvania: The Pennsylvania State University.

Gunawardena, C. N. (1995). Social presence theory and implication for interaction and collaborative learning in computer conferences. *International Journal of Educational telecommunications, 1*(2/3), 147-166.

Gunawardena, C. N., & Zittle, F. J. (1997). Social presence as a predictor of satisfaction within a computer-mediated conferencing environment. *The American Journal of Distance Education, 11*(3), 8-26.

Guri-Rosenblit, S. (2009). *Digital technologies in higher education: Sweeping expectations and actual effects*. New York: Nova Science

Publishers.

Harasim, L. (1987). Teaching and learning on-line: Issues in computer-mediated graduate courses. *Canadian Journal of Educational Communication, 16*, 117-135.

Harasim, L. (1989). On-line education: A new domain. In R. Mason & A. R. Kaye (Eds.), *Mindweave: Communication, computers, and distance education* (pp. 50-62). New York: Pergamon.

Hartshorne, R., & Ajjan, H. (2009). Examining student decisions to adopt Web 2.0 technologies: Theory and empirical tests. *Journal of Computing in Higher Education, 21*, 183-198.

Harvey, D., Moller, L. A., Huett, J. B., Godshalk, V. M., & Downs, M. (2007). Identifying factors that effect learning community development and performance in asynchronous distance education. In R. Luppicini (Ed.), *Online learning communities* (pp. 169-187). N.C.: Information Age Publishing.

Hiltz, S. R., & Turoff, M. (1993). *The network nation: Human communication via computer*. Cambridge, MA: MIT Press.

Ice, P. (2010). The future of learning technologies: Transformational developments. In M. F. Cleveland-Innes & D. R. Garrison (Eds.), *Teaching and learning in distance education: Enter a new era*. London: Routledge.

Ice, P., Arbaugh, B., Diaz, S., Garrison, D. R., Richardson, J., Shea, P., & Swan, K. (2007). *Community of Inquiry framework: Validation and instrument development*. The 13th Annual Sloan-C International Conference on Online Learning, Orlando, November.

Ice, P., Curtis, R., Phillips, P., & Wells, J. (2007). Using asynchronous audio feedback to enhance teaching presence and students' sense of community. *Journal of Asynchronous Learning Networks, 11*(2), 3–25.

Ikenberry, S. O. (1999). The university and the information age. In W. Z. Hirsch & L. E. Weber (Eds.), *Challenges facing higher education at the millennium*. Phoenix, Arizona: Oryx Press.

Jahng, N., Nielsen, W. S., & Chan, E. K. H. (2010). Collaborative learning in an online course: A comparison of communication patterns in small and whole group activities. *Journal of Distance Education, 24*(2), 39–58.

Jezegou, A. (2010). Community of inquiry en e–learning: a propos du modele de Garrison et Anderson. *Journal of Distance Education, 24*(2), 1–18.

Jiang, M., & Ting, E. (2000). A study of factors influencing students' perceived learning in a web–based course environment. *International Journal of Educational Telecommunications, 6*(4), 317–338.

Johnson, D. W., & Johnson, R. T. (2009). An educational psychology success story: Social interdependence theory and cooperative learning. *Educational Researcher, 38*(5), 365–379.

Kang, K. M., & Kim, M. J. (2006). Investigation of the relationship among perceived social presence, achievement, satisfaction and learning persistence in the blended learning environment. *Journal of Educational Technology, 22*(4), 1–27.

Katz, R. N. (2010). Scholars, scholarship, and the scholarly enterprise in the digital age. *EDUCAUSE Review, 45*(2), 44–56.

Kaye, T. (1987). Introducing computer–mediated communication into a distance education system. *Canadian Journal of Educational Communication, 16*, 153–166.

Ke, F. (2010). Examining online teaching, cognitive, and social presence for adult students. *Computers & Education, 55*, 808–820.

Kim, J. (2011). Developing an instrument to measure social presence in distance higher education. *British Journal of Educational Technology, 42*(5), 763–777.

Koole, M., McQuilkin, J. L., & Ally, M. (2010). Mobile learning in distance education: Utility or futility? *Journal of Distance Education, 24*(2), 59–82.

Kozma, R. (1994). Will media influence learning? Reframing the debate. *Educational Technology Research & Development, 42*(2), 7–19.

Laumakis, M., Graham, C., & Dziuban, C. (2009). The Sloan–C pillars and boundary objects in framework for evaluating blended learning. *Journal of Asynchronous Learning Networks, 13*(1), 75–87.

Lim, D. H., Morris, M. L., & Kupritz, V. W. (2007). Online vs. blended learning: Differences in instructional outcomes and learner satisfaction. *Journal of Asynchronous Learning Networks, 11*(3), 27–42.

Liu, S., Gomez, J., & Yen, C. (2009). Community college online course retention and final grade: Predictability of social presence. *Journal of Interactive Online Learning, 8*(2), 165–182.

Liu, X., Magjuka, R. J., Bonk, C. J., & Lee, S. H. (2007). Does sense of community matter? An examination of participants' perceptions of building learning communities in online courses. *Quarterly Review of Distance Education, 8*(1), 9–24.

Lipman, M. (1991). *Thinking in education*. Cambridge: Cambridge University Press.

Lipman, M. (2003). *Thinking in education* (2nd ed.). Cambridge: Cambridge University Press.

Lombardi, M. M. (2008). *Making the grade: The role of assessment in authentic learning*. ELI Paper 1, EDUCAUSE. Retrieved July 29, 2010 from http://www.educause.edu/ELI/MakingtheGradeTheRoleofAssessm/162389.

Machiavelli, N. (1950). *The Prince*. New York: Random House. (Original work published 1532.)

Marton, F. (1988). Describing and improving teaching. In R. R. Schmeck (Ed.), *Learning strategies and learning styles*. New York: Plenum.

Marton, F., & Saljo, R. (1976). On qualitative differences in learning: I-Outcome and process. *British Journal of Educational Psychology, 46*, 4-11.

McCarthy, J. W., Smith, J. L., & DeLuca, D. (2010). Using online discussion boards with large and small groups to enhance learning of assistive technology. *Journal of Computing in Higher Education, 22*, 95-113.

McLuhan, M. (1995). *Understanding media: The extensions of man*. Cambridge, MA: MIT Press.

Means, B., Toyama, Y., Murphy, R., Bakia, M., & Jones, K. (2009). Evaluation of evidence-based practices in online learning: A meta-analysis and review of online learning studies. U.S. Department of Education. Retrieved July 29, 2010 from http://www2.ed.gov/rschstat/eval/tech/evidence- based-practices/finalreport.pdf.

Meyer, K. (2003). Face-to-face versus threaded discussions: The role of time and higher-order thinking. *Journal of Asynchronous Learning Networks, 7*(3), 55-65.

Meyer, K. (2004). Evaluating Online Discussions: Four Difference Frames of Analysis. *Journal of Asynchronous Learning Networks, 8*(2), 101–114.

Miller, G. E. (2010). Collaboration versus competition: trends in online learning for workforce development. Retrieved July 29, 2010 from http://www.aln.org/node/2350.

National Center for Academic Transformation (see: http://www.thencat.org/).

Nippard, E., & Murphy, E. (2007). Social presence in the web–based synchronous secondary classroom. *Canadian Journal of Learning and Technology, 33*(1). Retrieved July 29, 2010 from http://www.cjlt.ca/index.php/cjlt/article/ view/24/22.

Olson, D. K. (1994). *The world on paper: The conceptual and cognitive implications of reading and writing*. New York: Cambridge University Press.

Ong, W. (1982). *Orality and literacy*. New York: Routledge.

Paechter, M., Maier, B., & Macher, D. (2010). Students' expectations of and experiences in e–learning: Their relation to learning achievements and course satisfaction. *Computers and Education, 54*(1), 222–229.

Palloff, R. M., & Pratt, K. (2005). *Collaborating online: Learning together in community*. San Francisco: Jossey–Bass.

Palloff, R. M., & Pratt, K. (2009). *Assessing the online learner*. San Francisco: Jossey–Bass.

Paulsen, M. (1995). Moderating educational computer conferences. In Z. Berge & M. Collins (Eds.), *Computer Mediated Communication and the Online Classroom* (pp. 81–90). Cresskill, NJ: Hampton Press, Inc.

Pawan, F., Paulus, T. M., Yalcin, S., & Chang, C. F. (2003). Online learning: Patterns of engagement and interaction among in-service teachers. *Language Learning and Technology, 7*(3), 119-140.

Perry, B., & Edwards, M. (2005). Exemplary online educators: Creating a community of inquiry. *Turkish Online Journal of Distance Education, 6*(2), 46-54.

Peters, O. (2000). Digital learning environments: New possibilities and opportunities. International Review of Research in Open and Distance Learning, 1(1). Retrieved July 29, 2010 from http://www.irrodl.org/index.php/irrodl/article/view/3/23.

Peters, O. (2007). The most industrialized form of education. In M. G. Moore (Ed.), *Handbook of distance education* (pp. 57-68). Mahwah, NJ: Lawrence Erlbaum.

Piper, M. (2008). A five-step program for change. *University Affairs*, October 6.

Pisutova-Gerber, K., & Malovicova, J. (2009). Critical and higher order thinking in online threaded discussions in the Slovak context. *International Review of Research in Open and Distance Learning, 10*(1). Retrieved July 29, 2010 from http://www.irrodl.org/index.php/irrodl/article/view/589/1175.

Pittinsky, M. S. (2003). *The wired tower: Perspectives on the impact of the Internet on higher education*. NJ: Prentice Hall.

Power, M., & Vaughan, N. (2010). Redesigning online learning for international graduate seminar delivery. *Journal of Distance Education, 24*(2), 19-38.

Pratt, D. D. (1981). The dynamics of continuing education learning groups. *Canadian Journal of University Continuing Education, 8*(1), 26–32.

Privateer, P. M. (1999). Academic technology and the future of higher education. *The Journal of Higher Education, 70*(1), 60–79.

Ramsden, P. (1988). Context and strategy: Situational influences on learning. In R. R. Schmeck (Ed.), *Learning strategies and learning styles* (pp. 159–184). New York: Plenum.

Ramsden, P. (2003). *Learning to teach in higher education* (2nd ed.). London: Routledge.

Report of a University of Illinois Faculty Seminar (1999). Teaching at an Internet distance: The pedagogy of online teaching and learning. Chicago: University of Illinois. Retrieved July 29, 2010 from http://www.elc.uzh.ch/service/kursentwicklung/mediothek/literaturtipps/tid-final-12-5.pdf.

Resnick, L. B. (1987). *Education and learning to think*. Washington, DC: National Academy Press.

Richardson, J. C., & Ice, P. (2010). Investigating students' level of critical thinking across instructional strategies in online discussions. *Internet and Higher Education, 13*(1–2), 52–59.

Roblyer, M. D., Freeman, J., Donaldson, M. B., & Maddox, M. (2007). A comparison of outcomes of virtual school courses offered in synchronous and asynchronous formats. *The Internet and Higher Education, 10*(4), 261–268.

Roblyer, M. D., McDaniel, M., Webb, M., Herman, J., & Witty, J. V. (2010). Findings on Facebook in higher education: A comparison of college faculty and student uses and perceptions of social networking sites. *Internet and Higher Education, 13*, 134–140.

Rogers, P., & Lea, M. (2005). Social presence in distributed group environments: The role of social identity. *Behavior & Information Technology, 24*(2), 151–158.

Rosenberg, M. J. (2001). *E-learning: Strategies for delivering knowledge in the digital age*. New York: McGraw-Hill.

Rossman, M. (1999). Successful online teaching using an asynchronous learner discussion Forum. *Journal of Asynchronous Learning Network, 3*(2), 91–97.

Rourke, L., & Anderson, T. (2002). Exploring social communication in computer conferencing. *Journal of Interactive Learning Research, 13*(3), 259–275.

Rourke, L., Anderson, T., Archer, W., & Garrison, D. R. (1999). Assessing social presence in asynchronous, text-based computer conferences. *Journal of Distance Education, 14*(3), 51–70.

Rourke, L., Anderson, T., Garrison, R., & Archer, W. (2001). Methodological issues in the content analysis of computer conference transcripts. *International Journal of Artificial Intelligence in Education, 12*(1), 8–22.

Rourke, L., & Kanuka, H. (2007). Barriers to online discourse. *Computer Supported Collaborative Learning, 2*, 105–126.

Rourke, L., & Kanuka, H. (2009). Learning in communities of inquiry: A review of the literature. *Journal of Distance Education, 23*(1), 19–48.

Rovai, A. P. (2002). Building sense of community at a distance. *International Review of Research in Open and Distance Education, 3*(1). Retrieved July 29, 2010 from http://www.irrodl.org/index.php/irrodl/article/view/79/153.

Rovai, A. P., & Jordan, H. M. (2004). Blended learning and sense of community: A comparative analysis with traditional and fully online graduate courses. *International Review of Research in Open and Distance Education, 5*(2). Retrieved July 29, 2010 from http://www.irrodl.org/index. php/irrodl/article/view/192/795

Rowntree, D. (1977). *Asscssing studcnts.* London: Harpcr & Row.

Sanger, L. (2010). Individual knowledge in the Internet age. *EDUCAUSE Review, 45*(2), 14-24.

Schellens, T., Van Keer, H., De Wever, B., & Valcke, M. (2009). Tagging thinking types in asynchronous discussion groups: Effects on critical thinking. *Interactive Learning Environments, 17*(1), 77-94.

Schrage, M. (1989). *No more teams! Mastering the dynamics of creative collaboration.* New York: Currency Doubleday.

Schreiner, L. A. (2009). *Linking student satisfaction with retention.* Retrieved July 29, 2010 from https://www.noellevitz.com/NR/rdonlyres/A22786EF-65FF-4053-A15A-CBE145B0C708/0/LinkingStudentSatis0809.pdf.

Schrire, S. (2004). Interaction and cognition in asynchronous computer conferencing. *Instructional Science, 32*, 475-502.

Schrire, S. (2006). Knowledge building in asynchronous discussion groups: Going beyond quantitative analysis. *Computers & Education, 46*(1), 49-70.

Shea, P., & Bidjerano, T. (2009a). Community of inquiry as a theoretical framework to foster "epistemic engagement" and "cognitive presence" in online education. *Computers and Education, 52*(3), 543-553.

Shea, P., & Bidjerano, T. (2009b). Cognitive presence and online learner engagement: A cluster analysis of the community of inquiry framework. *Journal of Computing in Higher Education, 21*, 199–217.

Shea, P., Hayes, S., Vickers, J., Gozza–Cohen, M., Uzner, S., Mehta, R., Valchova, A., & Rangan, P. (2010). A re–examination of the community of inquiry framework: Social network and content analysis. *Internet and Higher Education, 1–2*, 10–21.

Shea, P., Li, C. S., & Pickett, A. (2006). A study of teaching presence and student sense of learning community in fully online and web–enhanced college courses. *The Internet and Higher Education, 9*(3), 175–190.

Short, J., Williams, E., & Christie, B. (1976). *The Social Psychology of Telecommunications*. Toronto: John Wiley and Sons.

Sims, R. (2001). From art to alchemy: Achieving success with online learning. *IT Forum*, 55. Retrieved June 6, 2002 from http://it.coe.uga.edu/itforum/paper55.htm

So, H., & Brush, T. A. (2008). Student perceptions of collaborative learning, social presence and satisfaction in a blended learning environment: Relationships and critical factors. *Computers & Education, 51*(1), 318–336.

Staley, J., & Ice, P. (2009). *Instructional design project management 2.0: A model of development and practice*. Paper presented at the 25th Annual Conference on Distance Teaching and Learning, Madison, WI, August.

Stein, D. (Ed.). (1992). *Cooperating with written texts: The pragmatics and comprehension of written texts*. Berlin: Mouton de Gruyter.

Stein, D. S., Wanstreet, C. E., Glazer, H. R., Engle, C. L. Harris, R. A.,

Johnston, S. M., Simons, M. R., & Trinko, L. A. (2007). Creating shared understanding through chats in a community of inquiry. *The Internet and Higher Education, 10*, 103–115.

Swan, K., & Ice, P. (2010). Special issue on the Community of Inquiry framework: Ten years later. *The Internet and Higher Education, 13*(1–2), pp. 1–100.

Swan, K., & Richardson, J. C. (2003). Examining social presence in online courses in relation to students' perceived learning and satisfaction. *Journal of Asynchronous Learning Networks, 7*, 68–82.

Swan, K., Schenker, J., Arnold, S., & Kuo, C.–L. (2007). Shaping online discussion: assessment matters. *e–Mentor, 1*(18), 78–82.

Swan, K., Shen, J., & Hiltz, R. (2006). Assessment and collaboration in online learning. *Journal of Asynchronous Learning Networks, 10*(1), 45–62.

Tapscott, D. (1996). *The digital economy: Promise and peril in the age of networked intelligence*. NY: McGraw–Hill.

Tapscott, D., & Williams, A. D. (2010). Innovating the 21st–century university: It's time. *EDUCAUSE Review, 45*(1), 16–29.

Twigg, C. A. (2003). Improving learning and reducing costs: New models for online learning. *EDUCAUSE Review, 38*(5), 29–38.

Valcke, M., De Wever, B., Zhu, C., & Deed, C. (2009). Supporting active cognitive processing in collaborative groups: Potential of Bloom's taxonomy as a labelling tool. *Internet and Higher Education, 12*, 165–172.

Vaughan, N., & Garrison, D. R. (2005). Creating cognitive presence in a blended faculty development community. *Internet and Higher*

Education, 8(1), 1–12.

Vaughan, N., & Garrison, D. R. (2006). How blended learning can support a faculty community of inquiry. *Journal of Asynchronous Learning Networks, 10*(4), 139–152.

Walther, J. (1992). Interpersonal effects in computer mediated interaction: A relational perspective. *Communication Research, 19*(1), 52–90.

Weigel, V. B. (2002). *Deep learning for a digital age: technology's untapped potential to enrich higher education.* San Francisco: Jossey–Bass.

Wells, G. (1999). *Dialogic Inquiry.* Cambridge: Cambridge University Press.

Yeh, S. S. (2009). The cost–effectiveness of raising teacher quality. *Educational Research Review, 4*(3), 220–232.

Young, A., & Fry, J. D. (2008). Metacognitive awareness and academic achievement in college students. *Journal of the Scholarship of Teaching and Learning, 8*(2), 1–10.

찾아보기

인명

내용

저자 소개

Dr. D. Randy Garrison

Garrison 박사는 Calgary 대학교 교육학과 교수이며 교수 · 학습 센터 디렉터다. 그는 『고등교육에서의 블렌디드 러닝(*Blended Learning in Higher Education*)』(2008)과 『원격 교육의 소개: 새로운 시대에서 교수와 학습의 이해(*An Introduction to Distance Education: Understanding Teaching and Learning in a New Era*)』(2010) 등 여덟 권의 저서를 집필하였다. 지난 2009년에는 온라인 학습 분야에서 가장 뛰어난 개인에게 주어지는 Sloan-C상(2009 Sloan-C Award for Most Outstanding Achievement in Online Learning)을 수상한 바 있다.

역자 소개

■ **권성연**

이화여자대학교 교육공학 박사
LG-CNS System Engineer
한국직업능력개발원 연구원
이화여자대학교 교육과학연구 편집위원
한국교육공학회, 한국교육정보미디어 학회, 한국기업교육학회 이사
현 중부대학교 교직과 교수

■ **최형신**

이화여자대학교 교육공학 박사
(미)Johnson & Johnson HCS, Inc. 시스템 개발
이화여자대학교 교육과학연구 편집위원
한국정보교육, 한국교육공학회, 한국교육정보미디어 학회 이사
현 춘천교육대학교 컴퓨터교육과 교수

■ **김혜정**

이화여자대학교 교육공학 박사
(주)학습사회 이러닝 컨설팅 및 교수설계 팀장
성균관대학교 대학교육개발센터 선임연구원
현 가천대학교 교수 · 학습 개발센터 수석연구원

E-Learning in the 21st Century
A Framework for Research and Practice, 2nd ed.

21세기의 이러닝
연구와 실행을 위한 프레임워크

2013년 12월 20일 1판 1쇄 인쇄
2013년 12월 27일 1판 1쇄 발행

지은이 • D. Randy Garrison
옮긴이 • 권성연, 최형신, 김혜정
펴낸이 • 김진환
펴낸곳 • (주) 학지사
121-837 서울특별시 마포구 서교동 352-29 마인드월드빌딩 5층
대표전화 • 02)330-5114 팩스 • 02)324-2345
등록번호 • 제313-2006-000265호

홈페이지 • http://www.hakjisa.co.kr
커뮤니티 • http://cafe.naver.com/hakjisa

ISBN 978-89-997-0249-5 93370

정가 15,000원

이 도서의 국립중앙도서관 출판시도서목록(CIP)은 서지정보유통지원시스템 홈페이지(http://seoji.nl.go.kr)와 국가자료공동목록시스템(http://www.nl.go.kr/kolisnet)에서 이용하실 수 있습니다.
(CIP제어번호: CIP2013025010)